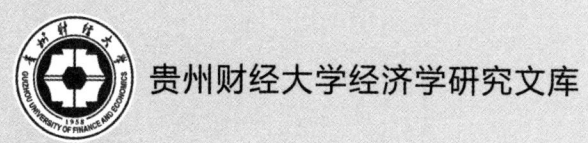贵州财经大学经济学研究文库

民国时期合作金库发展研究

（1935—1949）

李顺毅 / 著

中国社会科学出版社

图书在版编目（CIP）数据

民国时期合作金库发展研究：1935～1949/李顺毅著．—北京：中国社会科学出版社，2016.4
ISBN 978-7-5161-7558-3

（贵州财经大学经济学研究文库）

Ⅰ.①民⋯　Ⅱ.①李⋯　Ⅲ.①农村金融—金库—金融史—研究—中国—1935～1949　Ⅳ.①F832.96

中国版本图书馆 CIP 数据核字（2016）第 022544 号

出 版 人	赵剑英
责任编辑	卢小生
特约编辑	林　木
责任校对	周晓东
责任印制	王　超
出　　版	中国社会科学出版社
社　　址	北京鼓楼西大街甲 158 号
邮　　编	100720
网　　址	http://www.csspw.cn
发 行 部	010-84083685
门 市 部	010-84029450
经　　销	新华书店及其他书店
印　　刷	北京明恒达印务有限公司
装　　订	廊坊市广阳区广增装订厂
版　　次	2016 年 4 月第 1 版
印　　次	2016 年 4 月第 1 次印刷
开　　本	710×1000　1/16
印　　张	13.5
插　　页	2
字　　数	228 千字
定　　价	50.00 元

凡购买中国社会科学出版社图书，如有质量问题请与本社营销中心联系调换
电话：010-84083683
版权所有　侵权必究

序　言

呈现在读者面前的《民国时期合作金库发展研究（1935—1949）》一书，是李顺毅在其博士学位论文基础上修改、整理而成的。笔者对近代农村金融特别是合作金库问题具有较长时期的关注，2010年就发表了论文，从资金来源结构入手分析合作金库的发展与缺陷，是较早专门研究合作金库的文章。现在较为全面研究民国时期合作金库发展的这部专著也即将出版，作为李顺毅的老师，我由衷地为他高兴。

20世纪90年代以来，伴随"三农"问题引起的广泛关注，有关农村金融的研究日益增多，这些研究既涉及现实的农村金融问题，也关注农村金融历史，其中民国时期的农村金融便成为研究的一个热点，不少论著接连问世。由于农村金融涉及范围十分广泛，可探讨的问题众多，不免仍有许多研究薄弱环节需要进一步充实，李顺毅所选择的合作金库便是一个亟待加强研究的课题。合作金库是从西方引入中国的一种金融组织形式，以调节合作经济组织的资金融通为宗旨，是在合作社发展基础上建立的合作金融机构，类似于现在的农村信用社联合社。从1935年起，直至20世纪40年代末，在合作组织没有充分发展，政府又不能提供有力支持情况下，国民政府采取以国家行局等提倡机关辅设合作金库方式，推动合作金库的建设，企图形成合作金融体系。十余年的推动，合作金库逐渐形成一定规模，不仅县、省、中央三个层级的合作金库都建立起来，而且在地域上扩展到十几个省份，合作金库成为农村合作金融发展中不容忽视的重要力量。检视合作金库的建设过程和经营运作，其发展理念、实践效果以及它与政府、银行、合作社和农村经济社会之间的关系，都在不同程度上折射出近代中国农村金融新旧变革中的艰辛与局限，其中许多问题即使到了现在可能还隐约存在，由此也蕴含了历史的现实价值。

本书对合作金库这类在近代农村金融体系构建过程中不可或缺的组织进行专题研究，体现了研究对象的重要性，同时这又是以往研究的薄弱环节。总体来看，我认为，本书有以下几个特点：

一是资料较为充实。以史料为基础、论从史出，是经济史研究的基本要求，从本书可以看出笔者朝这一要求的真诚努力。有关合作金库的史料非常多，但又十分分散、零碎，笔者花费大量精力收集资料，利用散见于民国时期的各种期刊文章和研究著作、国民政府相关部门和银行的农贷报告、合作金库报告以及部分档案资料，较为清晰地勾勒了合作金库发展历程和经营运作特点，实属不易。

二是注重国际比较。以往对近代中国农村金融问题的研究，国际比较运用比较少见。合作金库作为一种从西方引进的金融组织形式，而且当时在国外已经取得了一定的成功经验，因此，在探讨中国合作金库发展中开展比较研究是十分必要的。本书从管理机制、业务运作、合作金库体系的结构特征以及影响合作金库发展的政府行为方式、农村经济和社会环境等方面进行了较为系统的中外比较，对于客观评价民国时期中国合作金库发展特点，探讨合作金库在当时的中国难以充分发展的原因等问题都是十分有益的。

三是分析视角较为宽阔。笔者没有就事论事将研究局限在合作金库本身，而是将合作金库置于所处时代的政治、经济和社会大背景之中，从政府行为方式、农村经济发展水平和农村社会环境几个方面，分析它们对合作金库发展所产生的影响，探寻制约合作金库发展的原因，使我们对民国时期合作金库发展特征的认识更加深入。

此外，笔者也提出了由历史而及现实的思考。对于当今农村合作金融改革中的一些问题，笔者认为，很大程度是由于历次改革都没有跳出以政府意愿单方面推动改革的思维定式；已有改革的注意力主要局限于合作金融本身，缺乏对经济、社会和政府行政体制的全面考虑，农村合作金融的发展需要在更为广泛和深刻的改革中推进。这些观点尽管还可以有更多的讨论，但多少为我们提供了一种历史借鉴。

目前，合作金库的研究还处于起步阶段，尤其是在学术界对整个民国时期农村金融还缺少比较深入的制度研究的情形下，要做好这一研究具有较大的难度。李顺毅的大胆尝试值得肯定，当然书中也存在一定不足，例如相关的档案资料还需进一步挖掘和利用；比较研究还有待加强；在分析农村社会环境对合作金库发展影响时显得有些概念化，农村社会与合作金融之间的互动关系缺乏生动的描述；偏重于考察合作金库的整体状况，对不同地区合作金库的特点和差异关注不足；对于合作金库发展过程中政府、金融机构、农民之间的复杂关系有待更加深入的分析。学术研究没有止境，现有的不足将成为未来突破的方向。作为老师，希望李顺毅能继续坚持探索、刻苦努力，不断进步。

龚 关

2015 年 8 月 20 日于南开大学

目 录

导　言 …………………………………………………………… 1
    一　选题意义 ………………………………………………… 1
    二　相关研究成果综述 ……………………………………… 3
    三　本书主要内容、创新与不足 …………………………… 10

第一章　合作金库的创办背景 ………………………………… 16
  第一节　西方合作经济思想的引入 ………………………… 16
    一　合作经济在西方的产生与发展 ………………………… 16
    二　西方合作经济思想在中国的传播 ……………………… 18
  第二节　20世纪二三十年代中国农村经济的恶化 ………… 20
    一　农村经济危机 …………………………………………… 20
    二　农村金融枯竭 …………………………………………… 23
  第三节　农村合作组织的建立与创办合作金库的需求 …… 26
    一　农村合作组织的建立 …………………………………… 26
    二　创办合作金库的需求 …………………………………… 30

第二章　合作金库建设的启动、加速与高潮（1935—1940）… 33
  第一节　从提案到法规：合作金库制度的初步设计 ……… 33
    一　全国合作事业讨论会与《合作金融系统案》 ………… 33
    二　《"剿匪区"内各省合作金库组织通则》 …………… 35
    三　《合作金库规程》 ……………………………………… 37
  第二节　抗战前合作金库建设的启动 ……………………… 41
    一　省政府牵头建立省合作金库 …………………………… 41
    二　农本局尝试辅设县、市合作金库 ……………………… 43

第三节 抗战开始后合作金库建设的加速与高潮 …………… 46
　　一 积极扩张的农村金融政策 ………………………………… 46
　　二 不断增多的辅设机关 ……………………………………… 47
　　三 合作金库建设的加速与高潮 ……………………………… 53

第三章 政策调整与合作金库发展放缓（1941—1949） …… 58

第一节 合作金库相关政策的调整 ………………………………… 58
　　一 合作金库辅设权向中国农民银行集中 …………………… 58
　　二 农贷政策转向紧缩 ………………………………………… 60
　　三 另立新规：《合作金库条例》的颁行 …………………… 61
第二节 省、县合作金库发展渐趋停滞 …………………………… 64
　　一 省级合作金库从艰难发展到最终停顿 …………………… 65
　　二 县合作金库的调整与萎缩 ………………………………… 67
第三节 中央合作金库的筹备与建立 ……………………………… 73
　　一 历经数年的筹备 …………………………………………… 73
　　二 中央合作金库的成立与分支机构的设置 ………………… 75

第四章 合作金库的经营运作 …………………………………… 79

第一节 合作金库的组织与管理 …………………………………… 79
　　一 内部组织结构 ……………………………………………… 79
　　二 资本结构 …………………………………………………… 83
　　三 管理权配置 ………………………………………………… 86
　　四 中外合作金库管理机制差异 ……………………………… 92
第二节 合作金库业务 ……………………………………………… 97
　　一 核心业务：放款 …………………………………………… 97
　　二 失衡的筹资业务：吸收存款和透支借款 ………………… 102
　　三 有限的中间业务：汇兑和代理收付 ……………………… 112
　　四 中外合作金库业务运作特点比较 ………………………… 117
第三节 合作金库的经营绩效 ……………………………………… 120
　　一 盈亏状况 …………………………………………………… 120
　　二 对农村经济的作用 ………………………………………… 124

第五章　合作金库体系的结构特征 … 131

第一节　多元分散的体系结构 … 131
第二节　导致多元结构的主要原因 … 134
　　一　农村合作社极度薄弱 … 134
　　二　政策多变且政府资金支持不足 … 139
第三节　与欧美、日本合作金融体系比较 … 142
　　一　欧美、日本金字塔形的农村合作金融体系 … 142
　　二　在比较中看中国多元式合作金库体系的作用与局限 … 145

第六章　外部环境与合作金库的发展 … 147

第一节　政府行为方式 … 147
　　一　政府对经济的控制 … 147
　　二　合作运动的行政化 … 151
　　三　与欧美、日本政府行为的比较 … 156
第二节　农村经济发展水平 … 159
　　一　市场化程度低 … 160
　　二　农村经济深陷困境 … 161
　　三　根深蒂固的传统借贷方式 … 165
　　四　与欧美、日本农村经济环境的比较 … 169
第三节　农村社会环境 … 172
　　一　传统文化观念 … 173
　　二　"特殊主义"的社会信任 … 175
　　三　官强民弱的社会权力结构 … 177
　　四　与欧美、日本社会环境的比较 … 181

结　语 … 184
　　一　合作金库的发展与变异 … 184
　　二　农村合作金融发展中的政府、农村与农民 … 186

参考文献 … 191

后　记 … 203

导　言

一　选题意义

中国是一个农业大国，"三农"问题在中国经济和社会发展中具有举足轻重的地位。费孝通先生曾说："要认识中国社会，认识中国人，不认识农民生活，不认识农村经济是不行的。"[①] 因此，从农村经济入手研究中国近代经济史具有十分重要的意义。近代中国的农村经济问题深刻而又复杂，在诸多研究课题中，农村金融是近年来学术界关注的热点之一。

民国时期的农村金融大致可以分为传统与现代两类。传统的农村金融具有悠久历史，主要包括私人、店铺、典当、合会等借贷方式。随着商品经济的发展和现代经济因素的涌入，这些传统借贷方式尽管受到一定冲击，但仍然发挥着重要作用。现代农村金融是指以银行、合作金库、农业金库、农民借贷所、合作社等机构为中介开展的农村金融活动。现代农村金融的引入和快速成长，不仅改变了中国延续上千年的传统农村金融格局，而且带来了农村金融质的变化。可以说，民国时期是中国农村金融史上重要的变革时期，这种变革为研究者提供了丰富素材，其间也蕴含着许多极具价值的课题。

农村金融涉及范围十分广泛，值得探讨的问题众多，笔者选择合作金库进行专门研究，主要考虑有以下两方面价值：

第一，合作金库是民国时期农村金融的重要组成部分，但当代学者对它的研究却较为薄弱。合作金库是源于西方的一种金融组织形式，它以调节合作事业资金为宗旨，是在农村合作社基础上建立的更高层次的合作金融机构。在国民政府的推动下，合作金库在民国时期已经形成一定的规模，不仅县、省、中央三个层级的合作金库都建立了起来，而且在地域

[①] 费孝通：《社会调查自白》，知识出版社1985年版，第27页。

上扩展到十几个省份,可以说,合作金库在当时已成为农村合作金融发展中不容忽视的重要力量。总体来说,合作金库是国民政府推动农村金融发展的有益尝试,它的发展在一定程度上缓解了农村资金的短缺,促进了农业生产,为支持抗战做出了积极贡献。而且,合作金库作为一种现代金融组织形式,为农村金融注入了新的力量,推动了近代中国农村借贷关系的转型与现代化。近年来,学术界尽管对民国农村合作金融的研究取得了丰富的成果,但大多是围绕合作社展开的。就笔者所见,当代学者对合作金库的专题研究还很有限,在农村金融、合作运动等研究中涉及合作金库的内容也并不多,与合作金库相关的许多问题还需要进一步探讨。正如吴承明先生所说:"在经济史研究中,最重要的是新的经济因素及其运行方式的出现与发展"。[①] 合作金库作为民国时期从西方引进的现代合作金融形式,无疑是"新的经济因素",对它的研究有助于进一步理解近代中国农村金融的发展与变革,由此说来,合作金库则是一个值得深入研究的选题。

第二,合作金库的研究对当代农村合作金融的改革与发展具有借鉴意义。目前来说,合作金融在农村金融市场上仍是不可或缺的力量。然而,对比中国与欧美、日本等合作金融发达国家,我们发现中国的农村合作金融体系建设远远落在后面。在欧美和日本,农村合作金融基本上都有形成从乡村到中央的组织体系;在中国,近年来农村信用社的县联社和省联社虽然也有所发展,其成效却难以令人满意,完善的合作金融体系尚未建立。应该说,实现系统化、网络化是合作金融发展壮大的内在要求,也是国际上较为成功的经验,但是,目前学术界有关中国农村合作金融体系建设的研究并不多见。正如有学者所说:"历史不仅给我们对现实的洞察力也给我们以教诲。"[②] 研究合作金库的历史,可以为今后建设农村合作金融体系积累有益的经验,而且,民国时期的合作金库与当代农村合作金融组织面临着许多类似的问题,例如哪些因素制约了合作金融组织的效率,政府在合作金融发展中应如何定位,农村合作金融发展如何与经济、社会环境协调互动等。通过分析这些问题,或许可以得到一些有助于当代农村合作金融发展的启示。

---

① 吴承明:《中国的现代化:市场与社会》,生活·读书·新知三联书店2001年版,第14页。

② 乔恩:《货币史:从公元800年起》,商务印书馆2002年版,第viii页。

二　相关研究成果综述

（一）民国时期的研究

20世纪三四十年代，为了推动农村合作金融发展和完善，不少学者开始了对合作金库的研究，涌现了大量富有价值的成果。合作金库作为农村合作金融的重要组成部分，在农业金融、合作金融等综合性研究中经常被论及。著作如陈颖光和李锡勋的《合作金融》（正中书局1946年版）、姚公振的《中国农业金融史》（中国文化服务社1947年版）、张绍言的《合作金融概论》（中华书局1947年版）等；论文如章少力的《我国农贷事业之过去与现在》（《经济汇报》1943年第8卷第6期）、郑厚博的《中国合作金融之检讨》（《合作事业》1941年第3卷第1—4期）、丁宗智的《八年来之合作金融》（《金融知识》1945年第4卷第1、2期）等。这些论著阐述了合作金库的意义、地位、发展概况、存在的不足及改进建议等内容。

民国时期，合作金库的专题研究主要集中于以下几个方面：

第一，合作金库制度的理论探讨。首先，在合作金库性质上，李敬民、张则尧等学者认为，合作金库应是信用合作社联合社性质的合作金融组织，尽管可以吸收政府、金融机构和非营利法人的投资，但最终目标是合作组织"自有、自营、自享"[①]；与上述观点不同，寿勉成主张"各级合作金库应为政府发展合作事业之金融机关，而不以其为合作社联合社之一种。"[②] 其次，在合作金库发展步骤上，学者们有三种观点：一是从合作金融的自发性出发。叶谦吉认为，合作金库应由县到省再到中央自下而上的发展[③]。二是从国家对合作金融的推动作用出发。寿勉成认为，合作金库应由上而下发展[④]。三是将上述两种发展方式相结合。王志莘认为，中央和省级合作金库由上而下，县以下合作金库由下而上[⑤]。最后，在合作金库组织层级上，《合作金库规程》规定合作金库分为县、省、中央三级，顾尧章认为，合作金库应采取县与中央两级，省级合作金库不作为独

[①] 李敬民：《我国合作金库之纵横剖及其新任务》，《中国合作》1940年第5、6期合刊；张则尧：《论我国中央合作金库之创设》，《中国合作》1941年8、9期合刊。
[②] 寿勉成：《论合作金融制度》，《合作前锋》1941年第8期。
[③] 叶谦吉：《我国合作金库制度的检讨》，《财政评论》1940年第5期。
[④] 寿勉成：《论合作金融制度》，《合作前锋》1941年第8期。
[⑤] 王志莘：《合作金融系统案》，载《全国合作事业讨论会汇编》，全国合作事业讨论会办事处刊，1935年，第160页。

立的一级而是作为中央合作金库的分支机构，其主要出发点是加强合作金库体系的中央集权，"不容各省自办省合库各自为政"①；薛澍薰认为，"两级制应为过渡办法，理想的还是三级制"，"似不应永远保持中央及省市级的从属关系，而忽略合作性的本质"。②此外，对于合作金库发展模式的选择，谢子城比较了国外的雷发巽式、混合式和政府扶助式三种合作金融制度，并分析了每种模式所适应的条件，认为"我国合作金融在现阶段之下，宜采取政府赞助制度"。③

第二，合作金库发展状况。黄肇兴梳理了1935—1940年合作金库发展历程，认为抗战以来合作金库的发展速度"诚足惊人"，但也存在着内在质量欠缺，"操握于金融机关之手"等缺陷。④顾尧章全面概括了合作金库的意义、本质、功能、筹建办法、组织、业务、辅设者、发展概况、地域分布、存在缺点，并提出改进建议。⑤寿勉成概要地梳理了我国合作金库从1935—1947年的沿革脉络，并提出合作金库此后的发展目标是"计划化、组织化、事业化、平民化"。⑥对于各地合作金库的发展状况也有不少研究成果，其中有对四川、江西两个省级合作金库发展的总结⑦；还有对四川、广西、贵州、湖南、西康等省内县合作金库的发展状况的介绍。⑧这些文章对各地合作金库的资本、组织、业务及辅设机关等内容做了较细致的叙述。

第三，合作金库经营运作。李奇流分析了合作金库的放款、存款、汇兑、代理收付等业务开展状况，并特别对放款提出了改进意见，认为合作金库放款对象不宜只囿于农村合作社，对于城市小手工商业者，亦可由合

---

① 顾尧章：《新县制下合作金库规程之商榷》，《中农月刊》1941年第6期。
② 薛澍薰：《合作金库组织系统及其理论之探讨》，《中农月刊》1944年第11期。
③ 谢子城：《合作金库制度之研究》，《中农月刊》1940年第4期。
④ 黄肇兴：《中国合作金库发展史之鸟瞰（上）》，《新中华》1943年第10期；黄肇兴：《中国合作金库发展史之鸟瞰（下）》，《新中华》1943年第11期。
⑤ 顾尧章：《中国之合作金库》，《金融知识》1943年第3期。
⑥ 寿勉成：《我国合作金库之沿革与将来》，《银行周报》1947年第1期。
⑦ 川合库：《五年来之四川省合作金库》，《中国合作》1942年第10—12期合刊；文群：《江西省合作金库业务概述》，《中国合作》1942年第10—12期合刊。
⑧ 凤纯德：《四川省合作金库及各县合作金库之概观》，《中国合作》1940年第5、6期合刊；魏竞初：《广西合作事业回顾》，《建设研究》1942年第6期；于永滋：《贵州之合作金库》，《中国合作》1942年第10、11、12期；郑厚博：《贵州省县合作金库业绩之分析》，《中农月刊》1941年第11期合刊；陈兆适：《湖南的合作金库》，《中国合作》1942年第10—12期合刊；李先春：《西康合作事业概况》，《西康经济季刊》1943年第7期。

作金库会同当地合作行政机关组织合作社，并予以贷款；合作金库仅办理信用放款是不够的，应同时举办生产、供销储押、农田水利、运输工具、佃农购置耕地、农村副业及农产推动贷款等。① 陈颖光概括了合作金库经营中存在的问题，主要有业务发展偏畸、各库盈亏不一、辅设机关辅助消极、辅设机关辅导有名无实、辅设机关系统零乱，同时还提出了改进合作金库业务的基本原则和具体办法。② 此处，谢子城、杨学湉等学者也都细数了合作金库在库务和业务上存在的各种不足，并分析了这些不足产生的原因，提出了改进意见。③

除了上述著述，在《中农月刊》、《合作评论》、《经济汇报》、《农村合作》、《中国合作》、《金融知识》等期刊还有不少有关合作金库的文章，这里不逐一列举。总之，合作金库在民国时期已被研究者所关注，无论是对理论的探讨，还是对实践的总结，其中都不乏真知灼见，这些为我们今天研究合作金库的历史提供了珍贵的资料和有益的启发。

（二）当代学者的研究

新中国成立后，有关合作金库的研究一度沉寂，直到20世纪80年代以后才逐渐开始。目前与合作金库研究相关的文献主要有三类：一是文史资料、史料汇编、地方志中所反映的合作金库发展状况；二是在民国时期农村金融、农村合作运动等研究中涉及合作金库的一些内容；三是合作金库的专题研究。

1980—1990年出版的关于合作金库的文献，主要散见于文史资料、史料汇编和地方志中。如文史资料中，曾任中央合作金库经理的寿勉成回忆了陈果夫与中央合作金库的关系。④《中华民国档案史档案资料汇编》中收录了《寿勉成关于中央合作金库筹备经过情形的报告》、1948年上半年的《中央合作金库业务报告》等资料。⑤《四川省志·金融志》、《贵州省志·金融志》、《福建省志·金融志》、《湖南省志·金融志》、《广西通

---

① 李奇流：《合作金库业务论》，《四川合作金融季刊》1941年第2、3期合刊。
② 陈颖光：《合作金库业务改进刍议》，《金融知识》1942年第4期。
③ 谢子城：《合作金库业务之研究》，《中农月刊》1940年第1期；杨学湉：《县合作金库业务经营之实际问题》，《中农月刊》1942年第3期。
④ 寿勉成：《陈果夫与国民党的合作运动》，载《文史资料选辑》第八十辑，文史资料出版社1982年版。
⑤ 中国第二历史档案馆编：《中华民国史档案资料汇编》第五辑第三编财政经济（三），江苏古籍出版社2000年版。

志·金融志》等也都介绍了民国时期本省合作金库的概况。① 这些文献主要是介绍性和资料性的内容。

近年来,在民国时期农村金融研究中,往往会涉及合作金库,相关研究主要包含以下几个问题:

第一,民国时期的现代农村金融网络。黄立人将建立合作金库作为抗战时期国民政府敷设农业金融网的一个方面,考察了1935—1941年合作金库的发展概况。② 李金铮等在对长江中下游地区的现代农村金融网络进行研究时,梳理了这一地区合作金库发展的基本脉络,认为合作金库是现代农村金融网络中的第二层次。③ 与上述观点类似,周春英也从农村金融网的"中介组织"角度介绍了合作金库的发展概况和作用。④

第二,农村金融制度变迁。付红认为,民国时期现代农村金融制度的变迁是一种强制性制度变迁,逐渐形成了农民银行系统与合作金融系统并存的二元组织结构。她在论述合作金融系统时考察了各级合作金库的建立和发展过程,认为直至中央合作金库成立,"中国近代'自有、自营、自享'的合作金融体系基本形成。"⑤ 刘纪荣和魏本权认为,"近代农村合作金融制度变迁经历了从农村信用合作制度—农业贷款制度—合作金库制度的不同阶段",作者在对合作金库时期的论述中考察了合作金库制度的演变。⑥

第三,对国民政府农本局的研究。姚顺东在对农本局研究中,论述了农本局辅设合作金库的情况,认为合作金库作为农本局调剂农村金融的工具之一,"使农贷业务有了新型的基础组织",然而全国合作金库网至农

---

① 四川省地方志编纂委员会编:《四川省志·金融志》,四川辞书出版社1996年版;贵州省地方志编纂委员会编:《贵州省志·金融志》,方志出版社1998年版;福建地方志编纂委员会:《福建省志·金融志》,新华出版社1996年版。《湖南省志·金融志》编纂委员会:《湖南省志·金融志》,湖南出版社1995年版。广西壮族自治区地方志编纂委员会编:《广西通志·金融志》,广西人民出版社1994年版。

② 黄立人:《论抗战时期国统区的农贷》,《近代史研究》1997年第6期。

③ 李金铮、戴辛:《民国时期现代农村金融网络的形成考略——以长江中下游地区为中心》,《河北大学学报》(哲学社会科学版) 2005年第2期。

④ 周春英:《抗战时期西部农村金融业发展述评》,《中南财经政法大学学报》2006年第1期。

⑤ 付红:《民国时期现代农村金融制度变迁研究》,中国物资出版社2009年版,第128页。

⑥ 刘纪荣、魏本权:《近代中国农村合作金融制度论略》,《聊城大学学报》(社会科学版) 2009年第1期。

本局被解散时还没有建立起来。①傅亮和池子华认为，"农本局曾作为国民政府调整农业金融的机关，通过辅导成立合作社，辅助设立合作金库，建立农业仓库，初步建立起一套实行农贷的网络"，作为这个农贷网络的重要环节，笔者说明了1937—1940年农本局辅设合作金库的情况以及这些合作金库的主要业务状况。②关永强梳理了1937—1941年农本局辅设合作金库的成效及对农村金融建设的作用。③

第四，地方农村金融发展。侯宣杰在对抗战时期广西农贷研究中，论述了广西省内合作金库的发展和放款情况。④成功伟在抗战时期四川农村合作金融体系的研究中，较为详细地考察了四川省、县两级合作金库的建立过程、资金来源、主要业务和成员构成。⑤

发展合作金库是国民政府合作运动的一部分，因此一些研究民国时期合作事业发展的文献也会涉及合作金库。在合作事业发展史的综合研究中，任荣、李莉对民国时期合作运动发展过程的研究中，将合作金库作为合作金融的重要部分做了介绍⑥；傅宏在描述农业合作运动的发展时，介绍了抗战时期大后方合作金库的概况，并将其普遍设置视为抗战时期大后方农业合作运动的新特征。⑦一些以省区为范围的研究也注意到了各地的合作金库。秦宏毅对抗战时期的广西农村合作事业的研究中，介绍了广西省、县合作金库的发展与业务概况。⑧戴斌武和肖良武在抗战时期的贵州农村合作事业的研究中，叙述了1938—1942年贵州省内县合作金库的发展情况、资金结构和主要业务。⑨此外，在中国近代合作思想研究中，赵泉民梳理了抗战时期合作学者对合作金库组织体系层级问题的争论及对中

---

① 姚顺东：《南京国民政府农本局述论》，《江汉论坛》2008年第8期。
② 傅亮、池子华：《国民政府时期农本局与现代农业金融》，《中国农史》2010年第1期。
③ 关永强：《农本局合作金库与近代农村金融建设》，《华南农业大学学报》（社会科学版）2014年第2期。
④ 侯宣杰：《试论抗战时期的广西农贷》，《古今农业》2006年第3期。
⑤ 成功伟：《抗战时期四川农村合作金融体系初探》，《社会科学研究》2010年第6期。
⑥ 任荣等：《民国时期合作运动发展述略》，《档案与史学》2000年第5期；李莉：《论南京国民政府时期的农村合作运动》，《徐州师范大学学报》（哲学社会科学版）2004年第3期。
⑦ 傅宏：《略论抗战时期大后方的农业合作运动》，《贵州社会科学》2000年第4期。
⑧ 秦宏毅：《抗战时期的广西农村合作事业》，《广西社会科学》2003年第4期。
⑨ 戴斌武、肖良武：《抗战时期的贵州农村合作事业》，《贵阳金筑大学学报》2004年第6期。

央合作金库地位与目标的探讨①；张曼茵从中央合作金库的性质、职能、组织构成、资金来源、业务经营及管理权几个方面考察了1942年前后合作学者对如果建设中央合作金库的不同观点。②

此外，中国台湾学者陈岩松所著《中华合作事业发展史》（台北商务印书馆1983年版）和赖建诚的专著《近代中国的合作经济运动——社会经济史的分析》（正中书局1990年版），也都概括地介绍了民国时期合作金库的发展状况及其在合作运动中的作用。

对于合作金库的专题研究，1985年，民革天津市委金融研究组的《旧中国的合作金库和中央合作金库在天津设置河北省分库概况》一文简要介绍了民国时期合作金库产生和发展的概况，以及解放战争时期中央合作金库河北省分库在天津筹备、成立直至新中国成立后回到人民手中的经过。③此后20多年间一直没有民国合作金库的专题研究面世。

近几年来，合作金库问题逐渐受到研究者重视。在合作金库制度方面，魏本权从近代中国农村合作金融制度变迁与创新视角，探讨了合作金库体系的创立、不足及其在近代农村合作金融体系中的意义。④龚关较为详细地研究了合作金库建立过程中的辅设问题，并认为国民政府希望通过发展合作金库建立独立合作金融体系的目标最终也没能达成，其背后反映了国家、社会、市场之间的复杂矛盾。⑤康金莉分析了国民政府时期合作金库制度的探索与失败过程，认为国民政府从资金与行政各方面实行对合作金库的全面控制，最终导致合作金库完全丧失独立性与能动性，变异为国家农贷政策工具。⑥

在合作金库经营运作方面，李顺毅以资金来源结构为切入点进行分析，认为合作金库中来自合作组织的内源资金极为有限，由政府和国家行

---

① 赵泉民：《乡村合作运动中合作金融制度建设之议——基于20世纪前半期中国乡村经济史视阈分析》，《东方论坛》2008年第4期。
② 张曼茵：《中国近代合作化思想研究（1912—1949）》，上海世纪出版集团2010年版，第279—281页。
③ 民革天津市委金融研究组：《旧中国的合作金库和中央合作金库在天津设置河北省分库概况》，《华北金融》1985年第12期。
④ 魏本权：《试论近代中国农村合作金融的制度变迁与创新——以合作金库制度为讨论中心》，《浙江社会科学》2009年第6期。
⑤ 龚关：《合作金库辅设问题探究》，《贵州财经学院学报》2011年第6期。
⑥ 康金莉：《国民政府时期合作金库制度的探索与失败》，《中国经济史研究》2014年第4期。

局供给的外源资金占绝大部分,呈现出严重的内外失衡状态,这种外源主导的资金结构尽管发挥过一定的积极作用,但同时也导致辅设机构控制、发展进程大起大落、合作金库系统形成受阻等诸多难以克服的问题。① 成功伟考察了抗战时期川省合作指导室与县合作金库之间的矛盾,他认为,产生矛盾的原因在于合作指导员与县合作金库人员之间立场与职责的不同、薪金待遇差异以及双方滥用职权等,并指出,"虽然相关机构积极地提出了各种解决措施,在实际实施过程中并未见成效"。②

在对中央、省、县三级合作金库的专门研究方面,陈希亮和夏彪以南京图书馆所藏一组中央合作金库总经理寿勉成在1946年9—11月发出信札的草稿档案为基础,介绍了中央合作金库人事和业务的几个问题。例如人事方面,中央合作金库是陈果夫控制的金融机构,陈果夫兼中央政治学校教育长,中央合作金库总库和各地分支库的主要负责人,几乎全部是与中央政治学校有深厚关系的人,这从寿函中能明显感觉到:蒋经国曾极力向中央合作金库渗透,欲安插其亲信出任上海分库经理,遭到陈果夫的坚决反对;寿勉成复蒋经国函对此提供了确凿的证据。业务方面,信函中寿勉成反复提到金库业务"暂以绥靖区为对象","范围较小",反映出中央合作金库对于合作事业作用的局限性。③ 对于抗战时期省级合作金库的个案研究,潘标以浙江省合作金库为例,从兴衰演变、业务活动、组织机构、人事制度、县库管理等方面分析了取得的成绩和面临的困境。④ 对于县级合作金库的研究,成功伟以四川为中心,详细分析了抗战时期县级合作的存款业务、职员薪酬、经营损益等问题。⑤

总体来说,近年来,民国时期的合作金库已经开始为研究者关注,但

---

① 李顺毅:《资金来源结构与合作金库的发展——基于抗战时期农村金融的考察》,《民国档案》2010年第2期。

② 成功伟:《合作运动中的"不合作"——抗战时期的川省合作指导室与县合作金库之间的矛盾》,《西南民族大学学报》(人文社会科学版)2010年第11期。

③ 陈希亮、夏彪:《寿勉成与民国中央合作金库》,《档案建设》2013年第6期;陈希亮:《寿勉成关于中央合作金库的一组函札》,《民国档案》2014年第2期。

④ 潘标:《奋进与困境:抗战时期浙江省合作金库研究》,《浙江学刊》2012年第1期;潘标:《权宜从变:浙江省合作金库研究》,《民国档案》2013年第3期。

⑤ 成功伟:《抗战时期四川县级合作金库存款业务研究》,《西南民族大学学报》(人文社会科学版)2014年第8期;成功伟:《抗战时期四川县级合作金库职员薪酬研究》,《云南财经大学学报》2014年第4期;成功伟:《民国时期川省县级合作金库损益分析》,《兰州学刊》2014年第6期。

现有成果仍然相对薄弱。尽管既有研究为我们大致勾画了合作金库的发展概貌，并在一些侧面进行了专门讨论，但是，对于合作金库建立、发展、停滞的历程与合作金库的经营运作机制仍需要进行更加系统、深入的研究，此外，对于合作金库法规的演变、各级合作金库组织间的关系、合作金库与国民政府及其辅设机关之间的关系，以及合作金库在中国发展中产生了哪些有异于国外的变化、产生变异的内在原因又是什么，这些问题也都需要进一步探讨。

三　本书主要内容、创新与不足

（一）需要说明的几个问题

1. 合作金库及其相关概念

从理论上说，合作金库是以调节合作事业资金为宗旨，在合作社基础上建立的合作金融机构。作为合作金融组织，自愿联合、自主经营、民主管理应是合作金库基本特征。正如民国时期的学者所说："合作金库者，乃根据合作原理，集合其区域内之合作组织为其组成单位，负责调剂全体社员资金之供需，便利社员之储蓄，贷放以信用为主之低利放款，并办理适应社员需要之其他业务，而为合作社社有、社营、社享之金融机关也。"① 与理论设想不同的是，民国时期中国的合作金库，主要依靠政府和国家行局供给资金，在管理上也由政府和国家行局控制。基层合作社主要是合作金库的放款对象，几乎没有管理权。在实践中合作金库更多地充当了政府的政策工具和国家行局向农村贷款的中介。

民国时期，由于绝大多数基层合作社十分薄弱，合作金库的建立和发展主要依靠政府部门和银行等外部力量。这种以外部力量提供主要资本并指导其筹建及经营的方式，当时被称为"辅设"。而投资并负责指导合作金库的主要机构，在当时则被称为"辅设机关"。这两个概念在20世纪三四十年代是很普遍的说法，本书在行文中依然沿用。

此外，需要说明的是，"合作金库"一词从日语翻译而来，对于欧美国家的同类合作金融机构，当时多翻译为"合作银行"。国民政府最终采用"合作金库"名称，一是为明确与普通商业银行的区别；二是为避免因为以"合作银行"命名会受到《银行法》制约，特别是在最低资本额规定上的限制；三是当时中国的合作事业由实业部主管，而银行管理权在

---

① 顾尧章：《中国之合作金库》，《金融知识》1943年第3期。

财政部，为保证财政部管理银行的权力能够完整。① 在本书中"合作银行"与"合作金库"是同一类机构，只是名称不同。为了与翻译习惯一致，在行文中对中国和日本的这类机构使用"合作金库"，对欧美国家的这类机构使用"合作银行"，统称时采用"合作金库"。

2. 本书研究的时间范围与地域范围

本书对合作金库的研究主要在 1935—1949 年这段时间。20 世纪 30 年代中期，在国民政府、金融机构和社会团体多方努力下，中国农村的合作金融组织已经得到初步发展，同时也存在资金短缺、依赖银行、缺乏系统性等缺陷。面对这些问题，加强农村合作金融体系建设得到政府及合作学者的高度关注。在此背景下，发展合作金库被提上日程。1935 年 4 月，国民党军事委员会委员长南昌行营颁布《"剿匪区"内各省合作金库组织通则》，建设合作金库的大幕由此拉开。经过十几年起伏曲折的发展，到 1949 年，随着国民政府统治的垮台，合作金库也结束了它们在近代中国的历史。

对于研究的地域范围，本书主要涉及 1935—1949 年国民政府统制区内曾经建立过合作金库的省、县。

3. 国际比较的范围

合作金库是一种从国外引进的金融组织形式，为了更好地反映其在中国发展特点，本书在分析中运用了中外比较的方法。本书对比的国家以德国、法国、美国和日本为主。这些国家的农村合作金融发展都比较成功，也是国民政府引进合作金库制度的主要参照，通过比较能够更好地展现中国合作金库的特质及其发展的制约因素。在比较时段上，由于中国的合作金库发展晚于上述各国，因此本书没有在相同时段进行简单横向比较，而是选取 19 世纪后半期至第二次世界大战前上述国家合作金库从产生到发展相对成熟的这段时间与中国进行比较。这样中外合作金库在发展阶段上较为接近，可比性更大一些。

（二）本书主要内容

检视合作金库的历史不难发现两个突出特点：一是在国民政府推动下合作金库在很短的时间内从无到有获得了相当发展；二是合作金库作为一

---

① 薛澍薰：《合作金库本质之鸟瞰》，《中农月刊》1944 年第 9、10 期合刊；谢子城：《合作金库制度之研究》，《中农月刊》1940 年第 4 期。

种从国外引进的金融组织形式，在中国发展过程中产生了明显变异，而这些变异在很大程度上又成了合作金库健康成长的制约因素。为了进一步探寻合作金库发展与变异的原因，国家权力与民间社会互动关系的视角或许可以作为一个有效的切入点。合作金库作为合作金融机构，从本意来说是民众自发成立的金融互助组织，但在其发展过程中政府也扮演着重要角色，这样一来，政府行为与社会力量的相互作用势必影响合作金库的状态和走向。基于上述考虑，本书将在国家与社会互动关系视角下，展现民国时期合作金库发展与变异的历史，通过对政府行为和农村经济、社会环境的综合分析，探究制约合作金库健康发展的原因，为当代农村合作金融的改革和发展提供些许借鉴。

本书除导言和结语外，共分六章，主要内容如下：

导言部分介绍了本书的选题意义、相关研究现状，以及文章的主要内容、创新及不足之处。

从第一章至第三章是本书的第一部分，主要介绍合作金库发展历程。

第一章说明合作金库创办的背景。19世纪中期以后，合作经济从欧洲开始发展起来，到20世纪初已成为一种世界潮流。随着中外交流的深入，西方合作经济理论与实践经验传入中国，并为中国知识分子和国民政府所接受。为了缓解20世纪二三十年代的农村经济危机与金融枯竭，信用合作社被引入中国农村，并取得了初步的发展，但同时也存在各自为政、资金不足、依赖银行等问题。为了消除这些缺陷，以合作社为基础进一步建立各级合作金库组织，形成统一的合作金融系统，逐渐成为共识。

第二章展现1935—1940年合作金库建设从起步到高速发展直至高潮的历史过程。从1935年到抗战爆发是合作金库建设的起步阶段，这期间国民政府颁布了发展合作金库的专门法规，在地方政府和农本局的努力下，数量不多的几个省、县合作金库建立了起来。抗战爆发后，国民政府积极实行扩大农贷的政策，推动合作金库建设的辅设机关也不断增加，合作金库由此进入高速发展时期，并于1940年达到高潮。

第三章考察1941—1949年政策调整与合作金库发展放缓的历史。1941年以后，政府对合作金库相关的政策进行了一系列调整，政策调整后省、县合作金库的发展逐渐趋于停滞。到1946年，历经数年筹备的中央合作金库终于建立起来，但它对农村金融所发挥的作用十分有限。

通过上面两章对合作金库历史的梳理可以看到，民国时期合作金库的整个发展过程都是由政府主导的，合作金库建设的起伏也是由政府行为所决定，基层合作社与农民发挥的作用十分有限。

第四章和第五章是本书第二部分，主要分析民国时期合作金库的特点，通过国际比较展现合作金库在中国产生的变异。

第四章分析合作金库的经营运作。这一章考察合作金库的组织架构与管理权配置，各类业务经营情况，合作金库的经营绩效及对农村经济的影响，反映了合作金库的特点与内在质量。通过分析发现，中国合作金库的资本大部分来自政府或国家行局等辅设机关，管理权也被辅设机关所控制。这些与欧美和日本等国的合作金库在资金来源和经营管理上，以基层合作组织为主导的状况迥然不同。

第五章考察合作金库体系的结构特征。欧美、日本等国的合作金库在发展中逐渐形成了从地方到中央的金字塔式合作金库体系。但在中国，合作金库体系的内部结构呈现为多元分散的特征，合作金库与政府和国家银行紧密相连，但各级合作金库之间却没有形成有机的联系。之所以如此，一方面是由于农村合作社十分薄弱，无法提供有力的内在支撑；另一方面是因为国民政府政策多变且资金支持不足，难以肩负起建立统一、完整的合作金库体系的重担。

第六章是本书第三部分，分析外部环境对合作金库发展的影响。合作金库作为一种金融组织必然嵌入它所处时代的政治、经济和社会环境之中，这一章从政府行为方式、农村经济发展水平和农村社会环境几个方面，分析它们对合作金库发展产生的影响，探寻制约合作金库发展和引发合作金库变异的原因，进而说明合作金库的变异以及因此产生的发展困境是内生于国民政府的行为模式与农村经济和社会环境。

结语部分首先总结了合作金库在民国时期的发展与变异。总体来说，合作金库是国民政府推动农村金融发展的有益尝试，在一定程度上缓解了农村资金的短缺，促进了农业生产，为支持抗战做出了积极的贡献；合作金库作为一种现代金融组织形式，它的发展为中国农村金融注入了新的力量，推动了农村借贷关系的转型与现代化。但是，合作金库在中国的变异也反映出它只是借用了合作金融组织的外壳，实际上并没有真正具备合作金融自愿、自主、民主、互助的性质，在实践中合作金库更多地充当了政府的政策工具和国家行局向农村贷款的中介。在此基础上，结语中进一步讨论了农村合作金融发展中政府、农村与农民的关系，从中得到的启示是：政府应更多地充当服务者，减少对微观领域的干预，将自主权真正还给农民；农村合作金融由于嵌入在中国农村的政治、经济和社会大环境之中，其发展还需要有更为广泛和深刻的改革配合。

（三）创新与不足

本书在已有研究基础上，希望能够在以下几方面有所创新：

首先，在现有关于民国时期农村金融或合作运动研究中，合作金库仍是一个薄弱环节，已发表的专题研究十分有限，尚有不少问题未被论及。本书全面、系统研究了民国时期合作金库的发展历程、相关政策的演变、经营运作机制以及合作金库体系的结构特征，分析了外部环境对合作金库发展的影响。希望有可能弥补已有研究的一些薄弱环节。

其次，挖掘和运用了许多以往研究中利用不多或尚未利用的资料。一是档案资料，如中国第二历史档案馆的中央合作金库法规汇编卷、中央合作金库卷、一般合库调整事项卷等；重庆市档案馆的调整各合库机构暨人事卷、农贷人员外勤工作动态卷、关于1942年度农贷问题卷、关于1943年度农贷问题卷、四联总处农业金融设计委员会会议记录等。二是与合作金库相关的各种报告，如南开大学图书馆所藏的1938—1940年农本局业务报告、四川省农村经济调查报告、四川省合作金库筹办经过及展望、江西省合作金库概况、江西合作事业报告书，以及各省几十个县合作金库于1941年年初向农本局呈报的发展简史及业务概况手稿。三是大量散见于当时各种期刊中的相关文章。这些资料将对合作金库的认识更加准确和丰满。

最后，以往对合作金库的研究中，就笔者所见尚未开展国际比较，本书从管理机制、业务运作、合作金库体系的结构特征，以及影响合作金库发展的政府行为方式、农村经济和社会环境等方面，进行了较为系统的中外比较，对于客观评价中国合作金库在世界范围内的发展水平和自身特点，借鉴国际成功经验，寻找中国合作金库难以充分发展的症结，具有积极意义。

当然，对于合作金库这样一个刚刚起步的研究课题，限于笔者能力，难免存在诸多不足，例如本书主要偏重于考察民国时期合作金库的整体状况，而对于合作金库个案及不同地区合作金库的特点和差异等方面尚未深入考察；对于不同机构在推动合作金库建设中的差别也没有细致的展现；对合作金库发展过程中政府、金融机构、农民之间的复杂关系有待更加深入地分析；在合作金库建设与经营运作中，对于农民行为的叙述和分析较为薄弱；目前进行的国际比较还较为粗糙，而且对于合作金融发达国家的成功经验以及制约中国合作金库发展的原因还需要进一步挖掘；在史料方面，大量档案资料仍有待整理和利用。此外，对于农村合作金融的理论思考也需要继续深化。这些将成为笔者在今后研究中努力的方向。

第一章 合作金库的创办背景

近代以来，中国与西方交往日益密切，各种西方思潮随之涌入中国，合作经济思想就是其中的重要内容。20世纪二三十年代中国农村经济陷入困境，为了救济衰败的农村经济，一场声势浩大的合作运动渐次展开。合作金融作为合作经济重要组织部分，到20世纪30年代中期，在中国农村已经得到初步发展，同时也存在着资金不足、依赖银行、缺乏系统性等问题，为克服这些缺陷，以合作社为基础进一步发展各级合作金库组织就成了大势所趋。

第一节 西方合作经济思想的引入

一 合作经济在西方的产生与发展

合作经济组织起源于19世纪中叶的西欧，它是在人们自愿联合基础上，通过互助合作和民主管理来满足参与者共同的经济和社会需要的自治组织。当时西欧各国的资本主义经济正处于高速发展时期，在创造了巨大财富的同时，社会分化也在不断加剧，劳动者处于极其不利的地位。一边是资产者财富的积累，另一边却是劳动者贫困的加深。在经历了一次次工人运动的失败，许多劳动者开始转向通过互助自救以谋求生活改善，合作运动由此逐渐发展起来。

合作运动的产生有着深厚的思想渊源。19世纪上半期，改造资本主义的社会思潮推动了合作经济思想的产生。罗伯特·欧文（Robert Owen，1771-1858）开创了空想社会主义的合作思想，他认为在资本主义制度中，人们处于分散、不协调的状况，他主张建立"和谐社会"，在那里人们联合起来协作劳动、共同生活，以满足全体人民的需要。威廉·金（William King，1786-1865）与欧文是同时代的合作运动倡导者，他呼吁工人联合起来改变命运，并为工人设计了一个宏大的合作方案。① 拉萨尔 (Fardinand Lassalle，1825－1864) 被称为德国的"生产合作之父"。在他的合作思想中，十分强调国家政权的作用，他认为，工人自发的结社，规模小，无法和资本主义企业竞争，主张通过工人争取普选权，建立代表劳动者利益的、由知识精英组成的国家政权，帮助劳动者广泛建立大合作社。② 在这些思想家中，欧文最早将其理论付诸实践。1825 年欧文在美国印第安纳州建立了"新和谐公社"，但不到两年就瓦解了。此后，欧文回到英国，继续投身工人合作运动，但无一例外全都失败了。欧文带有空想性质的合作实验虽然以失败告终，但也给后人留下了宝贵遗产。正如马克思所说："在英国，合作制的种子是由罗伯特·欧文播下的。"③

世界上第一个成功的近代合作经济组织，是 1844 年在英国曼彻斯特的兰开夏附近的罗虚戴尔镇，28 位工人发起成立的消费合作社——罗虚戴尔公平先锋社。根据章程，成立先锋社的目的在于"使社员获得经济的利益，改进他们家庭及社会的生活"。④ 随着合作经济的发展，以罗虚戴尔公平先锋社制度为基础，国际上逐渐形成了普遍认可的合作经济原则。1895 年，国际合作社联盟在曼彻斯特举行成立大会，将合作经济原则概括为八个方面：(1) 入社自愿、退社自由。(2) 民主管理，一人一票。(3) 现金交易，不准赊货。(4) 按市价销售。(5) 货真价实。(6) 盈余按惠顾量分配。(7) 重视社员教育。(8) 在政治和宗教上保持中立。⑤ 这些原则不仅是各国合作经济组织的基本制度准则，而且也是判断一个经济组织是否具备合作性质的主要依据。

在实践中，合作经济组织的发展速度很快，到 1925 年，英国共有消费合作社 1314 处。此外，合作社还延伸到生产领域从事消费品的生产制造，社员人数达到 497.2 万人，占总人口的 43%。⑥ 合作经济组织在英国产生后，从 19 世纪中后期开始逐渐向其他国家发展，进入 20 世纪，合作经济组织不仅遍及欧洲各国，而且在美国、日本等国家也得到了蓬勃发

---

① 侯哲荛：《世界合作思想十讲》，正中书局 1946 年版，第 60—68 页。
② 李敬民：《拉萨尔的合作思想》，《中国合作》1941 年第 8、9 期合刊。
③ 《马克思恩格斯选集》第 2 卷，人民出版社 1995 年版，第 606 页。
④ 季特：《英国合作运动史》，吴克刚译，商务印书馆 1933 年版，第 29 页。
⑤ 李树生：《合作金融》，中国经济出版社 2004 年版，第 10—11 页。
⑥ 季特：《英国合作运动史》，吴克刚译，商务印书馆 1933 年版，第 142—145 页。

展。在合作经济向世界各地传播过程中，合作的内容也根据各国具体情况有所扩展，除消费合作外，逐步形成生产、运销、购买、信用等多种合作形式，而且合作经济组织也从城市延伸到广大农村。据统计，到1934年，全世界合作社社员总数有1亿人左右。① 据国际劳工局统计，到1939年，世界各国的合作社总数已达750339个。② 可以说，合作经济在世界范围已经成为一支不容忽视的力量。

二　西方合作经济思想在中国的传播

合作经济在欧美、日本等国家的迅速发展也吸引了中国知识分子目光。中国人了解现代意义上的合作经济思想是从清末开始的，1900—1910年，从日本留学归来的两位教授在北京京师大学堂开设了"产业组合"课程，但在当时影响不大。进入民国以后，西方合作经济思想得到更多宣传，早期学者主要有覃寿公、朱进之、徐沧水等人。③ 到20世纪二三十年代，合作经济思想在中国影响更加广泛，并涌现出一大批研究和传播合作思想的学者，如薛仙舟、楼桐孙、于树德、章元善、寿勉成、侯哲莽、王世颖、陈仲明等。这些学者通过大量的文章和著作向国人介绍了合作经济的基本理论和国外合作经济发展状况，并提出不少在中国发展合作经济的设想或方案。这时期关于合作经济的文章不胜枚举，这里我们列出部分著作和译作（见表1-1），由此不难看出当时中国学界对合作经济的重视。

表1-1　　　　　　1921—1936年部分合作经济著作和译作

书名	著/译者	出版年份	书名	著/译者	出版年份
信用合作经营论	于树德	1921	合作是节俭制度	朱承洵	1927
合作银行通论	吴颂皋	1923	消费合作论	张振平	1927
合作制度	孙锡麒	1923	合作经济学	寿勉成	1929
农荒预防策	于树德	1924	合作原理	寿勉成	1929
消费合作的运动	林骙	1924	丹麦合作运动	王世颖	1929
合作主义	孙锡麒	1924	合作主要纲领	侯哲莽	1930

---

① 丁为民：《西方合作社的制度分析》，经济管理出版社1998年版，第21页。
② 薛澍薰：《合作金库组织系统及其理论之探讨》，《中农月刊》1944年第11期。
③ 陈岩松：《中华合作事业发展史》上册，（台北）商务印书馆1983年版，第93页。

续表

书名	著/译者	出版年份	书名	著/译者	出版年份
合作论	徐渭津	1924	欧洲合作事业考察记	陈仲明	1930
消费合作纲要	王效文	1924	农村合作	董时进	1931
合作运动概论	朱懋澄	1924	中国乡村合作实际问题	严恒敬	1933
协作社的效用	戴季陶	1924	英国合作运动史	吴克刚	1933
协作	楼桐孙	1925	法国合作运动史	吴克刚	1933
消费合作社的模范章程	朱懋澄	1925	合作讲义	于树德	1935
合作社的理论与经营	于树德	1927	农村经济及合作	王世颖等	1935
合作主义通论	王世颖	1927	合作金融论	侯哲荅	1936
消费协社	楼桐孙	1927	世界合作运动史	尹树生	1936
丹麦之农业及其合作	顾树林	1927	日本合作事业考察记	陈子密	1936

资料来源：部分引自陈岩松《中华合作事业发展史》上册，（台北）商务印书馆1983年版，第643—644页；部分由笔者整理补充。

1920年前后，热心合作事业的知识分子不仅积极传播合作经济思想，还身体力行组织了一些合作经济社团。信用合作类如上海国民合作储蓄银行、成都农工合作储蓄社等；消费合作类有北京大学消费公社、安源路矿工人消费合作社、上海职工合作商店、武昌时中合作书报社等；生产合作类如湖南大同合作社、长沙笔业工人生产合作社等。总体来说，这时期的合作社团主要分布在城市，它们多由知识分子发起，具有比较浓厚的理想主义色彩，由于缺乏法律保护和实践经验，这些合作社团存在的时间一般都较短，大多没有取得理想的效果。

西方合作思想在中国广泛传播时，不少国民党人对之也十分关注。1919年，孙中山在《地方自治开始实行法》中就十分重视合作经济制度，他指出："地方自治团体所应办者，则农业合作、工业合作、交易合作、银行合作、保险合作等等。"[1] 不仅如此，孙中山在阐释"三民主义"的演讲中，多次提及合作社，认为合作社可以实现分配的社会化和消灭商人剥削，是欧美发达国家和平解决社会问题的四种方法之一。[2]

陈果夫由于受著名合作学者薛仙舟的影响，成为国民党内合作运动的

---

[1] 曹绵清编选：《民权与国族——孙中山文选》，上海远东出版社1994年版，第255页。
[2] 《孙中山选集》，人民出版社1981年版，第815页。

重要推动者。他不仅接受了合作思想，还与薛仙舟等人在1920年发起组织上海合作同志社，该社解散后陈果夫于1924年又参与组织中国合作运动协会。1926年，陈果夫在广州任国民党中央党政训练所所长期间，还将"合作"列为主要训练课程之一。南京国民政府成立后，陈果夫还邀请薛仙舟拟定《全国合作化方案》，希望以合作运动改造社会经济，实现民生主义。① 戴季陶在留学日本期间也对日本产业组合（即合作经济组织）产生了浓厚的兴趣，回国后，他曾在复旦大学做合作理论政策的演讲七八次，并发表了一系列相关文章。② 此外，不少国民党中央执行委员也对合作运动十分重视。1928年，蒋介石、张静江等人在国民党中央第四次全体执监会议上提出《组织合作运动委员会议案》，认为合作运动是解决民生问题最稳妥、最切实的办法，"本党应特别提倡合作运动！应把合作运动的理论，切实研究起来、宣传起来，然后实行起来。"③

总之，西方合作经济思想传入中国后，不仅为众多学者推崇，而且也得到国民党要人的认可，为随后展开的合作运动奠定了基础。

第二节　20世纪二三十年代中国农村经济的恶化

一　农村经济危机

20世纪二三十年代，中国农村经济在天灾、人祸和不利市场条件下遭遇全面危机，呈现极其困难的局面。

这一时期，自然灾害频仍，给农业生产和农民生活带来了沉重打击。据不完全统计，从民国元年到1936年，中国大部分地区（未含新疆、西藏、内蒙古）总计有12751县次发生过一次或数次自然灾害，平均每年达510县次之多。④ 在各类灾害中，水、旱灾害的影响面积最大，给农民带来的损失也最多。例如，1931年夏，长江、淮河流域发生了罕见的特大水灾，湖北、湖南、安徽、江苏、江西、浙江、河南、山东8省中有380

---

① 陈岩松：《中华合作事业发展史》上册，（台北）商务印书馆1983年版，第77页。
② 同上书，第91页。
③ 同上书，第158—159页。
④ 赵泉民：《政府·合作社·乡村社会——国民政府农村合作运动研究》，上海社会科学院出版社2007年版，第26页。

余县被淹，受灾农田达16662万亩，灾民达5311万人。1935年夏，鄂、湘、皖、赣、苏、鲁、冀、豫等省又遭遇严重水灾，被灾县份达241个，灾民2198万余人。① 1928—1932年，陕西、甘肃、山西、四川、山东等省，因旱灾而饿死者达1470万人。② 上述几例，其实仅是各类灾害的冰山一角，但由此我们足以看出自然灾害对农村经济造成的巨大损失。

除了天灾，接连不断的战争也是农村经济恶化的重要原因。据统计，1925—1930年发生战事的省份都在10个以上（见表1-2）。此起彼伏的内战不但直接和间接地加重了农民的税负、兵役和兵差等负担，而且造成了巨大的生命财产损失。如1928年山东5县调查显示，兵差平均为正税的2.74倍。③ 又如1929年10月到1929年年底的三个月间，蒋介石和冯玉祥、唐生智先后战于豫西、豫南45县，各县所受兵灾损失平均占农产常年产值的20.4%。④

表1-2　　　　　　1925—1930年中国发生战争省份数

年份	1925	1926	1927	1928	1929	1930
发生战争省份数	13	15	14	16	14	10

资料来源：王寅生：《兵差与农民》，冯合法编：《中国农村经济论》，上海黎明书局1934年版，第362页。

不利的市场条件，对于饱经天灾人祸打击的农村经济来说，更是雪上加霜。由于受世界经济危机和九一八事变后东北市场丧失的影响，加之中国白银的外汇价格从1932年后由贱转贵，1932—1934年农产品价格持续低落，以上海农产品趸售物价指数为例，以1930年为100，1932年为86.67，1933年为77.14，1934年下降到71.87。⑤ 而且，在工农业产品交换中，农产品也处于劣势。根据陈其广以11种物价指数的计算，在

---

① 朱汉国主编：《中国社会通史》民国卷，山西教育出版社1997年版，第514页。
② 吴存浩：《中国近代农业危机表现及特点试论》，《中国农史》1994年第3期。
③ 同上。
④ 叶振鹏主编：《中国农民负担史》第二卷，中国财政经济出版社1994年版，第320页。
⑤ 章有义编：《中国近代农业史资料》第三辑，生活·读书·新知三联书店1957年版，第615页。

1895—1936年的42年中有39年的交换都是不利于农产品的。[①]

在各种不利因素影响下，农业生产也陷入困境。在一些地区，耕地面积出现了减少趋势，如时人所说："不仅西北各地，在历年水旱匪祸之中，逃荒弃田者续出不已，即在东南素称富庶之区的，亦有视土地为赘累的征象发现。所以，耕地减少同时荒地增加的趋势一直有加无已。"[②] 据统计，1933年，农村耕地面积比1913年减少的省份有察哈尔、绥远、宁夏、陕西、河北、山西、河南、福建、江西、湖南等省。[③] 此外，农民离村现象在各地也普遍存在。1933年，河南省农民离村率在许昌为8.6%，辉县为5.4%，镇平为12.2%；山东省在1932—1933年，夏津与恩县离村率为10%，日照约为20%，昌邑县为35%，莒县和费县竟达60%；在江南，常熟在20世纪30年代初离村者有4.3%，无锡洛社镇据1931年调查，离村者达30%。[④] 耕地和劳动力两项生产要素的减少，必然影响到农业产出，据统计1931—1936年，各省主要夏季作物中收获成数相当于十足年份比例最高的只有77%（见表1-3），农业生产的萧条景象由此可见一斑。

表1-3　1931—1936年各省主要夏季作物收获成数当十足年百分比

年份	籼粳稻	糯稻	高粱	小米	糜子	玉米	大豆	甘薯	棉花	花生	芝麻	烟叶
1931	68	69	60	62	61	64	56	67	56	—	—	—
1932	77	77	68	64	60	67	63	74	58	—	—	—
1933	71	68	65	61	57	62	70	68	59	66	63	64
1934	57	55	61	63	56	61	56	65	55	65	57	62
1935	70	68	64	64	59	66	51	69	54	59	55	59
1936	71	71	71	65	62	62	61	60	65	63	60	63

注：本表数字由察、绥、宁、青、甘、陕、晋、冀、鲁、苏、皖、豫、鄂、川、滇、黔、湘、赣、浙、闽、粤21省加权平均。

资料来源：章有义编：《中国近代农业史资料》第三辑，生活·读书·新知三联书店1957年版，第614页。

---

① 许涤新、吴承明主编：《中国资本主义发展史》第三卷，人民出版社2003年版，第241页。
② 孔雪雄：《农村破产之事实的分析》，《中山文化教育馆季刊》1935年第4期。
③ 章有义编：《中国近代农业史资料》第三辑，生活·读书·新知三联书店1957年版，第907—908页。
④ 吴至信：《中国农民离村问题》，《东方杂志》1937年第15期。

农村经济恶化加剧了农民贫困。据 1934 年全国土地委员会的调查，在华北 55 个县，收支有余的农户占 28%，收支相抵者占 34%，入不敷出的农户占到 38%；长江中下游 6 省（江苏、浙江、安徽、江西、湖南、湖北）农家收支有余者 19.89%，收支相抵者 41.04%，入不敷出的农户占 38.08%。① 据李金铮对长江中下游地区的研究，1934 年时，如以 290 余元为贫困线标准，约 90% 的农户处于贫困线以下；如以 187 元为标准，则有 75% 左右的农户在贫困线以下；即使以 150 元为标准，贫困农户也要占到 67%。② 由此可见，当时的中国农村贫困问题已经相当普遍了。

综上所述，20 世纪 20 年代中后期到 30 年代前期，中国农村经济出现了前所未有的危机，无论农业生产还是农民生活都深处困境。时人曾说，这时期印刷厂的排字工人一见到"农村"二字，接着就找"破产"字码。③ 此话虽然显得有些夸张，但的确透射出当时农村经济的艰难状况。

二 农村金融枯竭

伴随农村经济的恶化，中国农村的金融形势异常严峻。农村经济危机加剧了农村资金的外流，正如中国银行的营业报告所说："农民或以田亩荒芜，或以农产落价，致收入减少，而其日用必需，未能尽捐，仍须求之于市。乡间富户，或以匪患迁徙城市，或以农产衰败，不再投资田亩，乡间储蓄，遂逐渐向城市推移。结果农村对于市镇，市镇对于都市，都市对于通商大口，均立于入超地位，现金纷纷流出。"④ 资金向城市的单向流动，使农村金融资源严重短缺，给农户的资金融通带来了很大困难。

在中国农村，农户的传统借贷来源主要是典当、合会和私人借款等。20 世纪二三十年代，受政治、经济等不利因素的影响，各地的典当业出现了衰落的趋势。据调查，1915 年前后浙江共有典当 480 余家，但到 1930 年就只有 309 家了。1930 年前，江苏共有典当 340 余家，到 1934 年

---

① 中国第二历史档案馆编：《中华民国史档案资料汇编》第五辑第一编财政金融（七），江苏古籍出版社 1991 年版，第 36 页。

② 李金铮：《民国乡村借贷关系研究——以长江中下游地区为中心》，人民出版社 2003 年版，第 63 页。

③ 转引自徐畅《二十世纪二三十年代华中地区农村金融研究》，齐鲁书社 2005 年版，第 2 页。

④ 章有义：《中国近代农业史资料》第三辑，生活·读书·新知三联书店 1957 年版，第 678 页。

由于苏常各地一些当铺陆续倒闭,只剩297家,而且残存的当铺也是典多赎少,资金周转艰难。当时情况正如金融学者杨荫溥所说:"各地当业。营业艰难及难于维持之消息,亦时有所闻……典业之衰落,至今日亦可谓极矣。"① 合会是中国农村传统的金融互助组织,一般由需款人邀集亲友邻里参与,每人各出资若干将其集中起来由参会者轮流使用。20世纪30年代,由于农村经济每况愈下、社会动荡加剧,合会的组织和运作都出现困难。例如在浙江义乌,"有急公好义之人号召帮人做会,也大都有爱莫能助之慨"。② 据学者吴承禧所说,其家乡安徽徽州本是合会极为流行的一个地方,但是"近年来因为华茶对外贸易不振,农村金融枯竭,组织合会已经不像从前那样轻而易举"。③ 至于农村的私人借款在二三十年代也变得困难起来,甚至有时付出很高的利息也难以借到钱。例如江苏南通等地"农民大有告贷无门之概"。④ 在浙江,崇德养蚕之家"需要资金者多,年利常达三分左右,今虽给以四分五之利,亦无贪图高利从事放借之人"。⑤ 在山东临朐,"农民常以四分利贷款,也找不到债主。"⑥ 在四川,"农村破产,农民弃田失业,大多负债难偿还,信用借贷,几至绝迹农村。"在甘肃,1929年前,"普通利贷,虽已高达五分至十分,痛感剥削,然尚有可借之处",此后,"农人为欲购买种子,及其他救急用,纵押契抵产,高出利贷数倍,终亦无敢应命者"。⑦

由于金融资源短缺,各地农村的贷款利率也呈现出增加趋势。据河北临城县的调查,在华北地区,1929—1933年,该县利率逐年上涨,借10元以下者月利率由3%上涨到10%,借10—20元的从2.5%上涨到8%,借30—50元的从2%上涨到6%。⑧ 据1934年山西屯留县的调查,"先前放债是月利2分","现在莫说2分,就是3—4分也不行了。普通都是月

---

① 赵泉民:《政府·合作社·乡村社会——国民政府农村合作运动研究》,上海社会科学院出版社2007年版,第130—131页。
② 冯和法:《中国农村经济资料》(续集)上册,黎明出版社1933年版,第63页。
③ 吴承禧:《合会在中国农村金融中的地位》,载千家驹编《中国农村经济论文集》,中华书局1936年版。
④ 湛然:《南通的农村》,《新中华》1934年第6期。
⑤ 杜延双:《浙江之农村金融》,《申报月刊》1934年第9期。
⑥ 王文甲:《丝价跌落于临朐农村》,《农业周报》1935年第5期。
⑦ 章有义编:《中国近代农业史资料》第三辑,生活·读书·新知三联书店1957年版,第681页。
⑧ 远:《河北省一个农村经济的调查》,《中国经济》1934年第8期。

利5分。"① 在河南洛阳地区，20世纪20年代一般月息为3分，到30年代增加到5分。② 在安徽北部的产烟区，1929年平均年利率为36%，到1934年增至48%。③ 在四川，1932年普通月利为2分5厘，到1936年则增加到5分或6—7分。④

从上述几方面可以看出，20世纪二三十年代的中国农村金融处在资金短缺、借款困难、利率高昂状态之中。在这种环境下，农民的生产和生活必然受到严重冲击。一方面，普通农民由于生产规模较小，不仅自我积累能力有限，而且十分脆弱，一部分小农在满足生活必需支出后，往往只能部分满足生产的需要，于是一部分种子、肥料、农具、耕畜、雇工等费用就需要通过借贷做暂时的融通，这样借贷就成了维持再生产的重要环节。然而，在金融枯竭条件下，农户告贷无门，无法满足再生产的资金需要，自然给生产带来负面影响。而且，生产萎缩后，农民收入进一步降低，维持再生产的资金将更加难以满足，从而形成一种恶性循环。另一方面，农户如遇到婚丧嫁娶或其他意外状况，一次性需要大笔资金时，往往只能依赖借贷，难以借到资金，无疑会增加农户生活上的困难。不仅如此，由于资金短缺，农村普遍利率高昂而且不断上涨，这也给农民的生活增加了极大的负担。

总之，农村经济的危机、农村金融的枯竭，不仅制约了农业生产的正常发展，而且也使占中国人口大多数的农民生活更加艰难。面对这种困境，"救济农村"成为一个关系国民经济全局的大问题，引起了全社会的广泛关注。在试图改变农村现状的种种方案和实践中，发展合作经济也被视作一种重要手段。正如当时学者所说："凡有识之士，都认目下中国社会的经济与政治要上轨道，必须从复兴农村建设国民经济入手，而欲其实现，则改进农业生产，发展各种工业，却为当务之急。不过复兴农村建设国民经济所取的途径，却又是仁者见仁，智者见智，各人的立论极不一致，然而认为，复兴农村的根本办法，惟有从改善农民经济方面着手，要

---

① 高苗：《山西屯留县农村经济实况》，天津《益世报》1934年12月1日。按照传统习惯，利率单位多表示为分、厘。对于年利率，1分为10%，1厘为1%；对于月利率，1分为1%，1厘为0.1%。
② 王天奖：《近代河南农村的高利贷》，《近代史研究》1995年第2期。
③ 陈翰笙：《帝国主义工业资本与中国农民》，复旦大学出版社1984年版，第65页。
④ 李国桢：《四川的农村高利贷》，《中国农村》1936年第11期。

改善农民经济,惟有从合作运动入手,这种立论是为多数所承认。"① 正是基于这样的认识,20世纪20年代以来,无论是合作经济学者、社会团体、金融机构,还是国民政府,都将中国合作运动的重点定位于农村,由此拉开了发展农村合作经济的大幕。从理论上说,合作经济的发展重点与一个国家的经济水平密切相关。正如学者彭莲棠总结的那样:"消费合作最适于工商发达或交换经济最盛之国",农业合作"为农业国家,或虽工业发达而农业仍未失其优势之国家的产物","一般言之,在小农国家如日本、德国、法国、意大利等,农村中高利贷者之势力甚大,其旧式的生产方法依然存在,其农业合作多以信用及供给为主"。② 20世纪二三十年代的中国仍以小农经济为主,农村人口占总人口绝大部分,在农村经济面临重重困难背景下,将合作事业重点放在广大农村,是一种符合中国国情的选择。

第三节 农村合作组织的建立与创办合作金库的需求

一 农村合作组织的建立

民国时期,中国农村的合作经济组织最早是在华洋义赈会推动下建立起来的。1921年11月,在赈济北方大旱灾的过程中,中外人士共同组织了中国华洋义赈救灾总会。该会除了积极救济灾民外,更是把防灾作为工作重点,为了达到防灾目的,他们认为,需要"设法建立一种互助性的制定来,壮大贫困农人的经济能力"。③ 为此,1922年,该会组织专家在河北、山东、江苏、安徽及浙江五省的240个村庄进行调查,根据调查的结果,专家认为资金短缺是当时农村面临的首要问题,因此,农村信用合作最适宜中国的农村社会。④ 有鉴于此,义赈会仿照德国农村信用合作制度,开始在河北农村帮助农民组织信用合作社,并于1923年4月建立香

---

① 寿勉成、郑厚博:《中国合作运动史》,正中书局1937年版,第98页。
② 彭莲棠:《中国农业合作化之研究》,正中书局1948年版,第74页。
③ 章元善:《华洋义赈会的合作事业》,《文史资料选辑》第80辑,文史资料出版社1982年版,第159页。
④ 朱剑农:《农业金融制度之起源与发展》,《金融知识》1945年第1、2期合刊。

河县第一信用合作社。翌年2月，义赈会第一次正式承认涞水县第一信用合作社和定县悟村信用合作社，开始对农村合作社进行放款业务。从此，河北农村的信用合作社在华洋义赈会的帮助下逐渐推展。到1927年，华洋义赈会在河北农村帮助农民建立的信用合作社已达516个。[1]

南京国民政府成立后，农村合作事业得到进一步发展。除信用合作社外，生产、运销、消费、购买等类型的合作社也有不同程度发展，到1936年，全国各类合作社共计37318个，社员达1643670人（见表1-4）。在各类合作社中，信用合作社一直是数量最多的一类，1928年时，信用合作社数量占各类合作社总数的98.9%，此后，随着其他类型合作社的发展，信用社比重有所下降，但到1936年仍占55.3%。[2] 可见，在中国农村合作经济中，合作金融具有举足轻重的地位。

表1-4　　　　1928—1936年全国合作社数量和社员数统计

年份	1928	1929	1930	1931	1932	1933	1934	1935	1936
社数	722	1612	2463	3618	3978	5335	14649	26224	37318
社员数	18050	49972	71517	150183	151212	184587	557521	1004402	1643670

资料来源：黄肇兴：《中国合作金融之发展》，《新中华》1943年3月。

从农村合作社地域看，1930年时仅有河北、江苏、浙江三省；到1936年时，除上述三省外，合作社发展较多的省份扩展到山东、安徽、江西、河南、陕西、湖北、湖南、福建、四川等省。此外，山西、甘肃、广东、广西、云南、贵州、察哈尔、绥远等省也有零星的合作社建立，从全国来看，合作社覆盖范围已达20个省。[3]

1928年以来，农村合作组织的发展是多方力量共同作用的结果。

（一）国民政府的推动

在理论上，国民政府将合作事业作为实现"三民主义"的重要手段。在他们看来，"合作事业之目的亦即三民主义所日夜以求之者，而合作社

---

[1] 方显廷：《中国之合作运动》，《政治经济学报》1934年第1期。
[2] 黄肇兴：《中国合作金融之发展》，《新中华》1943年第3期。
[3] 赖建诚：《近代中国的合作经济运动：社会经济史的分析》，正中书局1990年版，第98页。

都可以达到这个任务，而且比用任何方法还容易达到。"① 在现实中，发展农村合作事业也是国民政府巩固统治的需要。20 世纪二三十年代，农村经济的全面危机不仅直接影响了国民政府的财政基础，而且为共产党领导的土地革命提供了客观条件，对国民党政权造成了严重威胁。因此，发展农村经济、改善农民生活已成为国民政府巩固政权的当务之急，在蒋介石看来，"农村合作事业，就是救济农村最紧要、最要好的一个办法"。② 为了切实推动农村合作事业的发展，从 1928 年开始，江苏、山东、浙江、江西、河北、湖南等省相继颁布地方性合作社暂行条例，各省政府建设厅、实业厅或农矿厅还先后设立合作事业室或合作事业指导委员会，以促进各省合作社运动。③ 1931 年，实业部出台《农村合作社暂行章程》；1934 年，国民政府正式颁布《合作社法》，为合作事业的发展提供了必要的法律保障。1935 年，国民政府在实业部设置合作司，随后又在全国经济委员会下设合作事业委员会。此外，国民政府还通过建立农民银行推动合作事业发展。1928 年，由江苏省政府主持成立了江苏省农民银行，该行组织大纲即规定"关于合作社之组织及进行，有提倡指导之责"。④ 同年，浙江省政府计划成立证据省农民银行，后因故未成，于是将拟筹办农民银行的资本金 50 万元及合作贷款基金 38 万元委托农工银行杭州分行代办农民贷款事宜。⑤ 1933 年，国民政府又设立豫鄂皖赣四省农民银行，并于 1935 年改组为中国农民银行，到 1936 年，由该行直接或间接指导组织的合作社分布在 13 个省共计 9016 个，社员达 467887 人。⑥

（二）商业银行的加入

20 世纪 30 年代初，农村经济的恶化促使大量资金流向城市，集中于商业银行，但此时的资金出路却不通畅。受外国商品倾销和农村经济恶化影响，"中国工商业皆日就衰落，银行在工商业方面寻资金出路，便觉不易"。与此同时，商业银行在房地产和公债投资上的风险也不断增大。因

---

① 秦孝仪主编：《革命文献》第 84 辑《抗战前国家建设史料——合作运动（一）》，（台北）中央文物供应社 1980 年版，第 373 页。
② 同上书，第 216 页。
③ 方显廷：《中国之合作运动》，《政治经济学报》1934 年第 1 期。
④ 陈超予：《合作生活与中国农村》，《社会科学论丛》1931 年第 5 期。
⑤ 方显廷：《中国之合作运动》，《政治经济学报》1934 年第 1 期。
⑥ 赵泉民：《政府·合作社·乡村社会——国民政府农村合作运动研究》，上海社会科学院出版社 2007 年版，第 145—146 页。

此，商业银行不得不转变投资方向，"值此农村金融异常紧迫、农民需要资金甚殷之际，各银行为其自身谋出路计，自然对于农村放款特加注意。"① 但对银行来说，直接向农民放款成本过高、风险较大，这就需要通过一定形式将农民组织起来，因此，商业银行办理农村放款多是"从提倡合作事业入手"。② 商业银行参与合作事业之初是与华洋义赈会合作。1931年，上海商业储蓄银行率先以2万元委托义赈会向农村合作社放款。由于效果良好，1932年放款资金增至5万元，翌年又增加到10万元。③ 1933年，中国银行和金城银行也加入进来，委托义赈会对合作社放款。④ 此外，中国银行还与定县平教会、邹平乡村改进会合作，对棉、麦生产运销合作社提供贷款。1934年，金城银行与南开大学、定县平教会共同组织华北农产改进社，该社即在农村指导组建棉花产销合作社，并由金城银行提供贷款。1934年，金城、交通、上海、浙江兴业、四省农民等银行联合委托陕西棉产改进所在陕、豫、晋三省组织棉花产销合作社，由各银行为合作社提供必需之资金。1935年2月，上述五行又加入中南、大陆、新华、国华银行及四行储蓄会，成立中华农业合作贷款银团，在冀、陕、豫、晋四省办理棉花产销合作贷款。1936年，银团放款区域增加安徽一省，放款种类又添米麦储押放款一项，全年各区共放款7002900余元，直接贷放合作社333个。⑤

（三）社会团体的参与

1931年夏，长江流域遭受特大水灾，国民政府水灾救济委员会委托华洋义赈会承办安徽、江西两省农赈，期间义赈会协助农民组织互助社。此后，义赈会又在皖、赣、湘、鄂等省推广合作事业，从1932年8月到1933年10月四省的合作社从39个骤增至2225个。⑥ 中华平民教育促进会、邹平乡村建设建设研究院、中国职业教育社、金陵大学乌江实验区、燕京大学清河实验区等，"皆致力于合作事业之推进"。中华基督教促进

---

① 符致逵：《商业银行对于农村放款问题》，《东方杂志》1936年第22号。
② 陈光甫：《上海银行提倡农村合作》，《银行周报》1933年第7期。
③ 吴承禧：《中国银行业的农业金融》，《社会科学杂志》1935年第3期。
④ 中央银行经济研究处编：《中国农业金融概要》，商务印书馆1936年版，第195—196页。
⑤ 中国人民银行上海市分行金融研究室编：《金城银行史料》，上海人民出版社1983年版，第468页。
⑥ 方显廷：《中国之合作运动》，《政治经济学报》1934年第1期。

会提供资金，委托金陵大学在沿长江教区推行合作。此外，高等院校如燕京大学、金陵大学、浙江大学、南开大学等，"对于中外合作专家之聘请，合作人才之训练，及实际工作之试验，皆卓著成效。"①

可以说，到 20 世纪 30 年代中期，在国民政府、各类银行和社会团体的共同推动下，中国农村的合作组织已经得到初步发展。

二 创办合作金库的需求

在农村经济危机、金融枯竭背景下，缓解农村资金短缺局面是合作组织的重要职能之一。当时履行这项职能的主要方式就是将各类银行的资金以合作社为中介转贷给农民。这种方式尽管一定程度促进了资金归农，但也存在不少问题。

一方面，办理农贷的金融机构众多，它们各自为政使合作金融缺乏系统性。据统计，到 1937 年 7 月，全国性农业金融机关有 160 余家，以省为范围的有 30 余家，县农业金融机关有 900 余家。② 这些金融机构在办理农贷时大多先辅导建立农村合作社，再将资金通过合作社转贷农民，但是这些机构之间却没有多少联系，往往缺乏协调、各行其是。正如梁思达等学者 1935—1936 年对我国 8 省合作事业进行考察后指出的那样，"综观我国合作金融机关之繁杂，深感合作金融组织系统之缺乏"。③ 由于缺乏系统性，合作金融的发展受到了很大的局限。当时就有评论指出了这一问题，"各商业银行投资农村之前，彼此并无统筹，事后更无联络，竞争情势在所难免。兼之各银行大都集中于已有基础之区域，以致同一区域恒有数银行同时放款者，以是竞争更甚"。"同时以无一统的政策，乃多集于交通利便产业繁盛之区，而穷乡僻壤急需调剂之地反而不屑一顾。遂致金融调剂既不普及又不彻底。"④ 如 1933 年，上海、中国、金城等六家银行与政府经委会棉统会合作向陕西投资，他们对于"关中区之交通便利或水利兴办之各县已相继放款，但对于灾情较重，农村破产尤甚之各县则寥

---

① 梁思达等编著：《中国合作事业考察报告》，天津南开大学经济研究所 1936 年版，第 25—26 页。
② 姚公振：《中国农业金融史》，中国文化服务社 1947 年版，第 306 页。
③ 梁思达等编著：《中国合作事业考察报告》，天津南开大学经济研究所 1936 年版，第 125 页。
④ 王文钧：《商业银行在农村中之动态》，《银行周报》1935 年第 48 期。

无贷款"。①

另一方面，农村合作社对银行的依赖十分严重。中国农村合作社是在农村经济危机、金融枯竭的背景下建立起来的，这种薄弱的经济基础限制了合作金融的自我发展能力，合作社从农村获得的资金十分有限。据黄肇兴统计，1928—1931年，全国合作社的股金、公积金及吸收存款总额只占运用资金的25.95%；到1932—1937年，这一比例进一步下降到11.3%。② 为了弥补资金需求的缺口，合作社的绝大部分资金只能依赖向银行借款。银行的资金支持对于合作社的生存和发展固然起到了不可或缺的作用，但是银行从自身利益出发难免也会对合作金融产生了一些负面影响。当时就有学者批评银行"根本不认合作社有他的独立性。……他们就径自组织合作社，希望在短时期内，粗制滥造些农民团体来，做银行放款的对象"。③ 从农民的角度来看，长期依赖银行供给资金也不利于培养农民的现代合作经济意识，正如经济学家方显廷所说："大多数农民成立合作社之唯一目的，仅为利用此项组织已取得向省立农民银行借款之特权。合作社名为'信用合作社'，其实乃'借款社'。信用合作社之本旨为鼓励社员为借款而储蓄，意在自助；但'借款社'为借款而成立，意在求助于人，大违信用合作之本旨。"④

面对农村合作金融发展中的问题，当时普遍认为尽快建立合作金融系统将有助于消除这些缺陷。这里所谓的合作金融系统，即以合作社为基础的各级合作金库体系。从理论上说，合作金库是以调节合作事业资金为宗旨，在合作社基础上建立的合作金融机构。建立合作金库对于促进合作金融的发展和完善具有极其重要的意义，从国民政府农本局为推动合作金库创建编印的《县（市）合作金库的意义和推行步骤》中，可以看出当时的认识：

首先，建立合作金库有助于统一农村贷款方式。由于农贷机关繁多，放款的宗旨、手续、利率、期限等多有不同。如果建立合作金库，各种来源不同的资金，先在合作金库汇集，然后再由其贷放给合作社，放款办法

---

① 转引自张书廷《关于抗战前中国农村合作金融的几个问题》，《福建师范大学学报》（哲学社会科学版）2006年第2期。
② 黄肇兴：《中国合作金融之发展》，《新中华》1943年第3期。
③ 章元善：《商资与合作》，天津《大公报》1935年5月12日。
④ 方显廷：《中国之合作运动》，《政治经济学报》1934年第1期。

就可以趋于一致。

其次,合作金库更接近农村,使农贷更加便捷。在20世纪30年代中期,办理农贷的各类银行,不要说深入农村腹地,即使是通都大邑也不能普遍设立分支机构,因此合作社与之往来十分不便,平添了不少开支和风险。按照设想合作金库设立到县,而且县内重要市镇也有代理处,和农民更加接近,往返便利,不但节省时间与金钱,而且社员借贷款项也更加方便。

再次,有利于扩大农贷资金来源。一方面,合作金库可以吸收存款,汇集社会闲散资金供给农村需要。另一方面,通过合作金库银行资金也可以更加稳妥、经济地供给农村。尽管各银行已经纷纷办理农贷,但银行方面仍然"感觉对合作事业投资保障殊感不足,投资之成本又复巨大"。①若建立合作金库制度,"贷款以金库为媒介,可获得安全保障,如此一来,各种银行,都以间接的关系,透过金库供给合作社以资金。"② 而且银行直接面对合作金库有助于简化业务,降低放款成本,促使大量都市资金稳妥合理地输入农村,使都市与农村互济盈缺。

最后,发展合作金库有助于培育"自有自营自享"的合作金融制度。农村合作金融发展的理想是建立一个以农民为基础、稳固的金融制度,不要仅求助于外来资金。为了实现这个目标,"就应倡办合作金库,因为合作金库的业务,不仅在放款给农民,还要用储金购股的办法,来吸收农民的资金。当初成立时,合作社资金有限,固然要靠社外资金来弥补他的不足,但经过相当时间以后,农民逐渐出资购买股票,最后结果,合作金库全部股本,完全为农民所有,这时的合作金库,成为农民自身的一个经济组织,他的基础就建筑在农民自己身上,不受外界丝毫牵制,而自有自营自享的合作金融组织制度,就可以渐次完成"。③

由此可见,创办合作金库对于发展农村合作金融具有重要意义。按照制度创新的一般理论,只有与现实需要相契合,一种新的经济组织或制度才会被创立。正是面对着农村合作金融的诸多缺陷,解决现实问题的迫切要求为创建合作金库增加了推动力。

---

① 黄肇兴:《中国合作金库发展史之鸟瞰》,《新中华》1943年第10、11期合刊。
② 晓帆:《合作金库、县银行、农民信用贷款所》,《合作评论》1941年第2期。
③ 实业部农本局:《县(市)合作金库的意义和推行步骤》,实业部农本局刊1937年版,第6页。

第二章　合作金库建设的启动、加速与高潮（1935—1940）

1935年，国民政府为了增加农业生产，稳定农村经济，解决农村合作金融发展中存在的资金短缺、依赖银行、缺乏系统性等问题，开始着手推动合作金库建设，由此拉开了合作金库在近代中国的发展序幕。

第一节　从提案到法规：合作金库制度的初步设计

一　全国合作事业讨论会与《合作金融系统案》

在国民政府、金融界和民间团体共同努力下，到20世纪30年代中期，中国合作事业得到了初步发展，但同时也暴露出很多问题，其中之一就是合作运动"缺乏通盘筹划"，不仅合作行政系统零乱，而且各类推动机构各自为政，甚至互有冲突，这些"殊足以影响合作事业之发展"。[①] 为此，加强合作事业的统筹规划、建立系统的制度安排就成了亟待解决的重要问题。

在这样的背景下，1935年3月13—17日，全国经济委员会、行政院农村复兴委员会和实业部三部门联合召开"全国合作事业讨论会"。这次讨论会聚集了政府各机关代表、参与农村放款的各金融机构代表以及实际从事合作事业的各社会团体和学校代表等，共计140余人。正如与会学者所说："近十年来与农村运动、合作事业有关的人们，这次都几乎在一堂。"讨论中，有三个问题是大家普遍关注的热点话题，一是合作行政的

[①] 郑林庄：《统治全国合作事业刍议》，《东方杂志》1935年第6号。

系统问题；二是合作金融的系统问题；三是商资流入农村的调整问题。① 从这些话题不难看出，推动合作事业系统化发展已成为与会各界代表的共识。

在讨论会的各项议题中，与合作金库发展直接相关的是合作金融系统问题。会上不少代表都提出了建设合作金融系统的意见，这些意见的中心环节多是着眼于创建合作银行或合作金库。相关的提案如《拟请建议政府，从速筹设中央农业合作金库，负责调剂农业合作金融，扶持农业合作事业发展案》、《创办中国合作银行案》、《请建议政府通令各省，限期组设合作银行，是否可行，请核议案》、《各省市应所在地方银行，合资设立连立合作银行，以奠定各该省市区合作事业金融基础，并兼办仓储运销，以调剂供需，发展农村经济案》、《拟请建政府，在中央暨地方未设合作金库前，奖励办理合作有年之区域内各社，联络筹设地方合作金库，集中合作资金，臻合作运动与健全之境地案》等。从这些提案反映出，当时希望在中央和地方建立合作银行或合作金库已经形成一定声势。

在众多议案中，对合作金融体系的设计最为详尽的是农业金融专家王志莘提出的《合作金融系统案》，这个提案经讨论对个别地方修改后得到会议通过。根据会议通过的《合作金融系统案》②，合作金融体系由农村信用合作社、县合作银行、省合作银行、中央合作银行四个层级构成。对于各级合作银行，提案从资本筹建、经营资金来源、业务等方面都作了较为详细的说明。中央合作银行的资本金来源于政府拨款，以不直接经营银行业务为原则，专门从事发行债券、调节省合作银行资金、收受省行存款、赎回所发之债券以及与下级机构、工商业、金融界相联络。省合作银行的资本由中央合作银行及省政府筹拨；经营资金除资本外，可以向中央合作金库融通及吸收存款；业务包括对县合作银行、省市合作联合会、农仓及农业团体做五年以内抵押放款及一年以内的信用放款、票据贴现、吸收存款、汇兑、代理、信托、兼营农业仓库等。县合作银行的资本由各种合作社及联合会、县农仓出资为主，如遇资金不足时可邀请地方公共及公益团体、农业团体出资参加；经营资金除资本外，可向省合作金库借入、吸收存款和公积金；在业务种类上与省合作银行类似，只是经营范围主要

---

① 晓村：《全国合作事业讨论会的三个贡献》，《正论》1934年第19期。
② 全国合作事业讨论会办事处：《全国合作事业讨论会汇编》，全国合作事业讨论会办事处刊1935年版，第154—159页。以下《合作金融系统案》的内容均引自此处，不再一一注释。

在本县之内。对于各级合作银行之间的关系，省合作银行从属中央合作银行；县合作银行与省合作银行之间是往来关系，而不是隶属关系。

对于建设合作金融系统的推行步骤，提案建议分为四步：一是由农村复兴委员会、全国经济委员会和实业、财政两部指派代表或聘请专员组织筹备会，负责起草《中国合作金融制度法》；筹集中央合作银行资本；拟定中央、省、县各行的地点；举办合作金融讲习班培养人才。二是成立中央合作银行。三是由中央合作银行筹设省合作银行。四是促进及辅助县合作银行的组织。

《合作金融系统案》是一个较为完整、系统的合作金融发展方案。这个方案所说的合作银行与合作金库在理论上的含义相同，只是在实践中政府选择了合作金库这个名称而已。该方案经讨论会修正通过后，即送有关部门参考，不仅推动了政府制定合作金库专门法规的步伐，而且法案中的许多设想也对此后合作金库制度的设计产生了十分重要的影响。

二 《"剿匪区"内各省合作金库组织通则》

建立合作金融体系的现实需要与全国合作事业讨论会上各方代表对创建合作银行或合作金库的建议，推动了国民政府对合作金库制度的设计。

政府对合作金库制度的设计主要是通过合作金库法规体现出来。民国时期的第一部合作金库法规是1935年4月国民党军事委员会委员长南昌行营颁布的《"剿匪区"内各省合作金库组织通则》。合作金库法规首先由国民党军事委员会南昌行营颁行有其特殊的历史背景。1931年9月，蒋介石对中央苏区的第三次围剿失利后，在汉口设立豫鄂皖三省"剿匪"总部，后又进驻江西并在南昌设立"行营"。此时的三省"剿匪"司令部和南昌行营全权负责"剿匪区"内党政军一切事宜，成为"实际上的权利核心"，有权颁行法令、规章。为了遏制共产党的土地革命，配合军事进攻，国民党在鄂、豫、皖、赣四省农村大规模推行合作运动。[①] 随着鄂、豫、皖、赣等省农村合作社迅速发展，为进一步解决合作社资金短缺问题，南昌行营制定了《"剿匪区"内各省合作金库组织通则》（以下简称《通则》），并通令豫、鄂、皖、赣等省建立合作金库。

《通则》共18条，没有分章，内容涉及合作金库的目的、责任形式、

---

① 赵泉民：《政府·合作社·乡村社会——国民政府农村合作运动研究》，上海社会科学院出版社2007年版，第81页。

存立期限、资本、组织、业务、分配、监管等方面。根据《通则》的规定："剿匪区内各省，为转对合作事业调剂资金起见，得依本通则，呈经军事委员会委员长行营核准，设立省合作金库。"① 合作金库为"有限责任之社团法人"，存立期间为 30 年，呈准后可延长。

资本方面。省合作金库出资者限于政府与合作社及合作联合会额定资本至少 100 万元，分为若干股，其中政府出资认购股份总额的半数，其余一半由合作社及合作联合会认购。为了促成合作金库建成营业，规定政府先行拨付资本 10 万元即可开始营业，其余股款可在 5 年内分期付清，合作社及合作联合会应认股本可在合作金库开业后 10 年之内缴足。

组织方面。省合作金库设理事会和监事会，其中，理事 5 人，监事 3 人。理事、监事"按照股本比例，分别由省政府或合作社与合作社联合会选举之"。同时还规定：理事及监事全部人选，在合作社及合作社联合会所缴应认股本未满半数以前，概由省农村合作委员会呈请省政府就下列人员中聘任，他们包括省财政厅厅长、合作委员会委员长、中国农民银行分行经理、办理合作贷款的银行和社团代表，合作社及合作社联合会代表。此外，省合作金库设主任一人，由理事会提请省农村合作委员会转呈省政府任命。

业务方面。省合作金库以省内各县合作社及合作社联合会为经营对象，业务种类包括各种信用贷款、期票贴现、活期存款透支、农产品储押放款及押汇、汇兑、代理收付、吸收存款等。此外，经省政府核准，省合作金库还可以向外借款及发行债券。

盈余分配方面。《通则》也有比较详细的规定：首先，提出盈余的 20% 为公积金；其次，按年利 6 厘以下提取股息；最后，在提出前两项后的余额中，以 20% 为职员薪金，40% 为投资奖励金，40% 用于按交易额分红。

监管方面。主要由省农村合作委员会和省政府负责。《通则》规定省合作金库"受省农村合作委员会之监督指挥"，向外借款、发行债券及贷款利率需经省政府核准，并要求年终将财产目录、资产负债表、营业报告书、损益计算书、盈余分配表等报省农村合作委员会转省政府呈军事委员

---

① 《"剿匪"区内各省合作金库组织通则》，《中国合作》1942 年第 10、11、12 期合刊。以下引用相关条款不再一一注释。

会委员长行营备案。

通过以上内容可以看到，对于组建合作金库的主要问题，《通则》都作出了比较明确的规定，可以说合作金库的基本制度框架在这部法规中已经形成了。同时，我们也不难发现这部法规的一个突出特点，即特别强调政府在合作金库构建和运作中的主导地位。在股权上，政府与合作组织认股各半，合作组织没有在所有权上占优势的可能，而实际上合作组织认股极少，所有权优势必然偏向政府。在人事上，理事、监事、主任均由政府任命，其中政府官员和国家银行职员又占了绝大多数；在经营上，政府具有监督和审核权，再加上对人事的控制，政府完全有能力左右金库的经营活动。因此说，《通则》所规定的政府介入方式不是仅限于扶助和监督，而是深入到合作金库的资本构成、人事组织、经营运作各个方面。

此外，《通则》也存在一些不足：一是该法规仅适用于"剿匪区"内各省，合作金库制度还没有推向全国。二是该法没有涉及合作金库的体系问题，也没有提出建立中央和县级合作金库，只提及了"设立省合作金库"，所有条款也都是针对省合作金库的规定。三是对合作金库的合作性质及基层合作组织的权利保障不够，如内部权力机构只设理事会和监事会，而没有本应作为最高权力机关的社员代表大会；理、监事的选举以股本比例为准，缺乏对众多小股东的必要保护。此外，也没有对合作组织代表在理、监事会中最少人数的规定。由此可见，《通则》尽管已经初步搭建起合作金库的制度框架，但缺陷依然不少，国民政府对合作金库制度的设计有待完善。

三 《合作金库规程》

1935年9月，国民政府在实业部内增设合作司，作为中央合作行政最高机关，开始加强对各地方合作事业的统一监管。1936年7月，国民政府又将全国经济委员会合作事业委员会撤销，并将其所有合作事业移交实业部合作司管理。这样，全国合作事业的管理权逐渐向实业部集中。为了进一步解决农村信用合作社资金不足与合作金融体系残缺的问题，1936年12月，实业部颁布了民国时期的第一部全国性合作金库法规《合作金库规程》（以下简称《规程》）。这部法规尽管没有经过正式的立法程序，但在实践中它是此后很长一段时期内建设合作金库的主要法律依据。

《规程》在《通则》基础上对合作金库制度作了更加系统和规范的界

定，内容分五章，包括总则、资本、组织、业务和附则，共25条。①

总则指出："合作金库以调剂合作事业资金为宗旨，准用合作社法合作社联合社之规定组织之。"由此明确了合作金库的性质不仅是合作金融组织，而且是基层合作社之上的联合组织。

对于合作金库的层级，《规程》设计为中央合作金库、省及直隶行政院之市合作金库、县市合作金库（必要时在县市以下可设代理处）三级；在构建步骤上采取自下而上方式，即"中央合作金库，由省及直隶行政院之合作金库，暨以全国为范围之合作社联合社认股组织之；省合作金库以县市合作金库及以省为范围之合作社联合社认股组织之；直隶行政院之市合作金库及县市合作金库，由各该区域内信用合作社及各种合作社联合社认股组织之。"

对于合作金库的资本，《规程》要求中央合作金库资本总额至少为1000万元，省级直隶行政院之市合作金库至少为100万元，县市合作金库至少为10万元。在资本筹集上，除了信用合作组织认股外，还设置了"提倡股"，根据1936年的规定，"在合作金库试办期间，各级政府、农本局及其他不以营利为目的之法团得酌认股额提倡"。这种筹资方式与《通则》有两点不同：一是《通则》只允许政府与合作组织出资，这里出资者范围扩大到农本局及非营利法人团体；二是《通则》中没有提到政府投资的退出问题，而在《规程》中则明确指出认购提倡股的各类机构"俟合作金库基础牢固时，得将认之股逐渐收回"。

值得注意的是，尽管法规没有规定，但以投资提倡股为基础，在合作金库发展实践中形成了一种独特的辅设制度。所谓辅设即辅导建设之意，主要包括两方面内容：一是认购"提倡股"，二是提供业务指导，其初衷是扶助合作金库的成长。在后面几章的分析中我们将看到，辅设制度对合作金库的发展产生了极其重要的影响，一方面，没有辅设制度就没有合作金库的高速发展；另一方面，由于基层合作社从资金实力到经营管理能力都十分薄弱，提倡股占资本的绝大多数，合作金库的经营管理权主要掌握

---

① 《合作金库规程》的内容参见《合作金库规程》（民国二十五年十二月十八日部令公布，民国二十七年二月十三日部令修正公部），四联总处农业金融处编：《有关农贷各种法规汇编》，四联总处农业金融处1939年版，第16—19页。其中1938年修正后于1936年颁布时不同的内容参见黄肇兴《中国合作金库发展史之鸟瞰（上）》，《新中华》1943年第10期。以下引用相关规定不再一一注释。

在辅设机关手中，其作用已超出辅导的范围而达到主导甚至控制的程度。

《规程》对合作金库内部组织的规定也更加完善。首先，各级合作金库应设立社员代表大会。合作金库的社员包括认股的信用合作社、各种合作社联合社、下级合作金库，以及认购提倡股的各类机构。出席社员代表大会的名额"按所缴股额比例分配之"。其次，设理事、监事若干人，分别组织理事会、监事会。其中理事、监事由社员代表大会选任，人数由社员代表大会议定。最后，设经理一人，必要时可增设一名副经理，均由理事会聘任。此外，为了保障合作组织的权利，避免合作组织因认股过少，按股额分配时合作组织得不到代表大会名额，还规定"合作社或合作社联合社，至少须有代表一人。"同时，在理、监事会中也要求，"至少须有理事、监事各一人，为信用合作社或各种合作社联合社之代表"。而且，随着合作组织认股的增加，提倡机构选任的理事、监事"应比例减少"。

在业务方面，《规程》规定合作金库可办理存款、借款、放款、汇兑和代理收付五项业务。而且，为了保障合作事业的资金需要和经营安全，合作金库的营业资金，"不得为本规程规定业务外任何事业之投资"。

在监管方面，《规程》指出，各级合作金库应受合作主管机关监督，合作金库资本额的增减、营业计划、财产目录、资产负债表、业务报告书、盈余分配案以及各项章则等需呈报主管机关核准备案。

综合上述内容不难看出，国民政府在《合作金库规程》中对合作金库制度的设计与《"剿匪区"各省合作金库组织通则》相比已经有了很多的完善，主要有以下四个方面：一是设计了从县市到中央比较完整的合作金库体系，并提出了自下而上的构建方式。二是体现了更多的民主性，理事、监事不是由政府任命，而是由社员代表大会选举产生。三是注意保障合作组织的权利，规定了社员代表、理事、监事至少各应有一名合作组织代表。四是设置了合作组织以外各种机构的退出机制，随着合作组织认股的增加，要求提倡机构的投资和理、监事名额应逐渐减少，这为合作金库最终实现由合作组织自有、自营提供了可能。

从实践角度分析，《合作金库规程》也存在不足。

第一，自下而上发展合作金库的设计与当时中国的现实环境并不适应。《规程》的合作金库制度的设计尽力保持了合作金融的自由精神，各级组织自下而上建立，并保持相对独立性，使各级合作金库最终成为合作社

"自有、自营、自享"的组织。这种设计的初衷尽管很好，但问题是在西方国家合作金融所以能够自下而上发展起来，一方面，需要农村经济有一定的发展作为基础；另一方面，需要以个人主义精神和市场经济的充分发展为前提。而在20世纪三四十年代的中国，农村经济深处困境，农民普遍贫困，加之统制经济思想日趋强化，国民政府一有机会就要扩展其在经济领域的控制力，为了解决财政困难，对于控制金融的兴趣尤其之大，在这样环境下自上而下发展合作金库几乎是不可能的。后文将看到，各级合作金库实际都主要由政府、银行等辅设机关出资自上而下建立的，这就造成了合作金库发展中事实与法规的矛盾。这种矛盾不仅削弱了法规的指导作用，而且为后来合作金库建设中的混乱局面埋下了伏笔。

第二，《规程》规定组成合作金库的基层合作组织范围过于狭窄。在实践中，20世纪三四十年代，尽管信用合作社在各类合作组织中比例最大，但生产、运销、消费、供给、利用等类型合作社也都有所发展。① 然而，根据《规程》可以认股成为合作金库成员的基层合作组织为"信用合作社及各种合作社联合社"，也就是说，除信用合作社外，其他种类的基层合作社不能单独成为合作金库的成员，只有其联合社才可以。成为合作金库的成员是获得其贷款的前提，因此按《规程》来说，实际中大量存在的非信用合作社是无法从合作金库获得贷款的。这不仅难以满足非信用合作社的资金需要，也使合作金库的作用范围大打折扣。为缓解这种局面，国民政府采用了变通措施。经济部于1939年1月9日以农字第20302号令陕西省合作委员会，并于1940年1月28日以农字第5103号令贵州省合作委员会，对于合作金库的股份，"信用业务之外之各种合作社，在试办期间，得暂准酌认股额；俟各该种合作社联合社成立后，其认缴金库之股份，即应转为各联合社所认知股份。"根据上述规定，非信用合作社尽管可以暂时成为合作金库成员，但从法律上仍没有获得正式地位，正如合作经济学者叶谦吉所说："这究竟还是一时权宜之计，并没有把这个问题根本解决。"②

第三，以认股数量为基础的表决权分配方式为大股东控制合作金库创造了条件。在实践中，合作金库绝大部分股份由提倡机关认购，合作组织

---

① 赵泉民：《政府·合作社·乡村社会——国民政府农村合作运动研究》，上海社会科学院出版社2007年版，第167页。

② 叶谦吉：《我国合作金库制度的检讨》，《财政评论》1940年第5期。

的股份很少，甚至有些合作金库的合作组织股份不足 10%。按照《规程》的规定，社员代表的名额是按认股比例分配的，由于股份的不等，必然带来决策权的不平等，这与国际上通行的合作组织内各成员一律平等的原则是相悖的。在按股份分配权力的条件下，持有大多数股份的提倡机关将会掌握金库的实际控制权，即使《规程》中规定了提倡机关的退出机制，但如果合作组织的股份比例不能占有支配地位，合作金库最终由合作组织自主经营的理想也是难以实现的。

尽管国民政府颁布的合作金库法规存在这样那样问题，但不管怎样，这些法规为合作金库的发展提供了比较明确和具体的制度框架，为创办合作金库的实践准备了条件。

第二节 抗战前合作金库建设的启动

从 1936 年到 1937 年 7 月抗战全面爆发，是合作金库建设的起步阶段，这一时期，省、县合作金库从无到有，在地方政府和农本局推动下开始零星建立起来，由此开启了合作金库在近代中国发展之路。

一 省政府牵头建立省合作金库

民国时期，发展合作金库的实践首先从省政府牵头设立省级合作金库开始。1933 年 4 月，湖南省政府会议曾通过《筹设湖南省合作银行计划》，并一度着手筹措资金，但省合作银行最终并未建成。[①]

省合作金库从规划变为现实的第一个省份是四川。1935 年四川实现省政统一后，国民政府对四川的控制力大为增强。由于当时四川省"农村完全残破，金融异常枯竭"，蒋介石下令设立四川省农村合作委员会，负责本省合作事业的推广。[②] 通过农村合作委员会的努力，四川省的合作事业很快就有了不小的进步。1935 年 11 月，四川省政府为了进一步推进合作事业，调剂农村合作金融，拟定了《四川省合作金库组织章程》和

---

① 黄肇兴：《中国合作金库发展史之鸟瞰（上）》，《新中华》1943 年第 10 期。这里"合作银行"与"合作金库"含义相同，只是当时的名称并不统一。
② 任敏华：《现阶段的四川合作事业》，《四川经济季刊》1945 年第 1 期。

具体筹备方案，开始筹组省合作金库。①

1936年11月22日，四川省合作金库在成都正式成立。由于四川省当时被蒋介石划为所谓"剿匪区"省份，针对"剿匪区"颁布的各项法规均适用于四川，因此，四川省合作金库是依照《"剿匪区"内各省合作金库组织通则》建立的。该库成立时由省建设厅长卢作孚为理事长，省银行理事长周南为监事长，聘请中国农民银行成都办事处主任凤纯德为经理，内部设总务、业务、会计、出纳4处，各处职员由中国农民银行和省农村合作委员会调派人员担任。在资金方面，开业时，省政府实际拨付的股款只有现金20万元。此外，省政府还拨给面值275万元的省财政期票和建设公债券，省合作金库通过抵押这些期票和债券，从中国农民银行获得透支资金160万元。在经营方面，四川省合作金库可以办理合作贷款、短期信用放款、期票贴现、活期存款透支、农产储押、汇兑、储蓄存款、兼营仓库等业务。② 此外，1937年，四川省合作金库还单独出资或与地方政府共同出资设立达县、灌县、威远、遂宁4个县分库，把触角进一步伸向基层。③

尽管江西省合作金库成立晚于四川，但其建设动议早在1935年年初就产生了。当时江西省农村合作委员会认为豫鄂皖赣四省农民银行（1935年4月改组为中国农民银行）不能满足调剂合作金融的需要，指出："惜该行成立以后，所负任务过繁，业务既不专对农村，贷款更少用于合作事业，已成为政府设置之一种特殊金融机关"，省合委会"唯有另行设计，研究其他更善办法以树立合作金融体系，爰又有成立合作金库之创议焉"。为此省合委会拟定了《江西省合作金库暂行简章草案》，呈请省政府筹款设立省合作金库，但因当时省财政资金困难，未能立即实现。此后，豫、鄂、皖、赣四省农村合作委员会在江西联合举行第一次讨论会，江西省农村合作委员会又将上述草案制成提案，经大会决议建议蒋介石通令四省政府筹设合作金库，并就省库收入总额内按年提拨资金，以便

---

① 四川省农村合作委员会：《四川省合作金库筹办经过及其展望》，四川省农村合作委员会编印，1936年，第3页。

② 中国人民政治协商会议西南地区文史资料协作会议编：《抗战时期西南的金融》，西南师范大学出版社1994年版，第440页。

③ 秦孝仪主编：《革命文献》第87辑《抗战前国家建设史料——合作运动（四）》，（台北）中央文物供应社1981年版，第204—206页。

能够从速开办。这项建议后来得到了蒋介石的认可，江西省合作金库的筹建步伐也随之加快。①

1937年年初，江西省合作金库筹组有了实质性进展，是年2月，江西省第947次省务会议通过《江西省合作金库章程》。1937年4月1日，江西省合作金库于南昌正式成立。该库"以调剂全省合作事业资金，促进农村经济建设为宗旨"，采用有限责任制，受江西省农村合作委员会监督。资本定为500万元，半数由省政府认拨，半数由各县合作社及各区联社认股，均定5年内认缴足额。开业时，政府实际拨付资金只有100万元。该库的内部组织，由省政府选派理事9人、监事5人，分别组成理、监事会，省合委会委员长文群为理事会理事长，并于正副经理之下设稽核专员及会计、业务、出纳三股和总务、研究二处。② 省合作金库的业务规定以江西省内各类省级合作联合社或县合作金库为对象，但在上述组织未成立前，可暂时与各县的合作社及其联合社直接进行业务往来，其业务种类主要有办理各种抵押或信用贷款、经营汇兑或代理收付、经营票据或往来透支、收受各种存款等。③

抗战前，全国正式建成的省合作金库仅有四川和江西。值得注意的是，这两个省合作金库的建立并非按照《合作金库规程》规定，先发展县级合作金库，然后再由县合作金库联合组成省合作金库。在实践中，两个省合作金库成立时，两省境内还没有县级合作金库，由此可见，当时省合作金库的建设并不是县级合作金库发展的产物，而是省政府的直接行为。

二 农本局尝试辅设县、市合作金库

民国时期，县、市合作金库的起步稍晚于省合作金库，是从1937年春开始的。农本局是这时期推动县、市合作金库发展的主要机构。农本局成立于1936年9月，它是在国民政府实业部部长吴鼎昌的倡导下，由实业部牵头，联合国内各主要银行建立起来的。农本局"主要业务乃在调

---

① 江西省农村合作委员会：《江西合作事业报告书》，江西省农村合作委员会编印，1939年，第210页。
② 江西省合作金库：《江西省合作金库概况》，江西省合作金库编印，1939年，第5页。
③ 江西省农村合作委员会：《江西合作事业报告书》，江西省农村合作委员会编印，1939年，第213页。

剂农业金融,实际上为一农业金融机关。"① 在组织上,农本局有理事25人,其中12人由参加农本局的银行共同推举,其余13名理事则由政府选派,并规定选派的理事中应包括财政、实业、交通、内政四部部长及全国经济委员会秘书长、实业部农林司司长、中央农业实验所所长和上海商品检验局局长。农本局成立时,财政部部长孔祥熙为理事长,陈振先担任总经理。农本局尽管是国民政府与各银行联合建立的,但实际上是一个政府机构。

根据《农本局组织规程》,农本局资金主要有三部分:一是固定资金,由政府每年拨款600万元,分五年总共拨款3000万元;二是合放资金,由各参加银行投资,计划总额3000万元,亦每年认缴600万元,分五年缴足;三是流动资金,由各参加银行与农本局于每年度之始协定数额。此外,农本局于必要时,还可发行农业债券。② 而在实践中,农本局资金以政府拨款为主,到1938年,农本局实收资本共2390余万元,其中政府拨款1800万元,各银行投资总共只有590多万元。此外,还接收"农产调整委员会"资金1000万元。③

农本局初期设农产、农资两处,其中农资处主管农贷与生产贷款,"合作金库为其推动之中心"。④ 该局辅设的合作金库首先从县级开始,这一方面是遵从《合作金库规程》规定,由县到省再到中央的合作金库发展路径;另一方面农本局也认为:"惟合作金库在国内尚属初创,推行之始端宜注重于基本组织,基本苟能稳固,则扩大普遍,乃能见其实效。故先设置县(市)合作金库,期奠其基。"⑤ 由于农本局初期没有基层机构,在推动合作金库建设中,主要采取与各地方政府及合作主管机关或社会团体联合进行的方式。地方机关主要负责宣传动员,联络当地信用合作社加入合作金库,协调合作金库与当地各方面的关系,帮助选择库址等。农本局承担具体辅设工作,包括依照规定认购提倡股,分配理事、监事,推荐业务人员代为经营业务,并负责管理监督社员合作社业务等。⑥

---

① 农本局研究室:《经济部农本局概况》,农本局研究室编印,1942年,第1页。
② 姚公振:《中国农业金融史》,中国文化服务社1947年版,第228—230页。
③ 傅亮、池子华:《国民政府时期农本局与现代农业金融》,《中国农史》2010年第1期。
④ 何廉:《农本局业务报告(自开办迄本任接收之日为止)》,农本局印,1938年,第1页。
⑤ 同上书,第5页。
⑥ 张绍言:《合作金融概论》,中华书局1947年版,第65页。

第二章　合作金库建设的启动、加速与高潮（1935—1940）

农本局辅设合作金库之初十分谨慎，推进速度也较慢，主要以"各省适宜环境，试办一二库，以为试验"。① 当时选择地区主要是一些合作事业发展较好，当地政府积极性较高的县份。1937 年 4 月，在农本局辅设下，山东寿光县合作金库成立。随后，在河北定县、山东济宁、安徽芜湖和宣城，合作事业均已较为发达，经分别商洽辅导，县合作金库也相继建立起来。到七七事变前，农本局已辅设成立 5 个县合作金库。

农本局辅设的县合作金库均以《合作金库规程》为依据，各库资本金均为 10 万元，农本局所认购之提倡股大多在 90% 以上，合作组织认股极少。另外，定县合作金库中，除农本局外，有中华平民教育促进会认购的提倡股 2 万元。② 至于各县合作金库的内部组织与业务，均按照《合作金库规程》的规定进行。

此外，农本局还于 1937 年 7 月辅设成立了南京市合作金库，该库额定资本 100 万元，农本局认购提供股 99.9 万元，其余由当地合作社及合作社联合会认购。开业时，该库资本金仅有农本局拨付的约 4.5 万元，还不足额定资本的 1/20。③ 由于南京市合作金库与农本局机关同在一地便于辅导，被农本局指定为"实验库"，目标是"一切业务经营及办理手续等，俱期其由实验而得逐步改进之经验"，由此再推向全国。④ 遗憾的是，抗战爆发后，随着南京的沦陷，南京市合作金库成立不久就被迫停业了。

总体来看，这一时期建成的县合作金库数量很少，地域分布较分散，而且七七事变后，定县、邹平、济宁、寿光、芜湖、宣城等县合作金库因战事波及相继停业。可以说，这只是县合作金库发展的起步阶段，正如农本局报告中所称，还属于"试验时期"。⑤ 尽管如此，县合作金库毕竟实现了从无到有的跨越，为近代中国的农村合作金融事业注入了新的力量。

---

① 农本局研究室：《农本局业务报告》（中华民国二十七年），农本局研究室编印，1939 年，第 13 页。
② 陈颖光、李锡勋：《合作金融》，正中书局 1946 年版，第 15 页。
③ 何廉：《农本局业务报告（自开办迄本任接收之日为止）》，农本局印，1938 年，第 5、17 页。
④ 农本局研究室：《经济部农本局概况》，农本局研究室编印，1942 年，第 7 页。
⑤ 农本局研究室：《农本局业务报告》（中华民国二十七年），农本局研究室编印，1939 年，第 13 页。

第三节 抗战开始后合作金库建设的加速与高潮

全面抗战开始后，东部大片国土相继沦陷，战前主要集中于这一地区的重要工商业也陷入敌手，仅有一部分西迁内地，国民经济损失惨重。在这种情况下，中西部地区成为支撑抗战的大后方。然而，中国中西部地区的经济水平包括农业在内历来落后于东部地区，为了保障战争期间的军需民用，国民政府高度重视大后方的农业发展，采取了大量的措施。在政策推动下，从抗战开始到1940年，合作金库的发展速度明显加快了。

一 积极扩张的农村金融政策

扩大对农村的资金支持是国民政府增加农业生产、稳定农村社会、支持持久的抗战重要政策。抗战开始后，国民政府相继出台了一系列推进农村金融发展的政策，这些都有利于合作金库的发展。

抗战初期，国民政府要求各金融机构积极扩大农贷。1937年8月，国民政府公布《中、中、交、农内地联合贴放办法》，贴现押品中将农产品包括在内。9月，实业部令发《各省市办理合作贷款要点》，规定农贷分为信用放款、储押放款、运输放款、设备放款和工程放款五种。信用放款应照各银行现行之信用放款办法继续扩大办理。10月，国民政府军事委员会公布《战时合作农贷调整办法》，规定各金融机关在战前办理农贷之区域仍应继续办理，原定农贷合约仍应继续执行并遵照历年放款数额，不得减少，或斟酌情形量予增加。1938年8月，经济部拟订的《扩大农村贷款范围办法》规定："各金融机关原在各省办理之农贷，应比照历年贷出金额在各该区域内扩充其放款数额"，"各省合作事业应由各该省合作主管机关积极推进、普遍发展，并应随时随地切实督促组织之健全。"[①]

1939年9月，四联总处（即中央、中国、交通、中国农民四银行联合办事总处）改组成为战时金融领域的中枢决策机构。为了进一步推动农村金融发展，1939年年底到1940年年初，四联总处先后设立农业金融处、农业金融设计委员会和农贷审核委员会。农业金融处为四联总处

---

① 赵之敏：《论我国今后农贷政策》，《经济汇报》1942年第11期。

之下主持统筹各金融机构农贷事务的办事机构；农业金融设计委员会主要负责农业金融制度与农贷办法的设计与制定；农贷审核委员会是隶属于农业金融处，负责审核各项农贷业务。上述三个机构的建立，使农贷的管理权统一到四联总处。1940年3月，四联总处出台《二十九年度中央信托局，中国、交通、农民三银行及农本局农贷办法纲要》规定了当年农贷的大政方针，纲要指出："农贷区域应力求普遍"，"贷款数额应予提高，以适合当地农民之生产需要"。① 可见，此前国民政府扩大农贷的政策得到进一步的延续和强化。由于合作金库也是各国家行局的主要农贷对象之一，这些积极的农贷政策，为合作金库的快速发展提供了重要的资金来源。

在机构建设方面，国民政府积极推进农村金融网络建设。抗战前中西部地区金融发展相对落后，各银行在西部的网点很少，而且主要集中在几个大城市，在农村合作组织也极为有限，这给推进农贷造成了很大的困难。为此，国民政府从扩展国家行局的分支机构、建立合作金库、发展农村合作社几个方面入手，积极建设农村金融网络。1938年3月，财政部拟定的《完成西南西北及邻近战区金融网之二年计划》规定，"凡后方之城镇乡市，无论其与政治、经济、交通及货物集散有关者，或地点稍偏僻者，务必以一地至少有一行为原则"，"在各城市乡镇筹设分支行处过程中，以合作金库为辅助各地之金融周转及汇兑流通"。② 1939年3月，行政院召开"地方金融会"，讨论以合作金库辅助各地金融，并颁发《办理合作金库原则》，强调合作金库具有深入农村使资金借贷合理化，吸收民间零星资金，促使都市游资供给农村，以及培植农民自有、自营、自享的合作金融制度等重要意义，要求加紧各地合作金库的建设。③ 可见，合作金库已被列为国民政府构建农村金融网络的重要环节，其发展也因此得到了大力支持。

二 不断增多的辅设机关

面对大后方贫弱的农村经济和尚未充分发展的基层合作组织，合作金库的发展不得不依靠外部力量，而最为直接、有力的推动则来自合作金库

---

① 黄立人：《论抗战时期国统区的农贷》，《近代史研究》1997年第6期。
② 杨荫溥：《五十年来之中国银行业》，中国通商银行编印：《五十年来之中国经济》，中国通商银行印，1947年，第46页。
③ 洪葭管：《中国金融通史》（第四卷国民政府时期），中国金融出版社2008年版，第450—451页。

的辅设机关。因此，除政府积极的农村金融政策外，辅设机关的增加也构成 1938—1940 年合作金库高速发展的动力基础。

抗战开始后，合作金库辅设机关经历了一个逐渐增多的过程。抗战前辅设县合作金库的机构只有农本局和四川省合作金库，1938 年，除农本局和四川省合作金库外，江西、浙江两个省合作金库及江西农村合作委员会也在本省辅设县合作金库。1939 年，不仅上述机构继续开展辅设工作，中国农民银行也加入创办合作金库的行列成为重要的辅设力量。此外，陕西和河南两省的合作委员会也开始辅设县合作金库。到 1940 年，辅设机关在上述机构上又增加了中国银行、交通银行和广西省合作金库，至此合作金库的主要辅设机关已多达 11 个，这也是辅设机关数量最多的时期。

1938—1940 年，参与合作金库辅设的机构主要有农本局、国家银行、省合作金库、省合作行政机关四类（见表 2-1），以下分别介绍它们的具体辅设工作：

表 2-1　　　　1937—1940 年县合作金库辅设机构概况

机构类型	辅设机关	开始参与辅设年份	覆盖省份
农本局	农本局	1937	川、康、黔、桂、湘、鄂、陕、滇、浙 9 省
国家银行	中国农民银行	1939	川、康、黔、桂、湘、鄂、陕、甘、滇、闽 10 省
	中国银行	1940	川、黔、甘、滇、豫 5 省
	交通银行	1940	川、黔、桂、湘、甘 5 省
省合作金库	四川省合作金库	1937	四川省
	浙江省合作金库	1938	浙江省
	广西省合作金库	1940	广西省
省合作行政机关	江西省农村合作委员会	1938	江西省
	陕西省合作委员会	1939	陕西省
	河南省农村合作委员会	1939	河南省

资料来源：黄肇兴：《中国合作金库发展史之鸟瞰（下）》，《新中华》复刊第 1 卷第 11 期，1943 年 11 月。笔者根据黄肇兴文中内容整理而成。

（一）农本局

在各类辅设机关中，农本局是最重要的一个。该局在抗战前就开始尝试辅设县合作金库，但由于时间短，成效有限。1937年年底，何廉①接替陈振先担任农本局总经理。何廉作为一位学养深厚而且注重实际调查的经济学家，他认为，促进中国农村的信用流通，最大问题是农村缺乏基础金融组织，因此，他将组织合作社及合作金库看作农本局最迫切的任务，并且投入极大力量去完成这项工作。为了使组织合作金库的工作顺利展开，从1938年2月开始，一方面，何廉在四川、贵州、广西、云南、陕西、湖北等省之间奔走，与各省政府协商合作事宜；另一方面，农本局在重庆培训大学生，为到各地辅设合作金库做人员准备。培训的内容不仅有会计、合作理论、农业信用等专业知识，还增加了适应农村生活和工作的训练，根据需要向学员反复介绍急救、卫生和保健方法。同时，农本局还为每一个合作金库准备了2—3个药箱，内装基本急救、医疗器材和治疗疟疾的奎宁。除培训外，农本局还不断派出视察人员，为了监督和帮助派到各地辅设合作金库的工作人员，视察人员在各省一个又一个的县合作金库巡回视察②，农本局为组建合作金库做了大量深入细致的工作。

通过努力，农本局辅设合作金库数量迅速增加。1937年年底，在农本局辅设下成立的县合作金库只有16个，而1938年迅速增加到75个，1939年增为127个，到1940年年底已达168个，年均增长速度近50个（见图2-1）。1938—1939年，农本局辅设县库占到当时各地县合作金库总数的3/5；到1940年，随着其他机关辅设数量的增加，农本局的辅设比重有所下降，但还是占了县库总数的近一半。可以说，县合作金库"推动之最大主力仍为农本局"。③

---

① 何廉（1895—1975），字淬廉，湖南邵阳人，美国耶鲁大学经济学博士。1927年创建南开大学社会经济研究委员会，1930年任南开大学经济学院院长，1936年后历任国民政府行政院政务处长、经济部次长、农本局总经理等职，1948年担任南开大学代理校长，1949年年初赴美任教，1975年于美国去世。

② 何廉：《何廉回忆录》，朱佑慈等译，中国文史出版社1988年版，第144—154页。

③ 陈颖光、李锡勋：《合作金融》，正中书局1946年版，第17页。

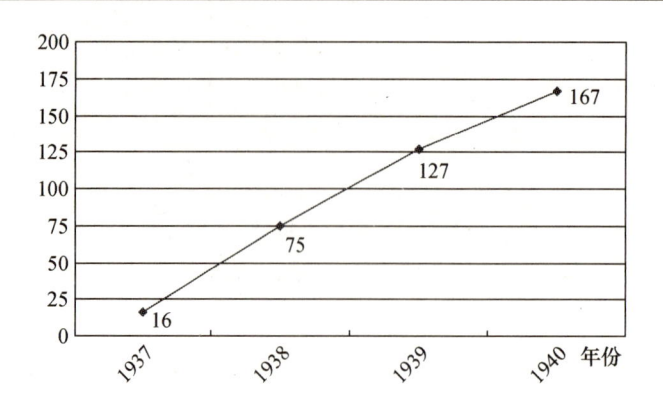

图 2-1　1937—1940 年农本局辅设县合作金库数量

注：黄肇兴文中提供的数据均含南京市合作金库，本书未将南京市合作金库列入县合作金库，因此历年数字均减去 1 个。

资料来源：黄肇兴：《中国合作金库发展史之鸟瞰（下）》，《新中华》1943 年第 11 期。

农本局辅设县库地域也不断扩展。1938 年，辅设区域主要有四川、贵州、广西、湖南和湖北 5 省；1939 年，除上述五省外，又增加了陕西和西康两省；到 1940 年，云南、浙江两省也纳入进来，农本局的辅设区域扩张到 9 个省份。① 各省之内，农本局选择具体辅设县份时，也由交通沿线逐渐向偏远地区深入。1938 年，农本局选择辅设县份的原则是："（一）沿交通路线，（二）集体式配置"，以四川省为例，辅设合作金库的地域约可分为四组：（1）沿涪江流域；（2）沿扬子江流域；（3）沿川陕公路；（4）沿川湘公路。在其他各省也都沿重要公路、水路分布。② 可见，辅设地点还是以交通便利、相对繁荣的地区为主。到 1939 年，辅设的地域原则有所调整，开始注意偏远和邻近战争县份，据《农本局业务报告》称，是年辅设县库的特点为 "一面深入后方偏僻闭塞区域，一面挺进临近战争区域"，具体来说，偏远地区如桂西北、川东北、川西南、黔西南以及康滇内地，接近战区如湖北宜都、宜昌、枝江、松滋等地。③这些地区或因偏远闭塞，或因战事袭扰，经济十分困难，县合作金库能够

---

① 黄肇兴：《中国合作金库发展史之鸟瞰（下）》，《新中华》1943 年第 11 期。
② 农本局研究室：《农本局业务报告》（中华民国二十七年），农本局研究室编印，1939 年，第 16 页。
③ 农本局研究室：《农本局业务报告》（中华民国二十八年），农本局研究室编印，1940 年，第 41 页。

在农本局扶持下迅速建立起来，为农户提供一定的资金支持，对缓解这些地区的经济困境具有积极的意义。

农本局在辅设合作金库过程中往往邀请其他辅设机关或地方政府共同参与。参与方式主要有以下几种：一是合作投资，即合作金库股本由农本局与省合作金库或地方政府共同认购。如1938年，农本局与四川省合作金库共同投资的县合作金库有21个，投资比例为6∶4，同年，农本局与贵州省政府订约，农本局在贵州辅设各县库的股本由该局认购九成，省政府认购一成。二是与合作主管机关联合，即由农本局负责合作金库的业务管理与指导事项，并向各库推荐理事及重要职员，而由合作主管机关负责合作金库业务区域内合作社的组建和指导工作，为合作金库的发展奠定良好的基础。三是请地方政府官员参加合作金库组织，聘请当地县长或县合作指导室主任等为合作金库理事或监事，其目的是密切合作金库与行政机关的联系，以便业务的开展。[①]

此外，农本局为完善已成立的合作金库，1940年又推出了一系列辅导措施：第一，采取分区辅导办法，即按各库分布情况，分别划成辅导区域，每区设一辅导员负责区内各库业务的指导与协助。第二，推动县合作金库分理处的设立，以便更好地深入农村、接近农民。第三，增加驻乡工作人员，密切与合作社的联系。第四，培养合作社经营合作金库的能力，一方面，将合作社骨干职员输送到县库见习；另一方面，利用合作社训练机会，灌输合作金库意义与实务常识。第五，改善业务办法，如推广零借零还，扩大实物贷款范围，开展对非信用合作社的借款等业务。[②]

（二）国家银行

根据1936年实业部颁布的《合作金库规程》，有资格认购合作金库提倡股而成为辅设机关的只有各级政府、农本局及其他不以营利为目的的法人团体，银行并不能辅设合作金库。抗战开始后，实业部撤销，所辖合作事务转由经济部管理。为了利用银行的资金实力和专业优势，适应抗战时期尽快发展合作金库的需要，1938年2月经济部对《合作金库规程》进行了修正，其中一项重要内容就是扩大"提倡股"的认购范围，在原

---

① 农本局研究室：《农本局业务报告》（中华民国二十七年），农本局研究室编印，1939年，第12—13页。

② 农本局研究室：《农本局业务报告》（中华民国二十九年），农本局研究室编印，1941年，第24—25页。

有各级政府、农本局、非营利法人团体的基础上，增加"农民银行、地方银行及办理农贷各银行"。① 这样一来，银行也可以成为合作金库的辅设机关了。

在辅设合作金库的几个国家银行中，中国农民银行是主要力量。该行从1939年开始辅设县合作金库，是年辅设29个；1940年又增设53个，连前共计82个，辅设地区达到四川、贵州、广西、湖南、湖北、陕西、甘肃、云南、西康、福建10省。农行还积极为合作金库提供资金支持，对于放款超过10万元股本的县合作金库，与农行签订合约后，可用合作社向该库借款的凭证向农行作转抵押放款。此外，中央信托局的合作贷款也委托农行办理，以至于中央信托局投资的合作金库也由农行代为辅设。除辅设县合作金库，中国农民银行还积极参与省合作金库建设，在四川、浙江、福建等省库中都认购了相当数量提倡股，并由农行人员担任省库重要职务。

1940年，中国银行也加入辅设合作金库的队伍之中，但该行"不主张大量推动"，一方面是由于中行分支行处较为普遍，另一方面中行也感受组织和维持合作金库并非易事，因此辅设数量并不多，在四川、贵州、甘肃、云南、河南五省共辅设县库14个。②

交通银行也从1940年开始辅设县合作金库，据中国合作通讯社的统计，到1941年1月底，交行辅设的县库有四川的纳溪、犍为等16个，贵州的咸宁、赤水等7个，广西的全县、兴安等8个，湖南的临澧、澧县2个，甘肃的静宁、泾川2个，合计35个。③

（三）省合作金库

省合作金库也是辅设县合作金库的重要力量，其中以四川省合作金库最为突出。该库从1937年开始辅设县合作金库，1938年辅设县库达38个，并协同农本局主办合川、遂宁等20县库，按四成的比例由省库认购提倡股，并与中国农民银行协定办理各县库转抵押透支。1939年又增设江油等6个县库，并改组达、灌二县分库为县库，连前共46个，其中永川、绵阳等36县库系与中国农民银行共同参加提倡股。④ 到1940年，

---

① 陈颖光、李锡勋：《合作金融》，正中书局1946年版，第17页。
② 黄肇兴：《中国合作金库发展史之鸟瞰（下）》，《新中华》1943年第11期。
③ 陈颖光、李锡勋：《合作金融》，正中书局1946年版，第20—21页。
④ 黄肇兴：《中国合作金库发展史之鸟瞰（下）》，《新中华》1943年第11期。

先后由四川省合作金库辅设建立的县合作金库共 77 个,其中有 67 个已移交中国农民银行或中国银行辅导。①

浙江省合作金库从 1938 年开始组建成立丽水等 14 个县合作金库及温区渔民专业合作金库。到 1940 年,浙江省合作金库辅设的县库已增至 27 个。②

此外,广西省合作金库于 1940 年 11 月成立,在该筹备期间就积极筹设阳朔、平乐、桂平、贵县、北流、玉林和兴业 7 县合作金库,并于 1940 年 12 月,派出大批县合作金库筹备人员,分往三江、全县、灌阳等 40 个县。③

（四）省合作行政机关

除上述各类机构外,参与辅设合作金库的还有一些省份合作行政机关。1938 年,在江西省农村合作委员会指导下,成立有南昌、萍乡、宁都、安义和弋阳 5 个县合作金库。④ 1939 年,陕西省合作委员会在辅设咸阳县合作金库。同年,河南省农村合作委员会改组镇平、禹县两合作金库,并增设南阳、内乡和卢氏 3 县合作金库,到 1940 年,辅设县合作金库增至 15 个。⑤ 可见,合作行政部门与其他辅设机关相比辅设力度较小。

总体来说,1938—1940 年,合作金库辅设机关陆续增多。这些辅设机关不仅为合作金库提供了资金支持,而且在业务上也给予了大量指导。可以说,正是由于众多辅设机关的努力下,各地合作金库才有了迅速发展的可能。

三 合作金库建设的加速与高潮

抗战开始后,在国民政府积极的农村金融政策加之各类辅设机关的不懈努力下,合作金库建设不仅没有因战事停顿,反而进入高速发展时期。

从县合作金库来看,1937 年年底各地县库数量合计只有 20 个;到 1938 年年底,仅一年就跃升到 129 个;此后发展势头有增无减,1939 年

---

① 中中交农四行联合办事总处秘书处印：《四联总处四川省农贷视察团报告书》,1942 年 8 月,第 9 页,重庆市档案馆藏,全宗号：0292 - 1 - 208。
② 黄肇兴：《中国合作金库发展史之鸟瞰（下）》,《新中华》1943 年第 11 期。
③ 本库业务科：《广西省合作金库一周年业务报告》,《广西合库通讯》1941 年第 15、16 期合刊。
④ 江西省农村合作委员会：《江西合作事业报告书》,江西省农村合作委员会编印,1939 年,第 214 页。
⑤ 黄肇兴：《中国合作金库发展史之鸟瞰（下）》,《新中华》1943 年第 11 期。

年底增加到218个；到1940年县合作金库总数达到370个（见表2-2）。三年间，县合作金库的年均增长速度达到117个。另据姚公振提供的数据，1938年县合作金库数量为113个，1939年为208个，到1940年发展到367个。[①] 这里的两组数据，尽管可能因为统计口径或资料依据的不同，而略有差异，甚至不够准确，但是它们都反映了共同的趋势，即县合作金库在这一阶段得到了迅速的发展，可谓是"进展若是之速，诚足惊人。"[②]

表2-2　　　　1938—1940年各省的县合作金库数量　　　　单位：个

年份	1938	1939	1940
四川	62	76	117
西康	—	9	10
贵州	16	42	58
云南	—	—	9
广西	17	32	51
陕西	—	5	17
甘肃	—	—	22
河南	2	5	16
湖北	2	12	11
湖南	10	18	25
江西	5	3	2
浙江	15	16	30
福建	—	—	2
合计	129	218	370

注：笔者根据黄肇兴文中的说明对他提供的"各省合作金库历年进展概况"表中的数据进行了适当的调整：(1) 表中没有包括已停业县合作金库。这一时期停业的县库，1938年有九江、进贤、岳阳3个，1939年有襄阳、安义、南昌3个，1940年有宜都、长阳、弋阳3个。(2) 重庆市合作金库属于直隶行政院之市合作金库，不应属于县级合作金库，故本表未包括。(3) 四川省合作金库设立的分库后改组为县合作金库，本表包括包括在内；江西、浙江两省合作金库设立的分库，因未改组为县库，本表没有包括。

资料来源：黄肇兴：《中国合作金库发展史之鸟瞰（下）》，《新中华》复刊第1卷第11期，1943年11月。

---

① 姚公振：《中国农业金融史》，中国文化服务社，1947年，第276页。
② 黄肇兴：《中国合作金库发展史之鸟瞰（上）》，《新中华》1943年第10期。黄肇兴：《中国合作金库发展史之鸟瞰（下）》，《新中华》1943年第11期。

在地域分布上，抗战前县合作金库零星设立于东部个别省份，抗战开始后，由于东部地区受战争影响较为严重，寿光、济宁、定县、芜湖、宣城等县合作金库因沦陷或接近战区而停业。从1938年开始，县合作金库的发展重点转向中西部省份，其中又以西南地区为中心。到1940年，设有县合作金库的省份已达四川、西康、贵州、云南、广西、陕西、甘肃、河南、湖北、湖南、江西、浙江和福建13个省份。从各省来看，县合作金库的分布很不平衡，其中四川、贵州和广西3省数量较多，到1940年，这3个省份的县合作金库数量占13省总数的60%，四川省县合作金库已能覆盖全省149县中的近4/5，贵州、广西两省已建立县合作金库的县份也超过了全省县数的一半。[①] 而其他省份的县合作金库，尽管在这一时期也有一定的发展，但与四川、贵州、广西三省相比仍然有很大的差距，其中尤以云南、湖北、江西、福建几省的县合作金库数量偏少。

1938—1940年，省级合作金库也得到不小发展，一方面，抗战前已成立的四川省和江西省合作金库其实力和作用明显增强；另一方面，省合作金库也逐渐扩展到更多省份。

四川省合作金库在抗战时期的发展，首先是经营资金的增多。1938年8月，四川省合作金库与中国农民银行签订协议，办理各县合作金库转押透支业务，省合作金库可以用各县库的借款凭证转向农行抵借资金，这使省合作金库在经营上的资金约束大为放松，有力地促进了放款业务的开展。其次是资本的增加。1939年7月，四川省政府与中国农民银行商定，由农行认股700万元，省政府拨足300万元，将四川省合作金库实收资本额扩充至1000万元。但是在县合作金库认股方面进展甚少，到1940年9月，仅有成都库认股1000元和温江库认股2000元而已。[②] 由此也可以看出，四川省合作金库资力的增强并非来自基层合作组织的发展，而是政府和银行注资的结果。最后是积极辅设县合作金库。到1940年，省合作金库在四川单独或与农行合作辅设县库共67个，占四川省内117个县库总

[①] 贵州、广西两省县数分别为84县和99县。县数引自顾尧章《中国之合作金库》，《金融知识》1943年第3期。

[②] 郑厚博：《中国合作金融之检讨》，《合作事业》1941年第1—4期合刊。

数的57%①，对其辅设的县合作金库共拨付提倡股680余万元。② 此外，省库还在重庆和自贡分别设立办事处和汇兑处。

江西省合作金库发展步伐也有所加快。1938年，该库积极扩展分支机构，依据江西省农村合委会的分区督导办法，在省合委会各特派办事处所辖区域，设立7个分库及1个特别区办事处（见表2-3），每个分库或特别区办事处负责若干县份的合作金融业务，并在各县设立驻县通讯处。为节省人力财力及便于工作上的联系，各分库主任聘请合委会各特派办事处主任兼任，在各县则设驻县通讯处，主任由县合作主任指导员兼任，另设调查员1—2人。省合作行政机关交付全省合作贷放工作由该库负责推行，放款、还款及调查工作由驻县通讯处负责。③

表2-3　　　　1938年江西省合作金库分库及特别区办事处　　　　单位：个

	特别区办事处	第一分库	第二分库	第三分库	第四分库	第五分库	第六分库	第七分库
所辖县市数	21	7	9	11	11	8	10	7
分库所在地	乐平	武宁	萍乡	吉安	赣县	上饶	南城	宁都

资料来源：江西省合作金库：《江西省合作金库概况》，江西省合作金库编印，1939年，第8—9页。

1940年前后，一些新的省级合作金库也相继建立。浙江省合作金库从1938年初开始筹备，为此省政府出台了《浙江省筹设省合作金库推行办法》，同年3月成立筹备处，并以筹备处名义开始营业及辅设县合作金库。1940年1月1日，浙江省合作金库正式成立。资本方面，截至1939年实收1215700元，其中省建设厅代省政府拨提倡股80万元；农民行认购提倡股24万元；浙江省地方银行认购提倡股10万元；各县合作金库认购75700元。④ 内部组织方面，省合作金库设社员代表大会、理事会、监事会及正、副主任，职能部门包括总务、会计、业务、出纳四课及农村经

---

① 黄肇兴：《中国合作金库发展史之鸟瞰（下）》，《新中华》1943年第11期。
② 张桢：《四川省合作金库二十九年度业务概况》，《四川合作金融季刊》1941年第2、3期合刊。
③ 江西省合作金库：《江西省合作金库概况》，江西省合作金库编印，1939年，第9—10页。
④ 郑厚博：《中国合作金融之检讨》，《合作事业》1941年第1—4期合刊。

济研究室。为拓展业务，浙江省合作金库还在温州、兰溪、永康三地设立了办事处，其为代理油、茶、棉、丝等特产运输和销售。①

福建省合作金库成立于1940年5月8日，该库由省政府、中国农民银行福州分行和福建省银行共同出资辅设，库址设在中国农民银行福州分行内。该库成立时额定资本为100万元；实收资本102.02万元，其中省政府拨款20万元，中国农民银行和福建省银行各40万元，合作社联合社2.02万元。主要业务，除放款外，还办理存款及储蓄。此外，为适应农村需要，福建省合作事业管理局又将核定的闽省农贷2000万元拨由省合作金库代放。②

广西省合作金库从1940年5月开始筹备，同年11月11日正式成立。该库的成立主要得益于广西省政府的积极推动，当时省政府"鉴于各金融机关在本省推行合作贷款，各机关的立场各有不同，做法与见解，也各有所异"，"致使合作事业的推进，受到很大的影响"，因此希望"创立一个全省性的金融机构，负责统筹全省的合作贷款，以资划一"。③该库额定资本500万元，实收股金3013700元，其中广西省政府和省银行各出资150万元，其余由县政府投资。④在广西省内省合作金库农贷区域有40个县，该库成立后即着手向其农贷区发放贷款，截至1941年11月向桂南收复区18县提供农贷资金840余万元，向非收复区的临桂、柳江等11县提供资金700余万元。⑤

综上所述，从1938年开始，省、县合作金库建设速度不断增加，到1940年形成一个高潮。在艰苦的战争环境下，短短几年间，省合作金库从2个扩大到5个，县合作金库更是从20个增加到370个，这样的成绩实在令人惊叹。这些合作金库的建立，尤其是四川、贵州、广西等省的许多边远贫困县得以建起合作金库，在一定程度上缓解了农村的资金短缺，为支持抗战和推动农业生产作出了贡献。

---

① 浙江省合作金库：《半年来之省县合作金库》，浙江省合作金库编印，1938年，第3—6页。
② 福建省地方志编纂委员会：《福建省志·金融志》，新华出版社出版1996年版，第163页。
③ 魏竞初：《创业的艰难——魏处长兼理事于本库成立周年纪念大会训词》，《广西合库通讯》1941年第15、16期合刊。
④ 丁宗智：《八年来之合作金融》，《金融知识》1945年第1、2期合刊。
⑤ 本库业务科：《广西省合作金库一周年业务报告》，《广西合库通讯》1941年第15、16期合刊。

第三章　政策调整与合作金库发展放缓（1941—1949）

抗战以来，合作金库数量迅速增长，在肯定成绩的同时问题也不容忽视。一方面，由于辅设机构众多，合作金库发展混乱，"合作金库之辅导主体多，各自为政，不相与谋，则其办法内容势必发生差异"。[①] 另一方面，合作金库被辅设机关控制，缺乏自主性，如当时学者说："今日之合作金库成为金融机关之俘虏，成为金融机关之殖民地。"[②] 面对这些问题以及日益严重的通货膨胀，从1941年开始，国民政府对与合作金库相关政策做了一系列调整，合作金库的发展也由此进入了一个新的阶段。

第一节　合作金库相关政策的调整

从1941年开始，与合作金库发展的相关政策相继发生重大变化，先是辅设机关的调整，紧接着是农贷政策由扩张转向紧缩，然后又是合作金库法规的重新修订，直到1943年政策调整过程才基本结束。

一　合作金库辅设权向中国农民银行集中

面对辅设机关繁杂给合作金库发展带来的混乱，合作金库政策的调整，首先是从整合辅设机关开始的。国民政府对辅设机关的整合主要有两次：第一次是1941年改组农本局，将其辅设的合作金库移交中国农民银行；第二次是1942年四联总处对中央、中国、交通和中国农民四家银行实行专业化分工时，各银行农贷及辅设的合作金库统一划归农行。

1939—1940年，农本局面临困境日益增加。首先，农本局与银行在

[①] 叶谦吉：《合作金库制度之意义与建立》（南开大学经济研究所农业经济丛刊第一种），南开大学经济研究所印，1941年，第41页。

[②] 伍玉璋：《金融机关辅导省县合作金库应有之三部曲》，《合作评论》1941年第8期。

辅设合作金库过程中时常发生矛盾。例如，位于重庆和成都之间的隆昌县是甘蔗产区，从抗战前中国银行就对这里的蔗农发放贷款。而农本局迁到重庆后试图在隆昌建立合作金库，中国银行立刻提出了强烈的反对。① 农本局与中国农民银行的冲突以在西康发生矛盾最为典型。1939年西康建省，为了推动农村金融发展，农本局和农行都派出人员选择条件优越的县份筹设县合作金库，但行、局之间并没有妥善协调，导致雅安、天全、汉源、西昌等县同时成立了两个县合作金库，一个属于农本局，另一个属于农民银行。在这种情况下，行、局双方"不问合作社品质如何，均诱导其入库认股，争取属社，步调既极纷歧，业务尤至混乱"。② 此事甚至引起蒋介石的关注，为此他指示行政院："农本局与各银行业务放款，切勿在同一地区作同一工作，以免重复与冲突，此应由行政院与四联总处洽商办法，分别实施，例如西康既有农行进行工作，而农本局又与该省府订约等事，此应从速调整"。③

其次，农本局资金来源无法保证。到1940年，国民政府根据农本局成立时的协议连续5年拨付该局资金已经拨完，而原定各银行参加农本局应出之资金除成立之初的590多万元外，并未继续拨付，使农本局的运营资金十分紧张，难以支撑已经铺开的各项业务。④

最后，繁重的任务使农本局不堪重负。抗战开始后农本局在各地积极开展辅设合作金库、农业仓库和生产贷款工作，由于缺乏基层办事机构和人员，这些工作已经相当繁重了。不仅如此，农本局还承担着粮食和棉花的采购和分配工作。在通货膨胀和物资短缺的战争环境下，农本局实际上没有足够的权力与资金控制粮、棉，而粮、棉是当时最紧俏的物资，直接牵涉各方利益，在各部门的利益争夺中农本局往往成为众矢之的，加之国民政府内部错综复杂的人事纠葛与派系矛盾，农本局处境十分艰难。⑤

随着各种矛盾的激化，1941年1月，国民政府以"宗旨大致相同，业务亦几无别，于是同一地点而由此两个机关同时存在时，对于合作之放

---

① 何廉：《何廉回忆录》，朱佑慈等译，中国文史出版社1988年版，第160页。
② 李先春：《西康合作事业概况》，《西康经济季刊》1943年第7期。
③ 四联总处秘书处：《四联总处重要文献汇编》，四联总处秘书处，1947年，第197页。
④ 陈颖光、李锡勋：《合作金融》，正中书局1946年版，第19页；傅亮、池子华：《国民政府时期农本局与现代农业金融》，《中国农史》2010年第1期。
⑤ 何廉：《何廉回忆录》，朱佑慈等译，中国文史出版社1988年版，第166—194页。

款和农仓业务,乃恣意竞争,驯生摩擦"为由,决定改组农本局。① 改组后农本局成为专门办理棉花和纱布运销的机构,原来负责的各项农贷业务及其辅设的合作金库均移交中国农民银行办理。② 由此农本局退出了合作金库辅设机关行列。

农本局改组后,县合作金库的辅设权虽然向中国农民银行集中,但仍有大量县合作金库由其他各类辅设机关辅设,因此,辅设机关杂乱,相互竞争甚至冲突问题并未彻底解决。

1942年5月,为了避免国家银行之间的业务重叠与竞争,促进各银行的分工协作,加强中央银行的地位和作用,四联总处临时理事会通过《中、中、交、农四行业务划分及考核办法》,对中央、中国、交通和中国农民四行专业化分工。为实现专业化,四联总处规定中国、交通及中央信托局农贷业务概归中农行接收办理③,各行局农贷业务于应本年8月31日统一交接。④ 辅设合作金库属于农贷业务的组成部分,以四行专业化为契机,中国、交通两行及中央信托局辅设的县合作金库全部移交农行辅导。此外,川、浙、赣三省合作金库也将它们辅设的大部分县库移交于农行。到四行专业化完成后,中国农民银行自身连同接收其他机关辅设县合作金库共计334个(见表3-1)。至此,全国绝大多数县合作金库都已集中到中国农民银行的辅设之下。

表3-1　1942年四行专业化后中国农民银行辅设县合作金库数量　　单位:个

来源	原农行辅设	农本局移转	中信局移转	川省库移转	浙省库移转	赣省库移转	中国银行移转	交通银行移转	合计
数量	72	82	32	71	15	1	32	29	334

资料来源:陈颖光、李锡勋:《合作金融》,正中书局1946年版,第23页。

二　农贷政策转向紧缩

抗战时期,国民政府把空发货币作为弥补战时财政巨额亏空的主要手段,到1941年下半年,国统区通货膨胀已经相当严重,控制飞涨的物价

---

① 姚公振:《中国农业金融史》,中国文化服务社,1947年,第308页。
② 农本局研究室:《经济部农本局概况》,农本局研究室编印,1942年,第23—24页。
③ 姚公振:《中国农业金融史》,中国文化服务社1947年版,第309页。
④ 邹晓昇:《试论中国农民银行角色和职能的演变》,《中国经济史研究》2006年第4期。

已成为国民政府维系经济不至崩溃而不得不考虑的急迫问题。为了减轻农贷对通货膨胀的推动，从1942年开始，国民政府的农贷政策由扩展转向紧缩，四联总处制定的农贷方针明确指出："本总处订定三十一年度（1942年）各行局办理农贷方针，其目的即在紧缩放款之基本政策下，谋农贷合理之调整及农业生产之增加。"①

在农贷紧缩基调下，四联总处对合作金库政策也发生了明显转变。1941年时，四联总处还持推动合作金库发展的态度，在这一年的农贷办法纲要中指出："各行局办理农贷，仍以直接贷放委原则，但得视地方合作事业发达之程度，辅导设立县合作金库，以逐渐树立合作金融系统之基础。"② 但到1942年，合作金库则成了紧缩重点，四联总处在这年的农贷方针规定："三十年度（1941年）以前各行局已辅设之县合作金库应积极鼓励其增加合作社之股金，并逐渐减少其透支转贷数额，其未设合作金库之县份本年度一律暂不辅设"，"各项贷款应就已经贷出之款项收回转放，暂不扩充贷额，各行局对其所辅设之合作金库已订定透支契约尚未支用足额者应紧缩核实支付，如必须续订新约时应由各行局随时提出农贷审核委员会商定再行办理。"③ 由此可见，国民政府对合作金库辅设和贷款的紧缩力度之大。

1942年以后，由于通货膨胀不断加剧，农贷政策并没有放松。不仅如此，农贷业务重点也转向农田水利、农业推广贷款等，以增加粮食生产及战时所需各种特产为中心业务④，这些贷款往往由银行直接发放给农田水利工程部门、农产改进机关或农村生产、运销合作社等，以合作金库为中介的贷款也因此大量减少。

三　另立新规：《合作金库条例》的颁行

抗战以来合作金库的建设速度虽然很快，但发展比较混乱，而且被辅设机关所控制，成为其附庸。这些问题不断积累，逐渐成了干扰合作金库健康发展的顽疾。在这种情况下，国民政府与合作界人士都希望通过有效

---

① 中中交农四行联合办事总处秘书处编：《四联总处三十一年度办理农业金融报告》，中中交农四行联合办事总处秘书处刊，1943年，第7页。
② 丁宗智：《八年来之合作金融》，《金融知识》1945年第1、2期合刊。
③ 四联总处农业金融处：《中中交农四行三十一年度办理农贷方针》，1942年，重庆市档案馆藏，全宗号：0292-1-207。
④ 四联总处农业金融处：《四联总处三十二年度农贷方针》，1943年，重庆市档案馆藏，全宗号：0292-1-208。

的措施来完善合作金融制度。在当时提出的各种措施中，占主导地位的意见是通过建立中央合作金库，尽快形成以中央合作金库统领下的合作金融体系。1941年12月，国民党五届九中全会上，陈果夫等14人提出《切实改善合作金融，发展合作事业，以奠定抗战建国之社会经济基础案》，要求建立中央合作金库。① 该提案得到了会议的认可，并决议"原则可采，交常会研究办理"。此后，该提案通过国民党中央党务委员会审查，并送国防最高委员会查照办理。国防最高委员会遂批复行政院办理。② 至此，建立中央合作金库的设想正式得到官方批准。

但问题也随之产生，根据现行的《合作金库规程》，中央合作金库应在县、省两级合作金库发展较为充分后，由省合作金库联合组织而成。但当时中国的实际情况是省级合作金库还很不发达，仅有四川、江西、浙江、福建等几个省合作金库，而且它们也无力出资。在这种情况下，如果要建立中央合作金库，就产生了"合作金库规程不足以为中央合作金库设立之法律依据"的问题。③ 为了扫除建设中央合作金库的制度障碍，国民政府对原有合作金库制度进行了调整，其标志就是1943年9月《合作金库条例》（以下简称《条例》）的颁行。

《条例》分为五章即总则、资本、组织、业务、附则，共23条。与《规程》相比，《条例》主要有以下几方面变化④：

第一，《条例》取消了《规程》中对合作金库"准用合作社法合作社联合社之规定组织"的提法，使合作金库原本明确的合作金融性质变得模糊了。《条例》全文没有明确规定合作金库的性质，但从各条款看，国民政府的立法意图已经很明显地倾向于将合作金库建成政府主导的金融机构。

第二，对合作金库体系的设计由原来的中央、省及直辖市、县市三级改为中央和县市两级，原省级合作金库作为中央金库的分库，不再作为一级单独设置。这样的变化取消了省级合作金库的独立地位，使其成为中央

---

① 《九中全会拟请切实改善合作金融发展事业以奠定抗战建国之社会经济基础案》，载《中央合作金库法规汇编》，1941年，中国第二历史档案馆藏，全宗号：399（5）－650。
② 丁宗智：《中央合作金库之筹备经过》，《经济汇报》1944年第12期。
③ 程大森：《合作金库条例之制定与合作金融之展望》，《合作事业》1943年第5、6期合刊。
④ 《合作金库条例》，《中农月刊》1943年第9期。以下引用相关条款不再一一注释。

金库的直接下属。中央金库以省分库作为其延伸,将更为直接地控制县级合作金库,并规定:"中央合作金库对县市合作金库之组织及业务,有监督指导之权。"可见,中央合作金库对下层合作金库的控制权得到了很大的强化。

第三,对合作组织以外的投资取消了"提倡股"的提法。《条例》规定:中央合作金库资本定为6000万元,其资本"除由国库及有关国家银行担任五千万元外,余由各省市政府,各县市合作金库,各级合作业务机关,各合作社团及县以上各级合作社认购";县市合作金库资本定为10万—50万元,"由各县市政府、地方银行、县市合作业务机关,各合作社团及各级合作社认购。"可见,这些条款中已不再有"提倡股"之说。而且,在整个关于合作金库资本的规定中,也没有了随合作组织认股增加,政府、银行等机关的投资应逐渐退出的内容。由此看来,根据《条例》的规定,政府、银行等机关以不再仅仅是合作金库发展初期的提倡者,而是合作金库的永久性投资者,合作金库从而成为政府、银行与合作组织合办的金融机构。在合作金库依靠政府、银行等外部力量起步的条件下,这种从法律上取消外力退出机制的做法,只能是将政府、银行主导合作金库的模式固化下来,使合作金库偏离原本的合作金融发展轨道。

第四,《条例》在合作金库组织上取消了"社员代表大会"的设置,并进一步强化政府对理事会和监事会的控制。在中央合作金库,规定:设理事25人组成理事会,其中"由中央合作及金融主管机关会同选派十三人";设监事11人组织监事会,其中"由审计部选派一人,中央合作及金融主管机关会同选派五人"。可见,中央合作金库的理、监事会中,政府选派人员都已超过半数。而且,中央合作金库的理事长仍需由"中央合作及金融主管机关会同指定"。在县市合作金库,设理事7—11人,其中"由县市合作主管机关荐请中央合作金库派充二人至四人";设监事5—7人,其中"由当地合作主管机关及省合作分金库会同选派三人";并规定"县市合作金库理事长,由县市合作主管机关荐请中央合作金库就理事中指派"。这样一来,县市合作金库也处于政府和中央合作金库的控制之下了。

第五,《条例》扩大了合作金库业务范围。原来《规程》规定合作金库的经营对象为"信用合作社及各种合作社联联合社",《条例》调整为"以专营或兼营之各级合作社、合作社团级合作营业机关",即业务对象在基层不仅限于信用社,已扩大到各类合作社。而且,业务种类由原来的4种增加到6种。具体包括收受各种存款及储蓄存款、放款及投资、票据承受或贴现、汇兑及代理收解各种款项、信托及仓库运销业务、代理保险业务。此外,中央合作金库经财政部核准后可以发行合作债券,但发行额不得超过中央合作金库实收资本的5倍,同时也不得超过其放款总额。

第六,合作金库的监管机构在《条例》中增加了金融主管部门,具体规定是:"合作金库受合作及金融主管机关之监督指挥"。这里所说的合作及金融主管机关分别为国民政府的社会部和财政部,其监管内容与《规程》相比主要是增加了对合作金库部分理事、监事以及理事长的选任权,其余则基本形同。

通过以上几方面可以看出,《条例》在很多方面取消了保障合作金库作为合作金融组织的规定,进一步强化了政府在合作金库中的主导地位。从这些变化中,我们也能体察出国民政府的政策意图已不再是促进合作金库向独立自主的合作金融方向发展,而是希望将它们建成直接由政府控制的金融机构,以作为政府实现经济政策的工具。从发展合作事业的角度看,《规程》对合作组织在合作金库中的基础地位更为重视,对合作组织的权利给予了必要的保障,而且为合作金库最终成为"自有自营自享"的合作金融机构保留了可能性,相对而言这是一部兼顾合作原则与可操作性的法规。而《条例》与《规程》相比则是退步了,它更加强调自上而下的集权化,强调政府在合作金库各方面的支配地位,这种立法理念偏离了合作金融的基本要求,对合作金库的自主发展将是极大的阻碍。

第二节 省、县合作金库发展渐趋停滞

民国时期,合作金库的建设是在政府主导下进行的,政策的变化势必影响合作金库的发展进程。然而让人遗憾的是,通过政策调整,省、县合作金库并没有能够更加蓬勃地发展,反而逐渐走向消沉。

一 省级合作金库从艰难发展到最终停顿

1941年以后,省级合作金库仍然有所发展,但速度则相对放缓,没有像1940年那样一年就有几个省合作金库建立起来。

1941年1月5日,重庆市合作金库成立,由于重庆为行政院直辖市,因而属于省级合作金库。重庆市合作金库初定资本100万元,由中国农民银行、重庆市政府、中国工业合作协会及中央信托局认提倡股89.17万元,合作社股金8.5万余元。1942年增资为400万元;翌年又增为1000万元。①

云南省合作金库于1942年元旦正式成立,由富滇新银行的"农村业务部"独立而成。其筹办过程从1941年9月开始,其间拟制各项章程和规则,调整人事,接收富滇新银行所办各县农贷业务,在各县设立办事处,并于1941年12月先行营业。云南省合作金库成立时股本计1000万元,其中中国工业合作协会2万元,云南省合作事业管理处20万元,其余由富滇新银行及下级合作金库认购。如下级合作金库增购股本,同时富滇新银行即退出同数额之股本。富滇新银行为云南省合作金库最大之股东。而该库放款资金,亦大多数来自富滇新银行。②

1943年9月国民政府颁行《合作金库条例》后,规定合作金库分中央与县市两级,省市一级作为中央库的分支机构不单独设置,就此取消了省级合作金库的独立法人地位。制度的变化直接影响到一些省份对省合作金库的建设。例如河南、陕西两省分别于1942年和1943年准备建立省合作金库,并成立了筹备处,后来由于新颁布的《合作金库条例》取消了省级合作金库的设置,两省均没有再推动省合作金库的建设。③

也有一些省份并没有执行《合作金库条例》的规定,在省政府的组织下继续建立省合作金库。1943年11月1日,甘肃成立省合作金库,该库资本1000万元,其中甘肃省政府拨款800万元,甘肃省银行出资200

---

① 四川省地方志编纂委员会编:《四川省志·金融志》,四川辞书出版社1996年版,第74页。

② 中国人民政治协商会议西南地区文史资料协作会议编:《抗战时期西南的金融》,西南师范大学出版社1994年版,第21页;丁宗智:《八年来之合作金融》,《金融知识》1945年第1、2期合刊。

③ 寿勉成:《我国合作金库之沿革与将来》,《银行周报》1947年第1期。

万元。① 1945年8月1日，湖南省政府在其所在地蓝山县设立湖南省合作金库，不久抗战胜利，该库随省政府迁回长沙。湖南省合作金库初期经营现金贷款和实物供销两类业务，后来现金贷款因法币贬值而亏蚀，即以经营实物供销为主。②

到1948年年初，国民政府行政院发布训令，要求原省（市）合作金库应于中央金库在该省市设立分支库时办理解散及清算。③ 据此，原有的省级合作金库陆续停止了业务活动，其中有些经过改组后成了中央合作金库的分库。

纵观省合作金库发展历史，其实一直面临着重重困境。

首先，省合作金库的建立很困难。一方面，县合作金库主要是由农本局和国家银行辅设建立的，它们的资金依赖辅设机关供给，自然没有力量出资建立省合作金库。另一方面，一省之内多个辅设机关并存也是建立省合作金库的障碍。因为一省之内的县合作金库分属于几个不同的辅设机关，在辅设机关之间难以协调一致，全省的县合作金库就无法真正联合起来组织省合作金库。正如当时学者分析的那样："至于合作金库彼此的联系，也因为各个辅导机关天生的存了一种偏见，各个偏见是无法融冶的，所以在其下辅设的各级合作金库，在事实上，虽然是有迫切联系的必要，也因不能通过其辅导机关的偏见，而不能达到联系的实践。不仅不能联系，而且有的省份，因为辅设机构的并列，以致全省的合作金库，无法得到再进一步的共同联合，即无法成立一个上一级的合作金库。"④

其次，有的省合作金库逐渐变为银行附庸，四川省合作金库即是如此。为了使其资金供给得到保障，原本由四川省合作金库组建的部分县库不得不转交国家银行。四川省合作金库在省内先后辅设县合作金库77个，其中有67个于1941年度分别移归中国农民银行和中国银行辅设，其余

---

① 丁宗智：《八年来之合作金融》，《金融知识》1945年第1、2期合刊。
② 《湖南省志·金融志》编纂委员会《湖南省志·金融志》，湖南出版社1995年版，第307页。
③ 福建省地方志编纂委员会《福建省志·金融志》，新华出版社1996年版，第163页。
④ 李敬民：《我国合作金库之纵横剖及其新任务》，《中国合作月报》1940年第5、6期合刊。

10个则由省合作金库与交通银行合办。① 不仅如此，"中农行鉴于省库过去之办理不善，特将四川划分为若干区，由指定区域内之分支行处直接负责该区内之各县库，人力财力，均由其统治，把省库置之不上不下与不生不死之间"。② 1942年，国民政府实行四行专业化之后，农贷即由中国农民银行统一办理，四川省政府将其认购的提倡股300万元全部收回，使四川省合作金库成为农行独办。此后，川省库对县合作金库的提倡股本也全部让渡给农行，各县合作金库业务也改由农行分支行处直接指挥，而省合作金库除办理成都等数县业务外，"直无业务可言矣"。③ 由此说来，省级合作金库发展中的蹒跚与踉跄也就不难理解了。

二 县合作金库的调整与萎缩

伴随接连不断的政策调整，从1941年开始，县合作金库发展速度也明显放缓。从图3-1可以看出，县合作金库的新增速度在1941年大幅下降，当年新增金库55个，仅相当于1940年的1/3略多；1942年增长速度继续下降，当年新建县合作金库仅42个；此后颓势更甚，1943年只有11个县库成立，到1944年只新建1库。总体来看，1941—1944年共新建县合作金库109个，还不及1940年一年的新建数量。另据姚公振提供的数字，1940年年底全国县合作金库共367个，到1943年增至452个，3年共增加85个④，尽管这与图3-1的数据有所差异，但它们反映的趋势是相同的，即1941年以来县合作金库的发展速度明显减缓。需要说明的是，这些统计数字并非完全准确，诚如丁宗智所说："现全国究有若干合作金库？殊无精确之数字可资说明。"⑤ 时隔半个多世纪，笔者现今更难找到精确数字，但是通过上面这些数据，我们所能看到的基本趋势应当说是可以反映历史事实的。

从地域分布看，如表3-2所示，1943年与1940年相比，县合作金库并未扩展到新的省份。在各省内部，只有云南、河南、浙江的县合作金库数量增长较多，而其他省份的县合作金库或有很少的增加，或已呈现停

---

① 中中交农四行联合办事总处秘书处印《四联总处四川省农贷视察团报告书》，1942年，第7—9页，重庆市档案馆藏，全宗号：0292-1-208。
② 伍玉璋：《金融机关辅导省县合作金库应有之三部曲》，《合作评论》1941年第8期。
③ 丁宗智：《八年来之合作金融》，《金融知识》1945年第1、2期合刊。
④ 姚公振：《中国农业金融史》，中国文化服务社，1947年，第276页。
⑤ 丁宗智：《八年来之合作金融》，《金融知识》1945年第1、2期合刊。

滞状态。

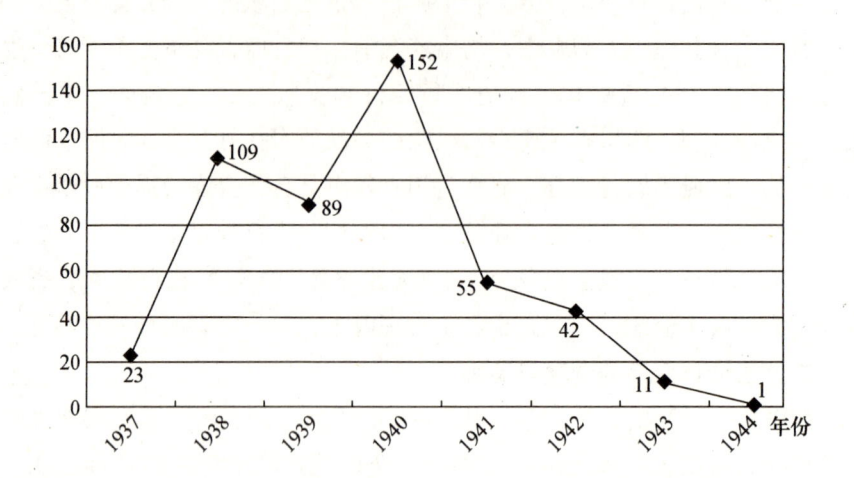

图 3-1　1937—1944 年全国新建县合作金库数量变化

资料来源：1937 年数字根据本书前面的统计；1938—1940 年数字根据本书表 2-2；1941—1944 年数字根据丁宗智的统计（参见丁宗智《八年来之合作金融》，《金融知识》1945 年第 1、2 期合刊），笔者对丁宗智文中的计算错误做了纠正。

表 3-2　　　　　1940 年与 1943 年县合作金库地域分布比较　　　　　单位：个

年份	四川	西康	贵州	云南	广西	陕西	甘肃	河南	湖北	湖南	江西	浙江	福建
1940	117	10	58	9	51	17	22	16	11	25	2	30	2
1943	118	10	54	36	54	20	19	54	6	27	7	44	5
变化	+1	0	-4	+27	+3	+3	-3	+38	-5	+2	+5	+14	+3

资料来源：1940 年数据来自本书表 2-2；1943 年数据为 1943 年 9 月底社会部合作事业管理局的调查，引自陈颖光、李锡勋《合作金融》，正中书局 1946 年版，第 29 页。

1941 年以后，县合作金库发展速度的减缓很大程度上与合作金库政策调整有关。农本局自抗战前就是辅设合作金库的主力，1941 年它奉令结束辅设工作，这势必减弱推动合作金库发展的力量。与此同时，农本局改组后其辅设的合作金库业务需移交中国农民银行。农本局辅设的合作金库在各机关中数量最大，而且多与政府机关和银行有所牵连，由此带来大量难以解决的遗留问题，交接工作"延至年余，始告清楚，在此期间，大部业务，均告停顿，贻误不少"。① 翌年，随着四行专业化的推行，各银行将其辅设的合作金库都移交农行，辅设机关又被进一步调整。这两次调整牵涉了绝大部分合作金库辅设机关，交接工作占用了大量时间和精力，加之调整过程带来的动荡，自然都会干扰合作金库的新建工作。

不仅如此，从1942年开始，农贷政策转向紧缩。这使"合作金库骤然失掉银行的支持，资金来源断绝"。② 由此带来的结果正如当时学者所说："合作金库之发展，遂停滞不前。在此期间，合作金库除合作社自筹资金设立者外，各行绝少辅设者。近两年来则更有停办或虽不停办而将业务改由银行代理者。只合作金库之业务，则因农贷政策之影响，多以奄奄一息呈半死状态矣。"③ 其实，政府紧缩农贷的目的是收紧信贷抑制通货膨胀，但当时通胀原因是国民政府过量发行货币，实际上农贷只占货币投放量的很小部分，以1941年计，法币发行额约为151亿元④，而当年农贷只有49856.1万元⑤，农贷仅占法币发行量的3.3%。国民政府当时依赖银行发行法币以弥补严重的财政赤字，法币发行量不但无法减少而且逐年增加，在这种情况下紧缩农贷于事无补，而令人遗憾的是合作金库却因难以得到充足资金支持而走入困境。

1942年，四行专业完成以后，绝大多数县合作金库归中国农民银行辅设，然而，辅设权的统一并未带来县合作金库更加蓬勃的发展，反使其大幅萎缩。

随着国统区通货膨胀的加剧，合作金库经营中的各种费用骤增，而放款利率由于受到四联总处的严格限制相对低微，1942年以后县合作金库普遍处于亏损状态。在这种情况下，不仅"银行辅设的合作金库，十九亏折，因此不愿继续辅设"⑥，而且，为了扭转亏损局面，中国农民银行还对其辅设的县合作金库进行了两次大规模的机构调整。

第一次调整从1942年5月开始酝酿，到1943年下半年基本完成。调整主要从节约开支着手，采取合并机构，精减人员，集中管理的办法。农

---

① 熊莲初：《筹办中央合作金库之管见》，《经济汇报》1944年第12期。
② 寿勉成：《我国合作金库之沿革与将来》，《银行周报》1947年第1期。
③ 丁宗智：《八年来之合作金融》，《金融知识》1945年第1、2期合刊。
④ 李飞等主编：《中国金融通史》（第四卷），中国金融出版社2008年版，第464页。
⑤ 四联总处农业金融处编：《中中交农四行联合办事总处三十年度农贷报告》，1941年，重庆市档案馆藏，全宗号：0292-1-207。
⑥ 寿勉成：《我国合作金库之沿革与将来》，《银行周报》1947年第1期。

行确定的调整原则为：（1）农行的分支行处与县合作金库同在一处的，实行合并办公，由行处代办合库业务。（2）县合作金库业务只有放款发达，其他业务有限，并且收入不敷开支的，应切实紧缩，工作人员以2—3人为限。（3）有以下情形的，由邻近农行分支行处或业务较发达的县合作金库代办：一是当地合作事业尚不发达者；二是放款数额有限，未超过规定标准者；三是亏损较多者；四是目前存汇业务无充分发展，今后损益仍无法维持者；五是同在一个农行贷款区内的合库，机构的分布区域需重加调整。① 在实际进行中，具体调整办法主要是两种：一是县合作金库与农行合并办公，所有县合作金库业务（规定存汇、代理收付暂停）由行代办，其经理、会计由农行分支行处经理或主任及会计人员兼任。二是县合作金库委托邻近农行或合作金库兼办，其放款业务仍由金库自行办理，但其经理则由兼办行处经理或主任兼任，另设一副经理驻库襄助兼经理处理库内一切事务。② 由于县合作金库理事、监事和经理等重要职务多由农行人员担任，因此农行对合作金库的调整要求比较容易执行。

具体调整情况可以从中国农民银行重庆市分行泸县办事处对其辅导的合作金库的调整窥其一斑。调整前，泸县办事处共辅导8个合作金库，到1943年6月底8个合作金库均亏损，累计达658293.10元，占股本总额的54.86%，甚至其中有2库的亏损已超过股本。调整后，泸县合作金库与农行泸县办事处合并；纳溪库委托泸县办事处兼办；安江、长宁两库委托农行安江分理处兼办；另外在叙永添设一分理处，叙永、古宋、兴文、古蔺四库委托该分理处兼办。③

初次调整力度较小，大部分合作金库仍然保持独立，与农行分支行处在同一地的合作金库基本上都与农行合并办公，一部分亏损严重的合作金库调整为委托库。④ 经过初次调整后，扭转亏损的效果并不理想，合作金库的亏损范围仍然很大。为此，1943年年底，农行又制定了《调整及改进本行辅导合作金库亏损办法》，对县合作金库展开新一轮的调整。这次

---

① 徐国屏：《合作金库机构调整后实务之改进》，《中农月刊》1943年第2期。
② 中国农民银行重庆市分行：《农行南充办事处呈文》，1943年，重庆市档案馆藏，全宗号：0289-1-84。
③ 《泸处农贷调整办法》，1943年，重庆市档案馆藏，全宗号：0289-1-84。
④ 凡与农行合并办公或由邻近处代办的合作金库都被称为委托库，代办合作金库的农行分支行处或合作金库称为兼办行处或兼办库。

调整的力度更大，强制性更为突出，明确要求："合库亏损达实收资本百分之五十者，无论为独立库、委办库或兼办库，均应另行调整，委托邻近合库或行处代办"，"合库亏损未达百分之五十而估计其业务实无发展可能者，仍得照第一条之办法改为委托库"。① 经过此次调整最显著变动是大量的独立合作金库由农行分支行处或邻县合作金库代办，仍继续维持独立的合作金库已经十分有限了（见表3-3）。

表3-3　1942—1944年中国农民银行对县合作金库的两次调整　单位：个

		合并	代办	独立			合并	代办	独立
四川	第一次	24	25	69	贵州	第一次	9	0	45
	第二次	28	69	21		第二次	13	11	30
西康	第一次	4	3	3	浙江	第一次	4	1	23
	第二次	4	6	0		第二次	5	11	12
湖北	第一次	1	3	4	江西	第一次	4	0	1
	第二次	2	5	1		第二次	4	0	1
湖南	第一次	10	1	15	陕西	第一次	3	1	14
	第二次	11	6	9		第二次	3	14	1
广西	第一次	3	10	30	甘肃	第一次	10	4	3
	第二次	4	32	7		第二次	10	6	1
云南	第一次	0	0	7					
	第二次	0	4	3					

资料来源：《一般县合库调整事项卷》，中国第二历史档案馆藏，全宗号399（5）-2329。

合作金库委托农行兼办后，业务、人事、经费等方面也发生相应变化。业务方面，"应停止办理存、汇及代理收付业务"②，换句话说，行方只代办金库的放款业务了。"各种新放款一律改由兼办行处直接贷放"，合作社申请的贷款"由兼办行处主管人核定"③，这样合作金库的放款权也被别的农行剥夺了。人事方面，"委托库之经理会计及外勤人员悉由兼

---

① 《调整及改进本行辅导合作金库亏损办法》，1944年，中国第二历史档案馆藏，全宗号：399（5）-2329。

② 同上。

③ 同上。

办行处另派人兼任","委托库概以不自行设置人员为原则,唯在过渡时期得视业务上之需要设置营业员一人,驻于原来县份专办贷款之调查、监放、催收及接洽各合作社社员认购股金等工作"。① 经费方面,"委托库之各项日用营业开支,概由兼办行处负担,以委托库以放款全部收益四分之三,归兼办行处收账,作为代办手续费"。这样一来,经过调整后的委托库只是保留了合作金库的名义,而实际上已经完全丧失了作为独立金融机构应有的权利。

1945年抗战胜利后,县合作金库仍然没能得到有效发展,"不仅新设县市合作金库极少,即原有者,亦多因入不敷出,而呈萎靡不振的状态"。② 1946年11月,中央合作金库成立后,曾设想根据《合作金库条例》对原有县合作金库进行改组,但因为中央合作金库资金不足,并没有广泛推行。③ 各地新建县合作金库也面临极大困难,如1947年,在浙江有5个县筹备合作金库,但只有1个开业;湖北有随县等13县准备新建合作金库,但因资金不足无法进行;到1948年湖北天门等9县虽欲筹组合作金库,却没能正式成立。④ 在四川,原有县合作金库经农行机构调整后业务几近停顿,省合作事业管理局为解决农贷资金问题,遂根据《合作金库条例》呈准省政府,通令各县筹组新制县市合作金库。至1949年5月,先后开业的有成都市、遂宁等35个县市合作金库,已报筹备尚未开业的有新都、简阳等55个县。新制县库资本最低为法币200万元,一般为1000万元左右。依照法令,新制县库应由中央合作金库四川分库核准登记,不由省合作事业管理处承办。因批准机关发生争议,致使筹设中的县库均未能批准开业。已开业的新制县库在1948年8月币制改革前,尚有少许业务活动,币改后,恶性通胀一日千里,各县合作金库原有资金所剩无几,多又无力增资,不得不自行歇业。⑤ 贵州省情况也是如此,解放战争时期,通货膨胀日益恶化,不仅县合作金库的股本迅速贬值,而且

---

① 《修订各省县合作金库机构调整实施细则》,1944年,中国第二历史档案馆藏,全宗号: 399(5)-2329。

② 寿勉成:《我国合作金库之沿革与将来》,《银行周报》1947年第1期。

③ 王世颖:《一年来之合作事业》,《中农月刊》1947年第4期。

④ 李金铮、戴辛:《民国时期现代农村金融网络的形成考略——以长江中下游地区为中心》,《河北大学学报》(哲学社会科学版)2005年第2期。

⑤ 四川省地方志编纂委员会编:《四川省志·金融志》,四川辞书出版社1996年版,第75页。

贷出的款项到归还时价值也大幅缩水，因此合作金库的业务很难开展，无奈之下有的并入当地农行的分支行处，有的不得不停业清算。① 在湖南，由于亏损严重，1946 年年底，中国农民银行就停止了辅设合作金库的业务，各县合作金库全部解散。② 总之，到新中国成立前，各县合作金库因经营难以为继，大多已陷入不断萎缩的境地，一度曾蓬勃发展的县合作金库，最终只得在一片萧条中退出历史舞台。

第三节 中央合作金库的筹备与建立

一 历经数年的筹备

筹建中央合作金库的呼声出现于 1940 年前后，初衷是尽快建立一个能够统筹整个合作金融事业的中央机构。1942 年 5 月，行政院训令社会部、财政部及四联总处共同拟定筹办中央合作金库的办法。由此，中央合作金库正式进入筹备阶段。为了保证筹备工作顺利进行，社会部、财政部、四联总处共同拟具《中央合作金库筹备委员会组织章程草案》，并呈行政院通过。随后，由三机关会同聘请筹备委员 15 人，于四联总处下设立中央合作金库筹备委员会，由社会部部长谷正纲兼任主任委员。③

中央合作金库筹备工作首先是从调整相关法规和订立有关章程开始的。本章第一节中已经提到，由于此次建立中央合作金库与《合作金库规程》的规定不一致，原法规不再适用。筹备委员会成立后，社会部即着手根据国民党五届九中全会通过的决议案草拟了《合作金库条例草案》，并将此草案提交 1942 年 11 月 7 日召开的第一次筹备会议讨论，后又经行政院、国防最高委员会讨论修正，交立法院审议通过。1943 年 9 月 18 日，国民政府正式公布施行《合作金库条例》，次年 3 月 2 日行政院进一步出台了《合作金库条例实施细则》，由此解决了建立中央合作金库的法律依据问题。1944 年 6 月，社会部又拟定了《中央合作金库章程》

---

① 贵州省地方志编纂委员会编：《贵州省志·金融志》，方志出版社 1998 年版，第 101 页。
② 《湖南省志·金融志》编纂委员会：《湖南省志·金融志》，湖南出版社 1995 年版，第 307 页。
③ 丁宗智：《中央合作金库之筹备经过》，《经济汇报》1944 年第 12 期。

及《中央合作各认股单位理监事选举办法》等章则。至此，筹建中央合作金库所需的法规和章则制定工作，基本告一段落。

1944年12月，中央合作金库理事和监事人选，由社会、财政两部选任完成，理事为陈果夫、谷正纲等22人，监事为楼桐孙、陈布雷等10人，其余理、监事则待由县市合作金库选举。[①] 根据《合作金库条例》，中央合作金库理事共25人，监事共11人，留给县市合作金库的名额仅有3名理事和1名监事，可见，将来中央合作金库中来自基层的力量势必极弱。1945年12月7日，召开第一次理事会议，决定成立中央合作金库筹备处，以寿勉成为筹备处主任。1946年2月，筹备处正式成立。[②] 这一时期，建立中央合作金库的法规章则和组织人事安排基本就绪，但面临的最大困难是资金缺乏。寿勉成在1945年年底关于中央合作金库筹备经过情形的报告中谈到目前的问题时特别强调："中央合作金库成立之初，一无积累资产，股金甚少，吸收存款，对象受有限制，放款利息不能高，而放款期限不能短，汇兑网未建立前，汇兑收入亦至有限。故创办时，实非呈请政府指拨专款不可。"[③] 然而，"合作金融建设专款，迟迟未能奉拨，故未随即成立"。[④] 由此说来，中央合作金库的资金只得仰仗政府和国家行局拨注，资金不到位它就无法建立起来。

1946年夏，陈果夫抓住蒋介石推行绥靖计划的契机，终于解决了开办资金问题。抗战胜利后，蒋介石为准备大规模反共战争，成立了所谓"绥靖区"军事机构，而且经济方面的配合也是注重发展农村合作组织。据寿勉成回忆，陈果夫就利用这个机会建议蒋介石迅即开办绥靖区的合作金库以便配合进行，蒋介石觉得多设一个金融机关也许可以多添一份力量，就接受了陈果夫的建议，同意由国库拨付100亿元作为中央合作金库

[①] 寿勉成：《我国合作金库之沿革与将来》，《银行周报》1947年第1期。
[②] 南京金融志编纂委员会、中国人民银行南京分行编：《民国时期南京官办银行》（南京金融志资料专辑），南京金融志编辑室，1992年，第231页。
[③] 中国第二历史档案馆编：《中华民国史档案资料汇编》（第五辑第三编财政经济三），江苏古籍出版社2000年版，第2页。
[④] 寿勉成：《我国合作金库之沿革与将来》，《银行周报》1947年第1期。

开办专款。① 资金问题的解决为中央合作金库的建立铺平了道路。

二 中央合作金库的成立与分支机构的设置

1946年11月1日，中央合作金库正式成立，并随即参加四联总处，理事长为陈果夫，并指定原社会部合作事业管理局局长寿勉成为总经理。该库为有限责任制，总库设南京，并于各省设分库，其下再设支库及分理处。中央合作金库受国民政府社会部和财政部的"指挥监督"②，其资本总额原定为6000万元，但由于法币的急剧贬值，到中央金库实际成立时资本总额改定为100亿元，均由财政部拨付，开业时先拨款40亿元，到1947年4月资本定额全部拨足。由此可见，正如寿勉成所说："中央合作金库为国家金融机构。"③

中央合作金库成立以前，农贷工作主要由中国农民银行负责，合作金库及各类合作社都是其农贷对象。中央合作金库成立后，其贷款主要针对合作组织，而合作组织绝大多数在农村，不可避免地使中央合作金库也参与到农贷中。因此，行库在农贷中如何分工合作就成为需要解决的问题。关于行库的业务分工，在中央合作金库筹备过程中，国民党第五届第231次中常会就做了原则性的划分：中央合作金库以孙中山在《地方自治开始实行法》中所规定的农业合作、工业合作、交易合作、银行合作、保险合作等为主要业务；中国农民银行以孙中山所提示的七种农业改良工作，即农业机械、肥料、种子、除害、制造、运送、防灾等金融为主要业务。④ 行库分工核心主要在于农贷业务划分，而上述划分办法并没有解决这个问题。按照上述划分办法，从直观看农业合作又被规定在中央合作金库的放款范围内，但实际上农行负责的农业机械、肥料、种子等贷款在操作中大多数也是以合作组织为放款对象的，因此，这里的重叠仍然是很明显的。中央合作金库成立后，根据四联总处农贷报告所述，"凡关于各项

---

① 寿勉成：《陈果夫与国民党的合作运动》，载《文史资料选辑》第八十辑，文史资料出版社1982年版，第180—181页。另注：该文所述国库拨付中央合作金库开办专款为"100万元"，笔者认为有误，根据多处资料所示，中央合作金库开办专款应为"100亿元"[参见寿勉成《我国合作金库之沿革与将来》，《银行周报》1947年第1期；以及南京金融志纂委员会、中国人民银行南京分行编：《民国时期南京官办银行》（南京金融志资料专辑），南京金融志编辑室，1992年，第231页]。

② 《合作金库条例细则》，《中农月刊》1944年第7期。

③ 寿勉成：《我国合作金库之沿革与将来》，《银行周报》1947年第1期。

④ 同上。

合作经营之农业贷款,均由中合库参加办理"①,至于行库在农贷上的分工并没有立即做出明确的规定。由此带来的结果是,农贷业务"因行库分办,步调既难趋一致,双方力量亦时有重复之弊"。② 为了避免农贷中的冲突,1948年4月,四联总处通过的农贷计划中对中央合作金库与农行办理农贷的区域进行了划分。③ 按地域划分农贷也存在着一些问题,一方面,"划分办法颇难规定一具体标准";另一方面,"行库贷款详细手续,贷款对象之舍取,贷额之分配及审核贷款之宽紧、步调,仍恐不免分歧"。④ 分区农贷办法并没有从业务上对行库加以分工,从四联总处1948年上半期农贷报告看,粮食、棉花、食糖、蚕桑、烟叶、茶叶、渔业等农业生产贷款及农田水利贷款和农业副业贷款,均有农行和中央合作金库两个机构的贷款⑤,可见,它们的业务仍是重叠的。

中央合作金库建立后,为了有效开展业务便积极准备在各地建立分支机构,按照计划其程序是:总库成立后首先在各省和上海、北平、天津、青岛、重庆等市成立分库;各省分库成立后应先就省会附近选定五县至十五县辅导成立县合作金库,此外并于产销合作重要地点设立支库;凡未设分库各省其产销合作事业重要地区得由总库成立支库。⑥ 在各地分支库实际铺设中,中央合作金库的推进原则是,"所有分支机构之设置,以绥靖区为首要","至其他地区合作事业较为发达,或特产富饶,堪以合作方式经营,既能增产物资改进民生者,亦酌设分支机构","至各分支库处之业务区域,系采取逐渐发展之原则,先以所在地城市及附近各县推展业务,业务方针则以增加生产为首要,期在地区上由点而线而面"。⑦

---

① 中国第二历史档案馆编:《中华民国史档案资料汇编》第五辑第三编财政经济(三),江苏古籍出版社2000年版,第680页。

② 中国第二历史档案馆编:《中华民国史档案资料汇编》第五辑第三编财政经济(二),江苏古籍出版社1997年版,第1018页。

③ 张曼茵:《中国近代合作化思想研究(1912—1949)》,上海世纪出版集团2010年版,第338页。

④ 中国第二历史档案馆编:《中华民国史档案资料汇编》第五辑第三编财政经济(二),江苏古籍出版社1997年版,第1017页。

⑤ 中国第二历史档案馆编:《中华民国史档案资料汇编》第五辑第三编财政经济(三),江苏古籍出版社2000年版,第633—649页。

⑥ 《中央合作金库分期发展程序》,1948年,中国第二历史档案馆藏,全宗号:399(5)—650。

⑦ 中国第二历史档案馆编:《中华民国史档案资料汇编》第五辑第三编财政经济(三),江苏古籍出版社2000年版,第5页。

从中央合作金库在各地辅设分支机构实践看，1947年年底，已设立分库、支库及办事处共计44个，其中包括山东、河南、东北、河北、陕西、湖南、湖北、广东、四川、北平、上海共11个分库；青岛、徐州、泰县、淮阴、锦州、辽阳、安东、蚌埠、宁波、开封、许昌、无锡、芜湖、张家口、南通、沙市、归绥共17个支库；沈城、江都、禹县、宿迁、嘉定、徐家汇、下关、济宁、宝鸡、三原、江宁、吴江、襄城、大同、包头、延安共16个办事处。1948年，分支机构的铺设以政府规定的农业合作贷款区域为主。到6月底，又新增分支机构16个，包括福建、甘肃、江西3个省分库，贵阳、汕头、梧州3个支库，温州、南京上新河、嘉兴、绍兴、丹阳、泸县、屯溪、遂宁、涿县、内江10个分理处。此外，为了办理农业合作贷款，中央合作金库还成立了机动性工作站30处，工作站人员由各分支库处调派，并用当地合作工作优秀人员为特约辅导员协助办理贷款。这种工作站均系临时性质，待农业合作贷款完成后，即行撤销。[①] 从地域分布不难看出，中央合作金库分支在各地的扩展更多地偏向原有合作金库的空白区或薄弱区，当然这有利于合作金库的普遍化；但是分支库数量有限，而且几乎全部设于大城市或经济发达的县份，再加上这些地区基层合作组织的欠缺，使得新建的分支库与农村腹地相对疏远，能够发挥的实际作用就很有限了。

除设置分支机构外，中央合作金库还在各地推动合作社发展，并设有辅导、设计两处专司其事，其推进重点是农工业生产、运销及消费合作业务的指导。辅导方式根据业务区内合作社发展情况而定，对于合作社已较为发达的地区，辅设工作主要是加强原有合作社的组织，充实其业务，健全其财务；对于合作社不甚发达或特产丰富的地区，则辅导其组织新社，并积极组建大规模特产产销合作社。据统计，1948年上半年，中央合作金库辅导各类合作社共计3928个。[②] 这些合作社主要位于农业特产丰富的地区，中央合作金库辅导建立这些合作社，在很大程度上是为了便于农产品的收购。当时中央合作金库利用与农村合作社的关系，与中国农民银行分担了政府委托代购军米的任务，在物价飞涨的时期，只要迟一很短的

[①] 参见中国第二历史档案馆编《中华民国史档案资料汇编》第五辑第三编财政经济（三），江苏古籍出版社2000年版，第5—6页。

[②] 同上书，第6页。

时间上报米价，就有大利可获。① 因此，合作社更多地充当了中央合作金库收购农产品的工具，而对农村经济的推动作用则较为有限。

中央合作金库的宗旨是调剂合作事业资金，然而从实际业务活动来看，合作金融业务并非重点。在1948年年底中央合作金库成立两周年的时候，召开过一次由总库、分库、分支库高级干部参加的业务会议，检查两年来的工作，据时任中央合作金库总经理的寿勉成回忆，当时认为，"所谓办理合作贷款以充实合作社的资金，加强合作社的活力的原定方针也很难实现。事实上业务部门两年间所办的贷款里面，合作贷款只占很小一个比例"。② 由此说来，中央合作金库对合作金融发展所起的作用也不能高估。

---

① 寿勉成：《陈果夫与国民党的合作运动》，载《文史资料选辑》第八十辑，文史资料出版社1982年版，第183页。

② 同上。

第四章　合作金库的经营运作

在考察了合作金库的发展历程之后，本章把视线转向合作金库的经营运作，重点分析合作金库的组织与管理、各种业务的开展情况、经营绩效及其对农村经济的影响，这些可以帮助我们更深入地了解合作金库的内在质量。

第一节　合作金库的组织与管理

一　内部组织结构

科学合理的内部组织结构是一个经济组织有效开展经营活动的前提，对于合作金库来说，当然也不例外。就国际上合作金融机构的一般组织结构而言，主要由四个部分组成：一是社员大会或社员代表大会，它是合作金融机构的最高权力机关，拥有最终的决策权，负责发展战略和重大事项的决策、审核，以及理事、监事的选举、任免等；二是理事会，由社员大会选举产生的理事组成，是合作金融机构的重要事务决策机关，负责执行社员大会的决议、拟定经营发展方案、进行重要经营决策等；三是监事会，由社员大会选举产生的监事组成，是合作金融机构的内部监察机关，负有监督理事会和经营管理者的责任；四是经理及各职能部门，经理由理事会聘任，根据理事会决议，负责合作金融机构的具体经营管理，各职能部门在经理的领导下开展各项业务。[①]

从民国时期中国合作金库具体情况看，县级合作金库组织结构一般都是依据《合作金库规程》设置的，因此全国各地大同小异，主要由社员代表大会、理事会、监事会、经理及总务、会计、业务等职能部门组成。农本局是辅设县合作金库的重要机关，它辅设的县合库具有相当的代表

---

① 何广文：《合作金融发展模式及运行机制研究》，中国金融出版社2001年版，第93页。

性，以其辅设的贵州省松桃县合作金库为例，当时县合作金库的内部组织结构可见一斑（见图4-1）。根据农本局颁布的《县合作金库章程准则》规定，县合作金库的代表大会由认股信用合作组织及认购提倡股机关派代表组成，实缴股金每50股可选派代表一人；理事、监事均由社员代表中选举产生，理事会由7人组成，监事会由3人组成；县合作金库职员，除设经理外，必要时可增设一副经理，另设会计、出纳各1人，营业员、助理员、练习生若干人。①

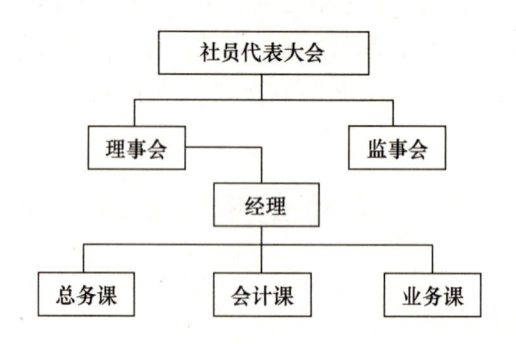

图4-1 县合作金库内部组织结构

资料来源：《贵州省松桃县合作金库成立简史及业务概况》，1941年，南开大学图书馆藏。

尽管从制度设计看，县合作金库组织部门齐全，但实际人员却很少。在实践中，县合作金库的理、监事大多数是由辅设机关或政府部分人员兼职；各库"职员人数大部为三人，多者亦不过六七人"②，在这种情况下职员须兼任不同的职务，例如1941年时，贵州省镇远县合作金库共有职员5人，其中经理李文祺同时兼任总务和出纳③；广西省宾阳县合作金库有职员5人，经理党国桢又兼任总务之职④；此外，有些地方"甚或以内勤人员，不时轮任调查、监放等外勤工作"。⑤ 职员较少，在很大程度上是为了节约成本，因为县合作金库收入有限，难以负担更多的职员。由于

---

① 经济部农本局：《县（市）合作金库规范汇编》，经济部农本局，1940年，第23—24页。
② 薛澍薰：《合作金库组织系统及其理论之探讨》，《中农月刊》1944年第11期。
③ 《贵州省镇远县合作金库成立简史》，1941年，南开大学图书馆藏。
④ 《宾阳县合作金库成立简史及业务概况》，1941年，南开大学图书馆藏。
⑤ 薛澍薰：《合作金库组织系统及其理论之探讨》，《中农月刊》1944年第11期。

职员较少，业务负担就相对繁重，以 1942 年四联总处四川农贷视察团调查的 17 个县合作金库为例，平均每县库有职员约 4 人，而作为业务对象的社员合作社平均每个县库约有 208 个。① 这样少的业务人员，面对如此大量而分散的乡村合作社，难免在对合作社调查、辅导、监督等方面存在不足，不仅增加了合作金库的放款风险，而且培养基层合作社的作用也很难发挥。

对于省合作金库来说，浙江、福建、广西、云南等省合作金库都是依据《合作金库规程》建立的，组织结构大致相同。以浙江省合作金库为例，如图 4-2 所示，其最高权力机关为社员代表大会；其下设理事会与监事会，理、监事会除设理、监事主任外，还设有秘书、稽核或审核；理事会下则为总经理、协理、襄理；职能部门有总务、业务、会计、出纳及农村经济研究室；此外，该库在筹备时期曾于未设立县库的主要特产区域及交通口岸设立办事处或分理处，主要负责调度辖区内各县库资金，辅导设立辖区内县合作社金库，对辖区内未成立县库的县合作联合社放款，并与各收购物资机构取得联系，代理收付收购物资资金等。② 四川、江西两省

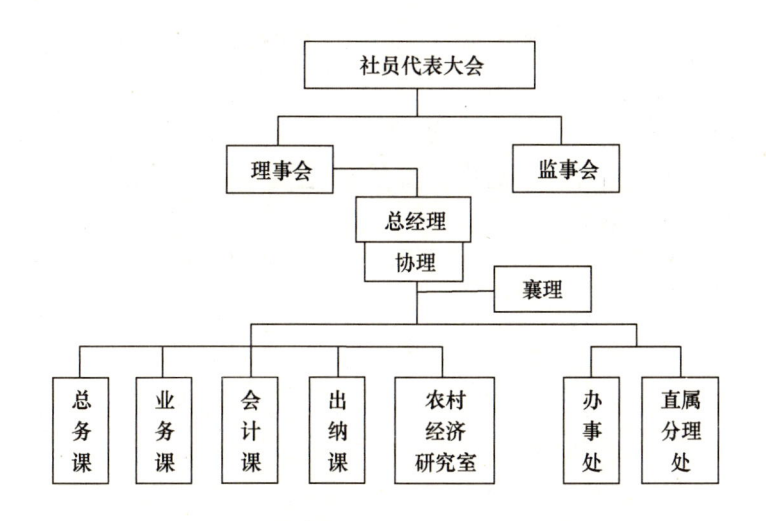

图 4-2 浙江省合作金库内部组织结构

资料来源：徐若渊：《浙江省合作金融事业之近况》，《东南经济》1941 年第 3 期。

---

① 中中交农四行联合办事总处秘书处印：《四联总处四川省农贷视察团报告书》，1942 年，第 64 页，重庆市档案馆藏，全宗号：0292-1-208。

② 徐若渊：《浙江省合作金融事业之近况》，《东南经济》1941 年第 3 期。

合作金库由于依据《"剿匪区"各省合作金库组织通则》而建立，与其他各省稍有不同，主要区别在于这两个省合作金库建立后都设置了分库，四川省合作金库的县分库后来改组为县合作金库，而江西省合作金库的分库则一直保留下来。除此之外，四川、江西两省合作金库与其他省合作金库在内部组织上的差异并不太。

中央合作金库内部组织主要由理事会、监事会、总经理及副总经理、各职能部分和分支机构组成（见图4-3）。它与省、县合作金库的最大不同在于没有设立社员代表大会，使理事会成为中央合作金库的最高权力机关。其实根据1936年颁布的《合作金库规程》，中央合作金库同省、县合作金库一样应设社员代表大会，而在1943年颁布的《合作金库条例》中则取消了这项规定，中央合作金库是依据该条例建立的，因此则没有社员代表大会。中央合作金库总库内部的职能机构主要有四处三部，即秘书处、会计处、设计处、辅导处及业务部、信托部、储蓄部。储蓄部后因恶性通货膨胀，业务难以开展而停办。到1947年5月，中央合作金库总库及分支机构工作人员总计695人。① 对于各地分库的内部组织，以设在

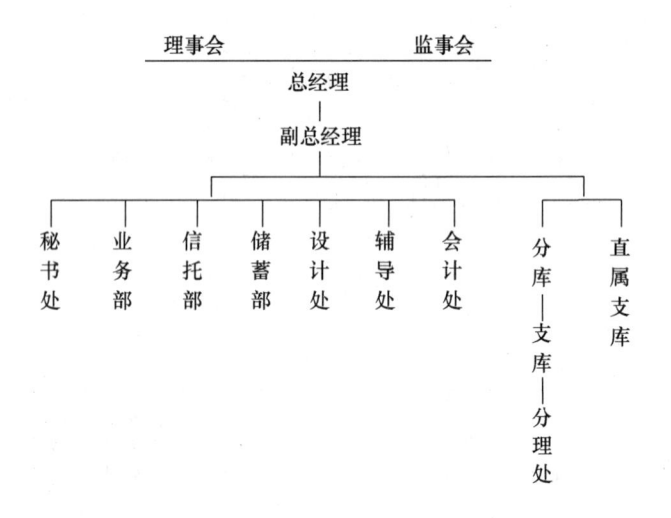

图4-3 中央合作金库内部组织结构

资料来源：南京金融志编纂委员会、中国人民银行南京分行编：《民国时期南京官办银行》（南京金融志资料专辑），南京金融志编辑室，1992年，第234页。

---

① 南京金融志编纂委员会、中国人民银行南京分行编：《民国时期南京官办银行》（南京金融志资料专辑），南京金融志编辑室，1992年，第233—242页。

天津的河北省分库为例，设有经理一人，副理、襄理及专员若干人，职能部门有业务、会计、出纳、辅导和总务几个组。① 其他各地分支库的情况也大致相同。

民国时期中国的合作金库是以西方的合作银行为蓝本建立的，从上面的描述可以看出，各级合作金库与国际上合作金融机构的一般组织结构在形式上较为相似，只是中央合作金库没有社员代表大会的设置。

二 资本结构

有效的经营运作不仅需要良好的组织载体，更需要组织内部管理权力的合理配置。对于民国时期的合作金库来说，管理权的配置实际是由资本结构决定的。因此，在考察合作金库管理权的配置状况之前，需要先分析合作金库的资本结构。

从来源看，合作金库资本主要由两部分构成：一是"合作股"，包括信用合作社、各种合作联社和下级合作金库认购的股份；二是"提倡股"，根据《合作金库规程》的规定，"在合作金库试办期间，各级政府、农本局、农民银行、地方银行及办理农贷各银行，暨其他不以营利为目的之法团，得酌认股额提倡之"②，这类股份即为提倡股。提倡股是在当时中国农村合作组织资金极度匮乏，根本无法凑足合作金库额定资本下限的条件下，为尽快建立合作金库而采取的变通措施。正是有了提倡股的资助，各地的合作金库才得以在很短的时间内发展起来，其积极作用不容否认。更重要的是，提倡股的存在直接影响了合作金库内部管理权的配置，进而决定了合作金库的实际性质与发展走向。因此，"合作股"与"提倡股"的比例是分析合作金库资本结构的核心。

对于县合作金库的资本结构，首先分析它们成立时的状况。1938—1940年是县合作金库高速发展的时期，这时期农本局是辅设合作金库最多的机构，因此，以这时期农本局辅设的县合作金库成立时的资本结构为例进行分析具有一定的代表性。根据表4-1，从每个省内各县合作金库的平均资本结构看，县合作金库成立时合作股所占比例极低，在大多数省

---

① 民革天津市委金融研究组：《旧中国的合作金库和中央合作金库在天津设置河北省分库概况》，《华北金融》1985年第12期。

② 《合作金库规程》（民国二十五年十二月十八日部令公布，民国二十七年二月十三日部令修正公布），引自四联总处农业金融处编印《有关农贷各种法规汇编》，四联总处，1939年，第17页。

份不足1%，比例最高的湖北省也仅有1.57%；而提倡股比例则在98%以上。由此可见，这些县合作金库成立时，资本几乎全是来自提倡股，而合作组织的认股微乎其微。

表4-1　1938—1940年农本局省辅设县合作金库成立时资本结构

单位：法币元、%

省份	统计库数	合作股 平均金额	合作股 比例	提倡股 平均金额	提倡股 比例
四川	43	629	0.63	99371	99.37
贵州	39	741	0.74	99259	99.26
广西	32	433	0.43	99567	99.67
湖北	13	1575	1.57	98425	98.43
湖南	14	831	0.83	99169	99.17
陕西	9	646	0.65	99354	99.35
西康	7	670	0.67	99330	99.33
云南	6	1667	1.67	98333	98.33
浙江	3	740	0.74	99260	99.26

注：各县合作金库资本总额均为10万元。

资料来源：农本局研究室：《农本局业务报告》（中华民国二十七年），农本局研究室编印，1939年，第17—19页；农本局研究室：《农本局业务报告》（中华民国二十八年），农本局研究室编印，1940年，第45—47页；农本局研究室：《农本局业务报告》（中华民国二十九年），农本局研究室编印，1941年，第14—16页。

其次，分析县合作金库资本结构变动趋势。根据《合作金库规程》规定，合作金库的提倡股具有临时性，具体来说，在合作金库成立时，可以先由允许认购提倡股的机关"先行认股组织，并订奖励信用合作社各种合作社联合社认股方法，俟合作金库基础巩固时，得将认缴之股逐渐收回。"[1] 按照这一设想，提倡股应逐渐为合作股所替代。从实际发展趋势看，随着时间的推移，来自合作社的股金比例有所增加，但各省的情况也有一定的差异。从当时学者根据社会部合作事业管理局县市合作金库调查

---

[1] 《合作金库规程》（民国二十五年十二月十八日部令公布，民国二十七年二月十三日部令修正公部），引自四联总处农业金融处编印《有关农贷各种法规汇编》，四联总处，1939年，第18页。

资料整理的数据来看（见表4-2），到1943年，云南省县合作金库中，合作股的平均比例已达86.36%；福建和甘肃省内县合作金库中合作股比例也较高，分别为46.10%和24.50%；除此之外，其他省份县合作金库中平均合作股比例仍然较少，都在20%以下。而在这项统计中，平均合作股比例低于20%的省份县合作金库共计272个，占统计县库总数的82%。因此可以说，在大多数县合作金库资本结构中，合作股仍然只有较低的比例，提倡股的优势地位在总体上并未改变。

表4-2　　　　1943年上半年部分省份县合作金库资本结构

单位：法币元、%

省份	统计库数	平均资本总额	合作股 平均金额	合作股 比例	提倡股 平均金额	提倡股 比例
四川	97	172166	13667	7.94	158499	92.06
西康	9	108539	21019	19.37	87520	80.63
贵州	54	101386	10859	10.71	90527	89.29
云南	37	1056806	912661	86.36	144145	13.64
广西	65	103007	13206	12.82	89801	87.18
湖北	10	104344	17232	16.51	87112	83.49
浙江	37	109157	15864	14.53	93293	85.47
福建	5	92645	42705	46.10	49940	53.90
甘肃	17	83525	20464	24.50	63061	75.50

注：云南省为1944年年底的数据，其他省份均为1943年上半年结算时的数据。
资料来源：丁宗智：《八年来之合作金融》，《金融知识》1945年第1、2期合刊。

对于省合作金库的资本结构，提倡股仍占极大的比重，县合作金库或合作社联社社购的合作股则很有限。从表4-3可以看到，1940年前后，四川、浙江、福建、广西4个省合作金库的提倡股比例都在90%以上，只有江西省合作金库的提倡股比例稍低，但也占85.57%。到1943年年底，省合作金库中合作股比例尽管有所增加，但仍远低于提倡股。例如：江西省合作金库实收资本5842025元，其中提倡股有省政府出资1500000元，社会部出资370000元，中国农民银行出资2055000元；合作股有下级合作金库认股101525元与合作社联合社认股1815500元，合作股仅占实收资本总额的 32.8%。同年年底，浙江省合作金库，资本总额共计 1804000 元，其中合作社认股 141000 元，仍不及资本总额 1/10。①

表 4-3　　　　　　　1940 年各省合作金库资本结构　　　　单位：法币元、%

	实收资本	合作股 金额	合作股 比例	提倡股 金额	提倡股 比例
四川省合作金库	10003000	3000	0.03	10000000	99.97
江西省合作金库	4398500	678500	15.43	3720000	85.57
浙江省合作金库	1215700	75700	6.23	1140000	93.77
福建省合作金库	1020200	20200	1.98	1000000	98.02
广西省合作金库	3013700	13700	0.45	3000000	99.55

资料来源：四川省合作金库数据来自郑厚博《中国合作金融之检讨》，《合作事业》1941 年第 1—4 期合刊；江西省合作金库数据来自文群《江西省合作金库业务概述》，《中国合作》1942 年第 10、11、12 期合刊；浙江、福建、广西省合作金库数据来自丁宗智《八年来之合作金融》，《金融知识》1945 年第 1、2 期合刊。

而对于中央合作金库来说，它的实收资本只是财政部先后拨付的专款 100 亿元。② 可以说，中央合作金库完全由国民政府直接投资建立。

综上所述，无论是县合作金库、省合作金库还是中央合作金库，总体来看，它们的资本结构都有相同的特征，即来源于合作组织的资本极其有限，而来自政府、国家行局等外部机构投资则构成了各级合作金库资本的主要部分。一般来说，西方国家和日本的合作金融机构主要是在中央一级的组织中才有较多的政府投资，而在基础和地区级合作金融机构的资本结构中，绝大部分资本来自当地的各类合作组织，即使有外部投资也只占很小的比重。由此可见，中国合作金库的资本结构与国际上的一般情形具有明显的差异。

三　管理权配置

从合作经济一般原则来看，合作金融组织是人的联合而非资本的联合，在管理上主要采用民主管理制度，即社员无论入股数量多少，人人平

---

① 丁宗智：《八年来之合作金融》，《金融知识》第 4 卷第 1、2 期合刊，1945 年 7 月。
② 南京金融志编纂委员会、中国人民银行南京分行编：《民国时期南京官办银行》（南京金融志资料专辑），南京金融志编辑室，1992 年，第 231 页。

等，社员参与社员代表大会或其他管理决策的投票权以"一人一票"为主。而在中国，合作金库管理权的配置主要是由出资多少决定的，资本结构成了影响管理权分配结果的关键因素。

对于省、县合作金库来说，《合作金库规程》（以下简称《规程》）对社员代表、理事、监事及经理的产生办法做了明确规定，这些规定都体现了以出资额为依据的特点。首先，社员代表的名额"按所缴股额比例分配之，但合作社或合作社联合社至少需有代表一人"。[1] 这是一项在保障出资人利益基础上兼顾合作组织权利的规定。从理论上说，这种以股权份额为主的权利分配方式，尽管兼顾了合作组织的权利，但与合作制的"一人一票"原则仍有根本的区别，在这样规定下，权利很容易向大股东倾斜。因此，在提倡股比例具有明显优势的合作金库中，认购提倡股的辅设机关必然占有社员代表名额的绝大多数。其次，对于理事、监事的产生，《规程》规定："理事监事由代表大会就代表中选任"，"由政府、农本局、银行及各法团提倡组织时，至少须有理事、监事各一人，为信用合作社或各种合作社联合社之代表"。不难想象，由辅设机关占多数的社员代表大会选任的理事自然以辅设机关的人员为主。尽管《规程》还规定："信用合作社、各种合作社联合社及下级合作金库所任股额逐渐增加时，各机关、银行及法团代表当选之理事、监事，应比例减少。"[2] 但只要提倡股在合作金库的资本中占据优势，辅设机关在理事会和监事会中的主导地位就不会改变。至于合作金库经理，依据《规程》应"由理事会聘任之"[3]，在辅设机关主导理事会情况下，聘任经理自然会首选辅设机关人员。

实践中的情形也印证了辅设机构依仗提倡股优势控制合作金库管理权的分析。对于农本局辅设的县合作金库，《农本局业务报告》中明确指出："关于业务管理及指导事项，由局负责，各库重要职员，亦由局向各库理事会推荐。"[4] 从实例来看，如湖北鹤峰县合作金库共有理事7人，只有1人为合作社代表，其他6人中，4人为农本局人员，1人为县合作

---

[1]《合作金库规程》（民国二十五年十二月十八日部令公布，民国二十七年二月十三日部令修正公部），引自四联总处农业金融处编印《有关农贷各种法规汇编》，四联总处，1939年，第18页。

[2] 同上。

[3] 同上。

[4] 农本局研究室：《农本局业务报告》（中华民国二十七年），农本局研究室编印，1939年，第13页。

处主任，1人为县政府的科长；监事3人中，也只有1人来自合作社，其余2人一个是鹤峰县县长，另一个来自湖北建设厅；至于经理、会计、营业员也均由农本局人员充任。① 在贵州松桃县合作金库，7名理事中只有1人来自合作社，其余6人均是农本局人员；3名监事中1人来自合作社，另外两人来自农本局和贵州省政府；而且，理事会和监事会主席都由农本局人员担任，合作金库经理和会计也都由来自农本局的理事兼任。② 广西省田西县合作金库中，县政府第四科长任理事会主席，县参议会议长任监事会主席，经理和会计则由农本局筹备员担任。③ 对于各银行辅设的合作金库，情况也一样，如时人所说，"大部分理、监事均为银行职员，常有一人担任二三库乃至十余库之理、监事"；"各库经理、会计、出纳等重要职员，均有辅导机关聘请，理事会的任用职权被银行所取代"。④ 在湖南，"沅陵、辰溪、芷江、洪县、靖县各库经理皆是由行员布任的"⑤。在甘肃，"金库职员由农行加以任用"。⑥ 又如广西省合作金库辅设的永淳县合作金库，来自合作社的理事和监事各1人，其余理事6人，监事2人，均由作为辅设机关的广西省合作金库聘请充任。⑦ 不仅是县合作金库，省合作金库的理事、监事和经理大多也来自政府和银行。如四川省合作金库5名理事分别是省农村合作委员会委员长刘航琛、省建设厅厅长卢作孚、中国农民银行成都办事处主任凤纯德、省银行理事长周见三、省财政厅科长方介持；3名监事为中国银行襄理周南、成都银行公会主席胡浚泉、重庆银行公会主席吴受彤；总经理为中国农民银行成都办事处主任凤纯德。⑧ 由此可见，合作金库的管理权被辅设机构控制的现象具有相当的普遍性，难怪当时就有学者慨叹："合作社方面仅占理监事各一人外，其余人选悉由各提倡机关派聘，故合库之实际权益，完全操之于提倡机关之手。"⑨

---

① 《湖北鹤峰合作金库库业务简报》，1941年，南开大学图书馆藏。
② 《贵州省松桃县合作金库成立简史及业务概况》，1941年，南开大学图书馆藏。
③ 《广西省田西县合作金库成立简史及业务概况》，1941年，南开大学图书馆藏。
④ 顾尧章：《中国之合作金库》，《金融知识》1943年第3期。
⑤ 陈兆适：《湖南的合作金库》，《中国合作》1942年第10、11、12期合刊。
⑥ 成治田：《甘肃农贷之回顾与前瞻》，《中农月刊》1945年第10期。
⑦ 《永淳县合作金库概况》，《广西合库通讯》1942年第7、8期合刊。
⑧ 四川省农村合作委员会：《四川省合作金库筹办经过及其展望》，四川省农村合作委员会编印，1936年，第3页。
⑨ 顾尧章：《当前我国合作金库实务问题之检讨》，《经济汇报》1942年第10期。

对于中央合作金库,根据《合作金库条例》规定,政府对其管理权的控制更加强化。条例规定,中央合作金库的理事由25人组成,其中"由中央合作及金融主管机关会同选派十三人";监事11人,其中"由审计部选派一人,中央合作及金融主管机关会同选派五人"。可见,中央合作金库的理、监事会中,政府选派人员已超过半数。而且,中央合作金库的理事长仍需由"中央合作及金融主管机关会同指定"。① 据此,中央合作金库的管理权必然掌握在政府手中。而实际上,中央合作金库的理、监事中绝大多数为政府及金融机关人员(见表4-4),其中理事长为陈果夫,常务理事有谷正纲、俞鸿钧、霍亚民、刘攻芸、赵棣华、寿勉成6人,常驻监事为楼桐荪,并指定寿勉成为总经理。② 不难看出,中央合作金库实际是一个由政府掌控的国家金融机构,并非合作金融组织。正如当时的合作学者张则尧总结的,中央合作金库"属于一种国家银行的系统,它的股本是由国库及其他国家银行认购的,它的营运资金也曾由国库拨付过专款,它的理监事是由政府选派的,它的业务报告书也必须向立法院提出,它的从业人员等于公务人员",可以说,"现行制度的中央合作金库,它是一种国营的金融事业,它本身不是一种合作事业"。③

表4-4　　　　　　　　1946年中央合作金库理事、监事概况

理事		监事	
陈果夫	中央常务委员、中国合作学社社长	陈布雷	国民政府委员
谷正纲	社会部部长	徐堪	国民政府主计长
俞鸿钧	财政部部长	张历生	内政部部长
寿勉成	前社会部合作事业管理局局长	楼桐孙	立法院及全国经济委员会秘书长
戴铭礼	财政部钱币司司长	徐柏园	四联总处秘书长、财政部次长

---

① 《合作金库条例》,《中农月刊》1943年第9期。
② 南京金融志编纂委员会、中国人民银行南京分行编:《民国时期南京官办银行》(南京金融志资料专辑),南京金融志编辑室,1992年,第242页。
③ 张则尧:《我国现行中央合作金库制度》,《经济评论》1949年第17期。

续表

理事		监事	
王世颖	社会部合作事业管理局局长	刘纪文	审计部次长
钱天鹤	前农林部次长	黄友郢	社会部首席参事
骆美焕	中央农工部副部长	贝淞荪	中国银行副总经理
顾毓琇	中央工业试验所所长	吴任沧	中央信托局局长
沈宗瀚	中央农业实验所所长	王志莘	中国合作学会理事
李叔明	中国农民银行总经理		
霍亚民	善后救济总署署长		
缪云台	前云南省合作处处长		
文群	前江西省政府委员兼合作委员会委员长		
刘攻芸	中央银行副总裁		
赵棣华	交通银行总经理		
顾翊群	前中国农民银行总经理		
蒋经国	中国合作事业协会理事		
陈仲明	全国合作社物品供销处总经理		
侯厚培	中国合作学社理事		

资料来源：南京金融志编纂委员会、中国人民银行南京分行编：《民国时期南京官办银行》（南京金融志资料专辑），南京金融志编辑室，1992年，第239—241页。

从上面的分析可以清楚地看到，各级合作金库的管理权都牢固地控制在政府和国家行局等辅设机关手中。之所以会出现这样的情况，与当时中国的实际情况有密切关系。一方面，中国的合作金库是在农村经济十分困难的背景下产生的，这就使得来自农村和基层合作组织的资金极其短缺，合作金库想要建立和发展只能依靠政府和银行等辅设机关投资，为了保证投资者的利益，吸收更多的资金，给合作组织之外的所有者配置相应的管理决策权是无法避免的。另一方面，合作金库作为金融机构在管理和业务上需要具备相当专门知识，而当时农村基层合作组织中的成员普遍都不具备这样的能力，辅设机关尤其是银行职员担任合作金库的理事、监事、经理及业务人员对合作金库的科学管理和有效开展业务有积极的作用。

然而也要看到，辅设机关对合作金库的控制也带来了诸多负面影响。

首先，扭曲了合作金库应有的性质。合作金库原本应属于合作金融机构，一般来说，合作金融机构的资金来源主要是合作组织，在管理决策权的分配上注重成员的平等，以"一人一票"为主。尽管随着合作经济的发展，有些国家的合作组织为了兼顾大股东的权益，可以为大股东适当增加表决权，但最高票数仍被严格限制。因此，对于合作金融机构来说，一般不会出现大股东操控的状况。而中国的合作金库中则是由占据绝大部分股份的辅设机关所控制，"合作社本身所加入之资金与主权，均微乎其微，既无所谓自有，亦无所谓自营，更无所谓自享。"① 中央合作金库实际是一个国家金融机构，而基层合作金库往往充当了银行办理农贷的分支，四联总处的调查报告就曾明确指出："金库主要人员，多由辅导行派充，其性质有类于银行之分支处。"②

其次，阻碍了合作金库独立自主的发展道路。根据相关法规，合作金库具有独立的法人资格，但在实践中合作金库的独立性被大打折扣。正如寿勉成所说："合作金库的股本和资金绝大部分由银行负担，银行决定了人事和放款政策，合作金库成为银行的附庸。"③ 在这种情况下，辅设机关作为既得利益者，往往更多地从自身需要出发，"各辅导银行多以金库为一分支机构，所谓辅导，当为其'银行业务'着想，至于如何使合作金库不失其设立之意且渐达成其理想，则未予重视"。④ 可以想象，在辅设机关的控制之下，合作金库从附庸走向独立必将困难重重。

最后，合作金库治理机制无法有效发挥作用。一方面，辅设机关的绝对控制使合作金库的治理结构失去了制衡功能。社员代表大会、理事会、监事会和经理人员本应是一套相互激励和监督的制衡体系，能够如此的关键在于不同利益主体以平衡的力量居于相应的位置。但在辅设机关的控制下，"合作金库的理事、监事不是合作社推选出来的，而是被投资机关所操纵；库务、业务之推行非决于合作社的公意，而是受投资机关的命令。"⑤ 另一方面，理事会、监事会决策和监督职能难以充分发挥。当时来自辅设机关的合作金库理事、监事绝大多数是兼职，不仅要承担政府、

---

① 寿勉成：《改进我国合作金融制度意见书》，《中华民国史档案资料汇编》（第五辑第二编财政经济八），江苏古籍出版社1997年版，第143页。

② 中中交农四行联合办事总处秘书处印：《四联总处四川省农贷视察团报告书》，1942年，第2页，重庆市档案馆藏，全宗号：0292-1-208。

③ 寿勉成：《我国合作金融问题批判》，《合作事业》1942年第2—4期合刊。

④ 姚公振：《中国农业金融史》，中国文化服务社，1947年，第278页。

⑤ 张绍言：《合作金融概论》，中华书局1947年版，第89页。

农本局或银行的原有工作，而且"常有一人担任十余库之理、监事者"①。例如农本局协理蔡承新，据不完全统计，他担任理事的合作金库有四川的古蔺县、什邡县、珙县、蓬溪县，广西的贺县、田东县，贵州的黔西县，湖北的鹤峰县、宣恩县和云南的平彝县，共计10个县，地跨5省。②在这种情况下，"理、监事会则一年中甚少举行，纵有会议，亦因理、监事之散居各方，数百里数千里之隔，每不能亲临出席"，理、监事对次数有限的会议都无法保证，那么对日常的决策和监督就更加难以顾及了，其结果往往是"各理事散居四方，不能负责，如有事务商洽，当用函电课示，往返需时，影响库务进行，自非浅显"；"监事不负责任，可以使合库职员挪用公款，营私舞弊，此类事件，已层出不穷"。③由此可见，合作金库的治理结构从表面上看似乎很完备，但实际效果却很有限。

此外，一些来自银行的合作金库职员多数未从事过合作事业，合作意识相对淡薄，在开展业务时难免以"普通银行之习惯对待人事"，甚至"态度不善，使各社职员望而生畏，不愿入库交易等事情渐渐发生"，而下乡工作时"往往不能与生活标准低下之社员为伍"。④这些也在无形中拉大了合作金库与农民的距离。

四　中外合作金库管理机制差异

合作金库制度从国外引入中国后，虽然在内部组织结构上与国外合作金融组织没有多少差异，但在管理机制上却发生了很大的变化。

在管理权配置方面，欧美、日本等地区和国家的合作银行或合作金库中更加注重民主性，注重合作组织参与决策的权利。在这些国家，决策权的配置一般是以"一人一票"为主，各成员无论出资多少都享有平等的决策权。同时，基层合作组织参与决策的权利也得到了充分保障，如丹麦的合作人民银行主要由合作社和民众认股组建而成，该银行的股东以县为单位推举代表，全国共计30人，股东代表选举理事7人组成理事会。这

---

① 陈颖光、李锡勋：《合作金融》，正中书局1946年版，第25页。
② 参见《古蔺县合作金库概况》、《什邡县合作金库成立简史及业务概况》、《四川省珙县合作金库成立简史及业务概况》、《蓬溪县合作金库成立简史及业务概况》、《广西贺县合作金库成立简史及业务概况》、《农本局辅设广西田东县合作金库成立简史及业务概况》、《黔西县合作金库略史》、《湖北鹤峰合作金库业务简报》、《湖北宣恩县合作金库概况》、《平彝县合作金库概况》，1941年，南开大学图书馆藏。
③ 顾尧章：《当前我国合作金库实务问题之检讨》，《经济汇报》1942年第10期。
④ 同上。

种制度如合作学者陈颖光的评论，可谓"既遵守合作原则，又可促进联系"。① 不仅如此，即使在政府投资的中央合作银行中基层合作组织的权利同样受到重视。例如：法国国立农业合作银行完全是由政府投资建立的，但仍规定其最高决策机关——总委员会的 31 人中有 12 人是由县农业合作银行选派的；7 名理事中至少 2 人为县合作银行代表。② 在日本，中央合作金库的资本也有一半来自政府投资，但其成员代表大会仍然从各道府县的出资者中选举形成③，而且还规定"政府在大会之表决权仅有一票"。④ 此外，有些国家的中央合作银行尽管考虑大股东利益，但对其投票权也有严格限制，例如瑞士中央合作银行的投票权允许一股一票，但每一股东的权力最多为 5 票⑤，既保证股东具有较为平等的权力，又在一定程度上兼顾了资本利益。可见，在这些合作银行中虽然政府是主要投资者，但他们仍然十分重视下层合作金融组织参与决策的权利。

在中国，合作金库管理权配置以出资多少为依据，结果则是管理权完全落入大股东手中。正如前文展现的，中国合作金库的大股东是政府、国家行局等辅设机关，而不是合作组织，这样合作金库自然就被辅设机关把持了。其情形如当时学者所说："目前各合库设理事七人监事三人，其人选按照认缴股本多寡分配，合作社以认购股本能力薄弱，只得参加理监事一人，至其余理监事人，则由认购提倡股本最多之金融机关指派，除派本机关重要职员兼充外，并聘请当代县长、科长、合作指导员等担任，在此种凑合局面之下，理、监事会有名无实，库务重任，权置于经理一人身上。"⑥

此外，政府是否投资和投资多少也并不是忽视合作组织管理权的必然原因。正如上文所述，法国、日本等国的中央合作银行尽管都有大量政府投资，但它们都给合作组织表达意见、参与决策留下了相当大的空间，从国际比较中我们发现，基层合作组织的决策空间大小更多与政府对合作金融的发展理念和政策紧密相关。在合作金融发达的国家，政府充分尊重合

---

① 陈颖光：《丹麦合作金融机构之发展及其业务》，《合作评论》1948 年第 10 期。
② ［日］本位田祥男：《欧洲各国农村合作制度》，中国合作学社，1935 年，第 319 页。
③ 杨智：《日本合作制度论》，正中书局 1941 年版，第 206 页。
④ ［日］千石兴太郎：《日本农村合作运动》，孙鑑秋译，中国合作学社，1939 年，第 182 页。
⑤ ［日］本位田祥男：《欧洲各国农村合作制度》，中国合作学社，1935 年，第 135 页。
⑥ 周凯华：《改进广西县合作金库之意见》，《建设研究》1940 年第 3 期。

作组织的主体权利；而在中国，政府则是把控制合作金融放在首要位置，这样一来合作组织的决策权被挤占也就无法避免了。

　　管理权配置不同也给中外合作金库发展带来了迥异结果。合作金融的比较优势，主要体现在节约交易成本和满足农民需要两个方面，要实现这两点就需要合作金融组织根植于农村社会，成为农民自己的金融组织。在欧美和日本，基层合作组织作为决策主体，有充分参与决策的机会，因此，决策结果更加符合基层合作组织以及广大农民的实际需要，农民的参与积极性也会随之提高，由此形成一种良性循环，合作银行或合作金库真正成了农民自己金融组织，由此也产生了持久的生命力。而在中国，合作金库的决策机制实际上偏离了合作金融的基本原则，正如当时学者所批评的那样，"提倡机关的股额既占绝大多数，而金库表决权又以股额多少比例分配；因此提倡机关为保障它的债权利益，对金库一切设施不免越俎代庖，忽视了金库独立自主的精神"。[①] 这样，原本应该成为决策主体的农民和基层合作组织被排除在决策过程之外，不仅他们的需求难以满足，而且主体意识也逐渐淡化，面对这种情形，农民"以为合作金库是政府办的机关，金库的成功与否，与他们毫无关系"。[②] 在这种情况下，中国的合作金库只是从外部楔入农村金融机构，实际上并没有在农村经济社会的土壤里扎根生长，结果是合作金库不仅难以满足农民的需要，而且其生存也更加依赖政府和国家行局，由此进入一个恶性循环的怪圈。

　　除了在管理权配置上的差异，中外合作金库的监督机制也有所不同。

　　有效的监督机制是经济组织良好运行的重要保证之一，欧美、日本等国家的合作金融组织之所以有持续的生命力，离不开完善的监督机制。在这些国家，合作金融组织的监督机制可以分为内部和外部两方面。在内部监督上，社员大会或社员代表大会的一项重要职能是监督审计。各国有关合作银行或合作金库的法规及组织章程中一般都明确规定年度营业计划、重要财务报表、业务报告及盈余分配方案等都要提交社员代表大会审核；更为重要的是社员代表大会具有选举和罢免理事的权力，代表手中的选票对理事的行为无形中构成了有力的监督。不仅如此，各国合作银行一般都设有专门的监事会，监事会成员由不担任理事及管理工作的社员担任，并

[①] 叶谦吉：《我国合作金库制度的检讨》，《财政评论》1940年第5期。
[②] 同上。

由社员代表大会选举产生,由此形式了直接对社员代表大会负责,与理事会、经理层相互制衡的独立监督机构。

在外部监督上,合作金融较为发达的国家一般都建立严格的合作金融组织审计监督制度。这项制度最早开始于德国,19世纪中后期,德国就有了合作社审计协会。根据1889年德国颁布的《合作社法》,所有合作社均有介绍财务审计的义务,并且至少每两年接受一次由非合作社社员的专业审计人员的审计。合作银行作为合作社联合社性质的合作金融组织同样适用上述规定。除德国外,在英国根据相关法规,合作金融组织须每年接受一次由授权注册会计师执行的审计;在法国,合作金融组织也必须接受由社员代表大会制定的审计执行人进行年度审计。[①] 通过审计,不仅可以检查和评价合作金融机构的经营绩效,而且可以对管理质量进行评估,因此,审计监督是提高合作金融机构管理水平,约束管理人员为社员利益服务的重要保障。

与合作金融发达国家相比,中国合作金库监督机制不够完善。在内部监督方面,省、县合作金库的社员代表名额是根据认股数量分配的,由于各合作金库的股金中绝大部分来自政府或国家行局等辅设机关,因此社员代表大会实际为辅设机关把持,这样一来,基层合作组织就失去了监督合作金库的渠道。而中央合作金库根本就没有设置社员代表大会,下层合作组织的监督就更无从谈起了。对于合作金库的监事会来说,其监督职能往往也很难落到实处。在实践中,省、县合作金库的监事主要由政府官员或国家行局人员兼任,其中来自合作组织的往往只有1人。例如广西田西县合作金库的监事会主席即为县参议会议长[②];广西博白县合作金库中,监事会主席为该县县长,其余两名监事一人来自合作社,另一人则是广西省合作事业管理局的处长[③];在贵州松桃县合作金库的3名监事中,除1人来自合作社外,另外两人来自农本局和贵州省政府[④];贵州桐梓县合作金库的情况也是如此,3名监事分别来自省政府、农本局与合作社。[⑤] 由于

---

① 何广文:《合作金融发展模式及运行机制研究》,中国金融出版社2001年版,第95—97页。
② 《广西省田西县合作金库成立简史及业务概况》,1941年,南开大学图书馆藏。
③ 同上。
④ 《贵州省松桃县合作金库成立简史及业务概况》,1941年,南开大学图书馆藏。
⑤ 《贵州省桐梓县合作金库成立简史》,1941年,南开大学图书馆藏。

监事多是政府官员或国家行局人员兼任，他们本身有繁杂的工作，对合作金库的监督难以到位，其结果犹如当时学者所说："监事不负责任，可以使合库职员挪用公款，营私舞弊，此类事件，已层出不穷。"① 可见，中国的合作金库虽然设置了监事会，但其监督职能却大打折扣。

在外部监督方面，中国的合作金库一直没有建立外部审计制度，起到外部监督作用的主要是政府合作主管部门以及与合作金库的辅设机关。从实践来看，政府部门的监督多流于形式，而相比之下有辅设关系的国家行局则更重视对合作金库的监督。如农本局曾一度建立分区辅导办法，即按各库分布情况，分别划成辅导区域，每区设一辅导员负责区内各合作金库的指导和监督工作。② 中国农民银行对其辅设的合作金库也派出人员进行辅导，其中监督核查也是一项重要内容，核查事项包括合作金库各项业务、账目以及基层合作社情况等。③ 交通银行对其在四川有透支放款关系的县合作金库也都派遣会计或稽核驻库办公④，其中也不免含有监督合作金库资金用途的考虑。

通过比较不难发现，在欧美、日本等国合作银行中，基层合作组织是主要监督者，其监督的目标是保证合作银行为合作组织服务，合作组织可以通过社员代表大会的投票权对管理者切实起到约束作用，因此这种监督机制容易激发广大成员的监督积极性，具有较好的效果。而在中国，合作金库的监督者，无论是内部还是外部主要都是政府和国家行局等辅设机关，他们监督的目的首先是保证其投资的安全性。更为甚者，政府和国家行局的监督权力往往被滥用，实际发展成对合作金库经营运作的随意干涉，究其原因，正是政府和国家行局既是合作金库的管理者又是监督者，这种双重身份必然削弱监督的有效性。中国的合作金库在实践中形成的监督机制是以政府和国家行局利益为导向的，农民和基层合作社并没有获得应有的监督权力，这样一来，农民的利益得不到充分保障，他们对合作金库缺乏信任感，真正的合作精神也就难以培养起来。

---

① 顾尧章：《当前我国合作金库实务问题之检讨》，《经济汇报》1942 年第 10 期。
② 农本局研究室：《农本局业务报告》（中华民国二十九年），农本局研究室编印，1941年，第 24—25 页。
③ 中国农民银行重庆市分行：《遂宁县合作金库辅导总报告》，1942 年，重庆档案馆藏，全宗号：0289-1-65。
④ 四联总处渝分处：《关于 40—41 年度农贷问题》，1942 年，重庆档案馆藏，全宗号：0292-1-292。

第二节 合作金库业务

合作金库在经营中主要办理放款、吸收存款、透支借款、汇兑和代理收付等业务，这一节将介绍上述几项业务的开展状况，并通过对业务活动的分析反映合作金库的资金运作特点。

一 核心业务：放款

合作金库创建之始就被赋予了缓解农村金融枯竭，为农业生产提供资金支持的使命，因此，放款在合作金库的各项业务中具有最重要的地位。

在放款对象方面，合作金库主要面向合作组织。根据《合作金库规程》的规定，中央合作金库可放款于省及直隶行政院之市合作金库和全国范围内的合作联合社；省合作金库可放款于县市合作金库及以省为范围的合作联合社；县合作金库可以放款于该区域内的信用合作社及各种合作社联合社。[①] 按照上面的规定，在基层合作社中只有信用社才能得到合作金库的贷款，为了使其他类型的合作社也能得到贷款，1939年以后，经济部以指令形式，暂准信用业务以外之各种合作社加入县合作金库为其社员。[②] 此后，各地均援引上述指令，各种合作社均可成为县合作金库成员。按照农本局颁发的《县合作金库放款简章》，"本金库贷款以业务区内之社员社为限"。这样，加入合作金库的各种类型的合作社都可以成为它的放款对象。从实践来看，从本书第二章、第三章可以看到，县、省和中央合作金库都是由政府、国家行局等机构分头建立的，各级合作金库并非一个金字塔式的体现，因此，它们的实际放款对象与法规条文也不尽相同。县合作金库的放款对象主要是本县的各类合作社。省合作金库的放款对象主要包括自己投资辅设的县合作金库（其他机构辅设的县合作金库一般不予放款）、农贷区内的各类合作社、农田水利机构、农民团体、农产改进机构、实验农场等。中央合作金库成立后，省合作金库陆续改组或停业，中国农民银行辅设下的县合作金库也不是其放款对象，其放款对象

[①] 《合作金库规程》（民国二十五年十二月十八日部令公布，民国二十七年二月十三日部令修正公部）引自四联总处农业金融处编印《有关农贷各种法规汇编》，四联总处，1939年，第19页。

[②] 叶谦吉：《我国合作金库制度的检讨》，《财政评论》1940年第5期。

主要有中央合作金库分支库所在地的合作社、农田水利机构、农产品加工运销机构以及一些日用品企业、工矿企业和交通公用事业等，其放款范围已经超出了农村和农业。

在放款手续方面，以县合作金库对合作社放款为例：第一步，由申请贷款的合作社依据社员需要款额与用途填具借款申请表呈县政府，县政府派员调查，并签注意见，加盖公私印章，然后函送县合作金库复查核定；第二步，由县合作金库核准后通知借款社，借款社推派代表（通常为理事主席、监事主席、司库三人）来库领取借款，并携带该社之登记图记等以资证明；第三步，在发放贷款时，由各县合作指导员或合作金库业务调查员，亲临各社监督放款，或抽查用途、稽核账目、指导其账务，如发现有用途不实或其他舞弊情况，即可追还其贷款的一部分或全部。① 由此可见，为了减少贷款风险，保证贷款主要用于生产，合作金库对于放款的管理还是较为严密的。

在信用方式方面，合作金库主要有信用放款和抵押放款。信用贷款主要面对信用合作社及其联合社；抵押放款以农产品储押放款为主，主要面向运销、生产、利用等非信用合作社以及简易农仓等。② 从两种放款方式所占比重来看，以四川省为例，截至 1940 年年底，省合作金库及各县合作金库中，信用放款共计 833.5 万余元，而储押放款仅 14.6 万余元③，可见，信用放款是合作金库放款的主要方式。

在放款利率方面，1938—1939 年，根据农本局辅设的四川省南川县合作金库的业务报告，这期间该库放款利率为月息 8 厘（0.8%）④；另据姚溥荪提供的数字，1940 年以前，农本局在湖南辅设的县合作金库放款利率也为月息 8 厘。⑤ 四联总处农业金融处成立后，合作金库的放款利率有了统一的严格规定。根据农贷准则，1940 年和 1941 年，合作金库向合作社放款利率为月息 9 厘（0.9%），其中合作金库实收 8 厘，合作行政

---

① 姚溥荪：《湖南之合作金融》，《经济季刊》1944 年第 7 期。
② 胡任豪：《四年来桂省农贷之检讨》，《建设研究》1941 年第 2 期。经济部农本局：《县（市）合作金库规范汇编》，经济部农本局编订，1940 年，第 33 页。
③ 张桢：《四川省合作金库二十九年度业务概况》，《四川合作金融季刊》1941 年第 2、3 期合刊。
④ 《南川县合作金库二十八年度业务报告书》，1938 年，重庆市档案馆藏，全宗号：0291-1-615。
⑤ 姚溥荪：《湖南之合作金融》，《经济季刊》1944 年第 7 期。

经费1厘；1942年合作金库向合作社放款的利率为月息1分（1%），其中除提取合作行政辅助费1厘外，合作金库实收月息9厘（0.9%）[①]；1943年为月息1分3厘（1.3%）[②]；1944年为月息1分8厘（1.8%）。[③]合作金库的放款利率相对于传统高利贷利率是很低的，据统计，1941—1944年，高利贷的平均月利率分别为2.8%、3.1%、4.6%和7.6%。[④]由此来看，合作金库放款利率还不及高利贷的1/3。

在放款期限方面，据四联总处四川省农贷视察团的调查，合作金库的信用贷款多为1年或10个月，也有6—8个月；产销贷款因产品而有所不同，分为3—4个月、1年或1年半。[⑤] 另据叶谦吉的考察，"各金库贷款的期限，差不多划一的都是一年，有极少数是十个月，一年以上者绝无仅有"[⑥]。可见，当时合作金库的放款期限大多是1年，合作金库主要办理的是短期放款业务，并不能提供农业需要的中长期放款。之所以放款限于短期，一方面是由于合作金库的资金有限，中长期放款占用资金量大，短期放款周转较快；另一方面，在当时动荡的社会环境下，短期放款更有利于减少信贷风险。

在放款数量上，对于县合作金库，以高速发展时期农本局辅设的各县合作金库为例，1938年放款结余额为4076019.79元，1939年为10306676.41元，1940年为23785438.85元[⑦]，三年间增长了6.69倍；从各省来看，根据表4-5，四川、贵州、广西的放款数量较多，其他省份则较少，这主要是由于川、黔、桂三省的县合作金库数量较多。笔者没有见到全国范围的县合作金库放款统计，根据1940年农本局辅设县合作金

[①] 《中中交农四行局各种农贷准则》（民国三十一年一月一日起施行），1942年，重庆市档案馆藏，全宗号：0292-1-207。
[②] 《中中交农四行局各种农贷准则》（民国三十二年一月一日起施行），1942年，重庆市档案馆藏，全宗号：0292-1-208。
[③] 丁宗智：《八年来之合作金融》，《金融知识》1945年第1、2期合刊。
[④] 黄立人：《抗战时期大后方经济史研究》，中国档案出版社1998年版，第247页。
[⑤] 中中交农四行联合办事总处秘书处印：《四联总处四川省农贷视察团报告书》，1942年，第17页，重庆市档案馆藏，全宗号：0292-1-208。
[⑥] 叶谦吉：《我国合作金库制度的检讨》，《财政评论》1940年第5期。
[⑦] 农本局研究室：《农本局业务报告》（中华民国二十八年），农本局研究室编印，1940年，第48页；农本局研究室：《农本局业务报告》（中华民国二十九年），农本局研究室编印，1941年，第17页。

库的数量占国统区县合作金库总数45%这个比例进行估计①，当年国统区各地县合作金库的放款余额为5286万元左右。另据黄立人提供的数据，1940年国统区农贷余额为21140.8万元。② 由此推算，1940年县合作金库放款大约占国统区农贷总额的1/4。

表4-5　1938—1940年部分省份农本局辅设县合作金库放款统计

单位：法币元

年份 省份	1938	1939	1940
四川	1339510.08	4671949.07	10516723.06
贵州	642296.25	265570367	5356065.97
广西	1051359.85	1370776.70	3683983.22
湖南	418762.98	885308.14	1962822.03
湖北	84015.00	393491.23	1269739.05
陕西		120432.00	625807.96
西康		209015.60	420277.66

资料来源：农本局研究室：《农本局业务报告》（中华民国二十八年），农本局研究室编印，1940年，第49页；农本局研究室：《农本局业务报告》（中华民国二十九年），农本局研究室编印，1941年，第21页。

对于省合作金库，1936年，四川省合作金库放款206215元；1937年，四川省合作金库共放出1379489.28元，江西省合作金库放出1344177元；1938年，四川、江西两省合作金库分别累计贷款5794240.16元和10324368.95元，年底贷款余额分别为3716459.18元和4280782.11元，放款余额分别占当年各农贷机构总数的6.00%和6.91%；1939年年底，四川、江西、浙江3个省合作金库放款余额分别为3568115.87元、4856779.65元和2425660.63元，三省合作金库放款余额合计占国统区各农贷机构放款余额的14.07%；到1941年6月，四川、江西、浙江、福建、广西5个省合作金库放款余额共计58477716.53元（见表4-6），当

---

① 1940年版，农本局辅设县合作金库共167个，全国县合作金库共370个（见本书第二章第三节）。

② 黄立人：《论抗战时期国统区的农贷》，《近代史研究》1997年第6期。

年国统区农贷余额为465306000元，5个省合作金库放款余额占国统区农贷余额的12.57%。[1]

表4—6　　　　　　1941年6月各省合作金库放款余额　　　　单位：法币元、%

	四川省合作金库	江西省合作金库	浙江省合作金库	福建省合作金库	广西省合作金库	合计
放款余额	31048055.00	10749145.69	2587158.53	1197828.04	12895529.27	58477716.53
比例	53.09	18.38	4.42	2.05	22.05	100.00

资料来源：章少力：《我国农贷事业之过去与现在》，《经济汇报》1943年第6期。

中央合作金库贷款主要有四种：(1) 一般合作贷款，包括生产、运销、消费、供给、利用、公用合作等，其中以生产合作贷款最多。(2) 农业合作贷款，包括粮食、棉花、蚕丝、茶、烟、糖、渔等生产贷款，小型水利贷款，农村副业及简易农仓贷款等。(3) 特种贷款，包括黄泛区贷款、河北难民生产贷款、东北特种救济贷款和苏鲁冀豫四省水旱灾贷款。(4) 普通贷款，主要涉及民生日用品、工矿、交通公用、出口贸易等。在贷款数量上，根据中央合作金库1948年上半年业务报告，一般合作贷款中生产贷款最多，消费运销贷款次之，本期贷出累计8882亿余元，余额为4202亿余元；农业合作贷款本期实贷16711亿余元；特种贷款为1548亿多元；普通贷款本期余额为5887亿多元。截至1948年6月底，总计贷出500204亿多元，余额28348亿多元。[2] 由于通货膨胀极其严重，按照重庆主要商品趸售物价指数折算，1948年6月底的放款余额仅相当于1940年年底的6814万余元。[3] 从中央合作金库在全国农贷中的比重来看，根据四联总处农贷报告，当时我国办理农贷的机构主要是中国农民银行和中央合作金库两家，1948年4—6月，两机构分别办理农业生产贷款63457.05亿元和

---

[1] 1936年和1937年四川省合作金库放款数字来自秦孝仪主编《革命文献》第87辑《抗战前国家建设史料——合作运动（四）》，（台北）"中央"文物供应社1981年版，第202页；1941年全国农贷余额来自黄立人《论抗战时期国统区的农贷》，《近代史研究》1997年第6期；其余数字均来自章少力《我国农贷事业之过去与现在》，《经济汇报》1943年第6期。

[2] 中国第二历史档案馆编：《中华民国史档案资料汇编》第五辑第三编财政经济（三），江苏古籍出版社2000年版，第3—4页。

[3] 重庆主要商品趸售物价指数见吴冈《旧中国通货膨胀史料》，上海人民出版社1958年版，第165—173页。

17224.54亿元，合计80681.59亿元①，中央合作金库贷款占农贷总额的21.35%，可见，中央合作金库在农贷中的地位与中国农民银行相比仍有很大差距。

在放款偿还方面，一般认为，"多数农民，均朴质守信，非至万不得已，绝无延欠贷款之事"②。据统计，1940年农本局在广西辅设的31个县合作金库中，放款平均收回率为79.55%。③另据1942年四联总处四川农贷视察团调查的19个县合作金库，贷款过期未还的比例平均仅占贷款总额的9.16%。④从上面的例证可以看到，总体来说合作金库放款的偿还状况是较好的。还需注意的是，不同县合作金库的还款情况存在着较大差别，仍以四联总处四川农贷视察团调查的19个县合作金库为例，其中有12个欠款在10%以下的，占了大多数，但欠款比例最高者达53.46%，同时也有无欠款的金库。⑤放款过期不还的原因主要有：一是合作社组织不够健全，未养成良好信用风气，或贷款被少数地方土劣操纵把持，或职员舞弊延不还款。二是合作金库工作人员、合作指导员放款审核、监督、催收等工作不力。三是因为紧缩贷款或停止贷款引起各合作社误会，认为还款后不能再获得借款，或还款而保留一部分尾数，以备扣抵认购合库的股金，如三台、遂宁过期金额并不最多，但留有尾数的社数很多，就是由于一度停止贷款所致。至于其他原因，如农贷视察团报告所称："因于灾害、产品滞销、经营业务未能获利等情形而延期还款者，尚不多见。"⑥可见，当时合作金库放款过期未还的主要原因既有合作社与合作金库自身管理的不足，也有国民政府农贷政策不稳定带来的负面影响。

二 失衡的筹资业务：吸收存款和透支借款

合作金库筹集经营资金业务主要有吸收存款和透支借款两项。从这两项业务筹集的资金比重来看，透支借款占了绝大部分。由于透支借款主要

---

① 中国第二历史档案馆编：《中华民国史档案资料汇编》第五辑第三编财政经济（三），江苏古籍出版社2000年版，第626页。
② 中中交农四行联合办事总处秘书处印：《四联总处四川省农贷视察团报告书》，1942年，第18页，重庆市档案馆藏，全宗号：0292-1-208。
③ 胡任豪：《四年来桂省农贷之检讨》，《建设研究》1941年第2期。
④ 中中交农四行联合办事总处秘书处印：《四联总处四川省农贷视察团报告书》，1942年，第18页，重庆市档案馆藏，全宗号：0292-1-208。
⑤ 同上书，第63页。
⑥ 同上书，第18页。

来自政府和国家行局，这使合作金库的筹资活动处于严重依赖政府和国家行局供给资金的失衡状态。

(一) 吸收存款

吸收存款是合作金库资金来源之一，目的在于吸收社会剩余资金，为合作放款提供充足的资金基础，增强合作金库的自我运营能力，更好地调剂资金余缺。合作金库的存款业务一般分为合作社存款、定期存款、活期存款和小额存款四种，其中合作社存款是专门针对合作组织开办的，其余三种存款业务均可面向社会各界办理。①

合作金库的存款利率根据存款种类有所不同，一般定期存款利率较高，其他存款利率较低。1940年，合作社存款和活期存款利率为年息2%—4%，小额存款利率为年息4%—5%，定期存款利率约为年息6%—8%。② 从存款利率水平来看，在各类存款中合作社存款的利率偏低，根据四联总处制定的1940年农贷方针，合作金库向合作社贷款的月息为0.9%③，折合成年息则高达10.8%，合作社贷款利率与最高存款利率相比已在2.5倍以上；同期合作金库向国家行局的透支借款利率为月息0.7%④，折合成年息为8.4%，这也是合作社最高存量利率的2倍多。合作社存款利率不仅远低于贷款利率，而且与同为负债业务的透支借款相比也相去甚远，这无疑反映了合作社存款利率在当时是过低的。利率过低的结果是不利于吸收合作社存款，这进一步加剧了合作金库对合作组织以外资金的依赖。

在吸收存款的数量上，县合作金库方面，如农本局辅设的各县合作金库1938—1940（截至10月）年存款结余总额分别为147197.74元、1618427.10元和2896135.54元⑤，三年来各县库的平均存款额分别约为

---

① 经济部农本局：《县（市）合作金库规范汇编》，经济部农本局编印，1940年，第65—66页。
② 郑厚博：《贵州省县合作金库业绩之分析》，《中农月刊》1941年第11期。
③ 丁宗智：《八年来之合作金融》，《金融知识》1945年第1、2期合刊。
④ 同上。
⑤ 农本局研究室：《农本局业务报告》（中华民国二十八年），农本局研究室编印1940年版，第48—49页；农本局研究室：《农本局业务报告》（中华民国二十九年），农本局研究室编印，1941年，第17—18页。

2230元、14073元和19053元①，又如农本局在贵州省辅设的39个县合作金库，1940年年底存款结余总额为1981521.39元②，每县平均存款额为50808元。农本局在广西辅设的县合作金库中，1939年有19库办理存款业务，存款余额为79060元，平均每库4161元；1940年办理存款的合库增加到30个，存款余额为154778.5元，平均每库5159元。③在浙江，1939年26个县合作金库，存款余额共509776.41元，平均每库19607元；1940年40个县合作金库，存款余额共1047601元，平均每库26190元。④可见，尽管几年来县合作金库的存款数量有所增加，但从平均数看存款还是相当有限的。

省合作金库方面，从1937年开始四川省合作金库办理存款业务，该年存款结余总额为29029.16元，到1941年年底存款余额为1072601.32元，五年间增长了近36倍（见表4－7）。江西省合作金库1941年年底存款额为607043.72元，到1942年4月底存款额增加到756872.01元。⑤浙江省合作金库1939年存款余额为1884644.73元，1940年为1375760.04元。⑥通过这几个例子可以看出，与县合作金库相比，省合作金库吸收存款的能力明显要强许多，这主要是由于省合作金库都位于省会城市，更易吸收政府、军队和工商企业的活期存款。

表4－7　　　　1937—1941年四川省合作金库存款余额　　　单位：法币元

年份	1937	1938	1939	1940	1941
结余金额	29029.16	776393.84	862768.19	1169572.21	1072601.32

资料来源：1937—1940年数据来自张桢《四川省合作金库二十九年度业务概况》，《四川合作金融季刊》1941年第2、3期合刊；1941年数据来自川合库《五年来之四川省合作金库》，《中国合作》1942年第10、11、12期合刊。

---

① 农本局相关业务报告并未提供历年办理存款业务的县合作金库数，笔者计算平均存款额时使用的存款县库数量从1938—1940年分别为66个、115个、152个，该数据的计算方法是截至当年农本局已辅设县库数减去已停业县库数（农本局已辅设县库数和已停业县库数参见黄肇兴《中国合作金库发展史之鸟瞰（下）》，《新中华》1943年第11期）。
② 郑厚博：《贵州省县合作金库业绩之分析》，《中农月刊》1941年第11期。
③ 胡任豪：《四年来桂省农贷之检讨》，《建设研究》1941年第2期。
④ 徐若渊：《浙江省合作金融事业之近况》，《东南经济》1941年第3期。
⑤ 文群：《江西省合作金库业务概述》，《中国合作》1942年第10、11、12期合刊。
⑥ 徐若渊：《浙江省合作金融事业之近况》，《东南经济》1941年第3期。

中央合作金库存款业务办理范围包括各类合作组织、军政机关及生产事业机关的存款，并受政府委托保管其他金融机构存款保证金以及各种储蓄存款。在实践中，存款主要来自军政机关及生产事业机关，合作组织的存款极少。据统计，1947年12月底，中央合作金库存款2487亿元，到1948年6月底，增长到23381亿元。[1] 由于通货膨胀极其严重，按照重庆主要商品趸售物价指数折算，1948年6月底的存款数额只相当于1940年年底的5620万余元。[2] 由于中央合作金库成立不久，与其他国家行局相比，无论是分支机构还是经验能力都有很大差距。"四行二局"1947年12月存款余额总计258351亿元，1948年6月为1869370亿元，而中央合作金库存款余额与之相比分别仅占0.96%和1.25%。[3] 可见，中央合作金库在各国家金融机构中吸收存款的能力极弱。

对于金融机构来说，存款一般是运营资金的主要来源，那么，合作金库吸收的存款能在多大程度上满足资金运用的需要呢？合作金库的资本主要运用于贷款，因此可以通过存款比来说明这个问题。县合作金库中，如农本局辅设的各合作金库，1938—1940年平均存贷比为1∶27.69、1∶6.37和1∶8.21（见表4-8）。又如1942年四联总处四川农贷视察团调查的17个县合作金库，存款总额为2213168元，放款总额为13289175元[4]，存贷比为1∶6。省合作金库中，江西省合作金库1941年年底存款余额607043.72元，贷款余额2122150.67元[5]，存贷比为1∶3.49；浙江省合作金库1940年存款余额1375760.04元，贷款余额4217842.47元[6]，存贷比为1∶3.07。中央合作金库1948年上半期，存款总计23381亿元，贷款总计500204亿元[7]，

---

[1] 中国第二历史档案馆编：《中华民国史档案资料汇编》第五辑第三编财政经济（三），江苏古籍出版社2000年版，第12页。

[2] 重庆主要商品趸售物价指数见吴冈《旧中国通货膨胀史料》，上海人民出版社1958年版，第165—173页。

[3] 洪葭管：《中国金融通史（第四卷国民政府时期）》，中国金融出版社2008年版，第490页。"四行二局"即中央银行、中国银行、交通银行、中国农民银行、中央信托局和邮政储金汇业局。

[4] 中中交农四行联合办事总处秘书处印：《四联总处四川省农贷视察团报告书》，1942年，第64页，重庆市档案馆藏，全宗号：0292-1-208。

[5] 文群：《江西省合作金库业务概述》，《中国合作》1942年第10、11、12期合刊。

[6] 徐若渊：《浙江省合作金融事业之近况》，《东南经济》1941年第3期。

[7] 中国第二历史档案馆编：《中华民国史档案资料汇编》第五辑第三编财政经济（三），江苏古籍出版社2000年版，第3—4页。

存贷比高达1:21.39。通过对存贷比的分析，我们看到各级合作金库的存款远远无法满足贷款的需要，存款并不是贷款资金的主要来源。

表4-8　　　　1938—1940年农本局辅设县合作金库平均存款比　　单位：法币元

年份	1938	1939	1940（截至10月）
存款余额	147197.74	1618427.10	2896135.54
贷款余额	4076019.79	10306762.41	23785438.85
存贷比	1:27.69	1:6.37	1:8.21

资料来源：农本局研究室：《农本局业务报告》（中华民国二十八年），农本局研究室编印，1940年，第48—49页；农本局研究室：《农本局业务报告》（中华民国二十九年），农本局研究室编印，1941年，第17—18页。

在存款结构上，对于县合作金库，从农本局辅设的各县合作金库平均情况来看，活期存款比例最大，1939年占79.11%，1940年占81.78%；而其他存款所占比重则很低，其中又以合作社存款最少，1939年和1940年合作社存款仅占1.52%和3.66%（见表4-9）。又如湖南的各县合作金库存款中"以活期最多，定期存款甚少"[①]，"以机关军队占多数，商家亦有但数目较少，至于合作社的存款是更少见了"。[②] 广西各县合作金库中，"以活期存款为最多，小额存款机合作社存款次之，定期存款最少"。[③] 在贵州，"合作金库最大的存款户并非社员社，而为地方政府及抗战迁居内地机关工厂之公款"[④]，据1940年对贵阳等39个县合作金库的统计，合作社存款平均仅占存款总额的1.13%。[⑤] 对于省合作金库，以浙江省合作金库为例，各类存款中"向以各机关之款项为主要来源，尤以中央收购物资机关之资金为最"[⑥]，1940年时，机关团体存款占到存款总额的85%；而合作社存款则极少，仅占0.4%（见表4-10）。至于中央合作金库，存款对象以军政机构为主，如总库业务部1948年1月底存款余额

---

① 姚溥苏：《湖南之合作金融》，《经济季刊》1944年第7期。
② 陈兆适：《湖南的合作金库》，《中国合作》1942年第10—12期合刊。
③ 胡任豪：《四年来桂省农贷之检讨》，《建设研究》1941年第2期。
④ 于永滋：《贵州之合作金库》，《中国合作》1942年第10—12期。
⑤ 郑厚博：《贵州省县合作金库业绩之分析》，《中农月刊》1941年第11期。
⑥ 徐若渊：《浙江省合作金融事业之近况》，《东南经济》1941年第3期。

为 605.47 亿元，其中军政机关存款余额为 592.13 亿元，占 97.8%。①

表 4-9　　1939—1940 年农本局辅设县合作金库平均各项存款比例　　单位：%

年份	活期存款	小额存款	定期存款	合作社存款
1939	79.11	15.02	4.35	1.52
1940	81.78	11.28	3.28	3.66

资料来源：农本局研究室：《农本局业务报告》（中华民国二十八年），农本局研究室编印，1940 年，第 56 页；农本局研究室：《农本局业务报告》（中华民国二十九年），农本局研究室编印，1941 年，第 22 页。

表 4-10　　　　　1940 年浙江省合作金库存款来源　　　　单位：法币元、%

	同业存款	机关团体	商号及个人	合作社	总计
金额	1432880.00	13384080.00	866028.00	62973.56	15745961.56
比例	9.1	85.0	5.5	0.4	100.0

注：徐若渊文中所载机关团体存款比例为 81%，该数字计算有误，笔者做了修正。

资料来源：徐若渊：《浙江省合作金融事业之近况》，《东南经济》1941 年第 3 期。

从各级合作金库存款结构不难发现两个问题：一是合作金库存款绝大多数来自政府或工商金融企业，合作社存款的比重很低。合作金库办理存款的初衷之一就是通过吸收合作社存款，"造成农村自有自用之资金，避免外来之牵制"②。但事实上，合作社存款极少，根本无法起到在合作社之间调剂资金余缺的作用。二是在各类存款中活期存款占绝大部分。这些活期存款的稳定性较差，存取流动性很强，需要留存较大比例的准备金应付随时支取，因此可供贷款的资金比例较低，正如当时学者所说："该项存款，大部系属活期，故尚难尽量利用。"③ 而且，还有学者提出："各库存款，大部属于随时提取之活期存款，此项存款，是否适宜运用于农

---

①　南京金融志编纂委员会、中国人民银行南京分行编：《民国时期南京官办银行（南京金融志资料专辑）》，南京金融志编辑室，1992 年，第 244 页。
②　农本局研究室：《农本局业务报告》（中华民国二十八年），农本局研究室编印，1940 年，第 56 页。
③　张桢：《四川省合作金库二十九年度业务概况》，《四川合作金融季刊》1941 年第 2、3 期合刊。

贷，属有疑问。"一般来说，活期存款与期限较长的农业贷款在期限结构上并不匹配，因此，合作金库存款以活期为主的结构并不利于农贷的开展。

此外，一些县合作金库在办理存款业务时往往需要依靠与国家行局之间的辅设关系才能得到社会信任。湖南省资料反映了这一现象，"湖南各县合作金库成立时吸收存款很艰难，因为大家还不信任合库是以县为单位的金融机关，再加上一个有限责任，人们更不愿把款存在合库了。后来经过宣传与事实的证明，并知道合作金库与农民银行的关系所以才不再怀疑，目前各合库代理农行办储蓄存款，根本用的农民银行的存折，存户当然更信任了，总之合作金库能吸收存款如此之多，实因外界认为合作金库就是农民银行的缘故"①。由此说来，当时基层合作金库如果没有国家银行在背后支撑，要吸收存款将会面临更大的困难，这也从一个侧面反映出合作金库在经营中很难摆脱对辅设机关的依赖。

（二）透支借款

透支借款是合作金库筹集经营资金的另一种业务。由于合作金库吸收存款能力较弱，透支借款在筹资业务中的地位就格外重要。透支借款的主要方式是合作金库与国家行局或其他金融机构订立信用或转抵押透支合约，确定透支金额和期限，在有效期限内合作金库可从订约行局取得透支借款，直到合约规定的数目借完为止。

对于县级和省级合作金库来说，透支资金主要来自农本局、中国农民银行、中国银行、交通银行、中央信托局以及一些省银行；而中央合作金库则主要向中央银行透支。农本局规定，其辅设的县合作金库在"所有股本用罄时，则可向本局申请透支"。②1939年，与农本局发生透支关系的县合作金库有38个，此外还包括未正式成立但已开始营业的县库8个，共计46个，全年向各县合作金库实际拨付透支款项共3706312.15元，到该年年底，与上年度拨付的透支款并计，农本局共拨付透支资金3889815.86元。③除农本局外，其他国家行局在国民政府扩大农贷政策的推动下，也纷纷与合作金库订立了透支合约。例如中国农民银行，1939

---

① 陈兆适：《湖南的合作金库》，《中国合作》1942年第10—12期合刊。
② 农本局研究室：《农本局业务报告》（中华民国二十八年），农本局研究室编印，1940年，第47页。
③ 《农本局二十八年度下期决算报告》，1940年，重庆市档案馆藏，全宗号：0316-1-32。

年对合作金库放款 19201266.15 元，占农贷总额的 29.28%；1940 年对合作金库放款额增加到 40892820.19 元，占农贷总额达 42.27%。[①] 根据四联总处的农贷报告，1941 年 1—11 月，中国银行、交通银行、中国农民银行及中央信托局四行局对合作金库实际透支额总计达 95387320 元（见表 4-11），占四行局同期农贷总额的 19.33%。[②] 从上面几个例证可以看出，国家行局对合作金库的透支在整个农贷中已占有不小的份额，由此可以推断，合作金库透支借款的规模在当时应该是较大的。

表 4-11　　　　1941 年 1—11 月四行局对合作金库透支金额统计　　单位：法币元

省份	库数	实际透支额	省份	库数	实际透支额
四川	117	40637523	浙江	15	1741840
贵州	52	8997854	福建	2	570112
广西	43	11809914	江西	2	3687075
湖南	26	10128697	湖北	6	1117799
甘肃	19	2781098	云南	7	5233134
陕西	16	5630274			
西康	10	3052000	合计	317	95387320

注：上述合作金库包括省库 4 个（四川、江西、浙江、福建）、市库 1 个（重庆），其余皆为县库。

资料来源：四联总处农业金融处编：《中中交农四行联合办事处三十年度农贷报告》，1942 年，重庆市档案馆藏，全宗号：0292-1-207。

透支借款在合作金库资金来源中具有怎样的地位呢？合作金库的资金来源主要有四项，即合作社股金、提倡股金、存款和透支。通过对资金来源结构的分析我们可以看到透支借款的重要地位。在县合作金库中，以 1942 年四联总处四川农贷视察团调查的 17 个县合作金库为例，这 17 个合作金库中透支一项占资金来源总额 60% 以上的就有 12 个；从总体来看，17 个县合作金库共计提倡股 2572200 元、合作社股 231732 元、公积金 36452 元、存款 2213168 元、透支 14253837 元，透支部分占各项总额

---

① 《近两年中国农民银行各种农村放款比较统计表》，《中农月刊》1941 年第 6 期。
② 四联总处农业金融处编：《中中交农四行联合办事处三十年度农贷报告》，1942 年，重庆市档案馆藏，全宗号：0292-1-207。

的 73.83%（见表 4-12）。

表 4-12　1942 年农贷视察团调查的 17 个县合作金库资金来源结构

单位：法币元、%

库名	提倡股	社股	公积金	存款	透支	透支占比
灌县	291240	7780		182208	425313	46.92
郫县	197630	2370		42869	512233	67.84
广汉	87360	13480		33399	1041600	88.58
金堂	71600	32200		293332	1508603	79.16
绵阳	163590	36410	2982	76446	997834	78.12
三台	54000	48500		2253	3078991	96.71
射洪	85700	17570		1106	929427	89.90
遂宁	85200	11550			615170	86.41
乐至	84910	15235		238714	784493	69.84
成都	200000		27160	19514	596257	70.74
峨眉	200000	50		81481	240000	46.02
乐山	200000		6308	38662	1310000	84.25
眉山	175900	24100		213402	750000	64.47
夹江	190000	4180		218324	363740	46.86
洪雅	197530	3080		322172	279743	34.86
温江	189000	11000		72280	680373	71.42
璧山	97480	4247		276907	140000	26.99
合计	2572200	231732	36452	2213168	14253837	73.83

注：透支占比 = 透支/（提倡股 + 社股 + 公积金 + 存款 + 透支）。

资料来源：中中交农四行联合办事总处秘书处印：《四联总处四川省农贷视察团报告书》，1942 年，第 64 页，重庆市档案馆藏，全宗号：0292-1-208。

在省合作金库中，如江西省合作金库，1941 年向银行透支借款占资金来源总额的 66.80%（见表 4-13）；又如广西省合作金库，根据 1941 年的业务报告，资金来源"不外股金与借入款两项"，到该年年底合计共 22384563.12 元，其中从四联总处桂分处和广西省银行借入款项共计

19371363.12元，占资金来源的总额的86.54%。①

表4-13　　　　　1941年江西省合作金库资金来源结构　　　单位：法币元、%

	合作社股本	提倡股本	吸收存款	透支借款
金额	678500.00	3720000.00	1342810.34	11551661.58
比例	3.92	21.51	7.77	66.80

资料来源：文群：《江西省合作金库业务概述》，《中国合作》1942年第10—12期合刊。

在中央合作金库中，1948年4—6月，中央银行提供的实际透支资金共21584亿元②，而当年1—6月，中央合作金库存款总计23381亿元。可见，在中央合作金库的负债业务中，透支借款也占了近1/2的份额。

上面的分析表明，对于大多数合作金库来说，透支借款是经营资金的主要来源，在筹资过程中透支借款的地位远比吸收存款重要得多。合作金库主要依靠向国家行局借款供给经营中的资金需要，是由当时农村资金严重不足所决定的，正是有了国家行局的透支，大量外部资金才得以进入农村，缓解了农村的资金紧张，其积极作用不容忽视。

也应看到，合作金库负债业务中透支借款远高于存款结构也会带来负面影响：首先，这样的负债结构说明合作金库的资金筹集严重缺乏主动性，经营资金只能依赖国家行局，这不仅强化了国家行局对合作金库的控制，同时也导致合作金库实际上成了国家行局的转贷中介。其次，透支借款的资金成本往往高于吸收存款，根据四联总处的规定，1940—1942年，合作金库从国家行局透支借款的利率均为月息0.7%，折合年息为8.4%③，而同期合作社存款和活期存款利率为年息2%—4%，小额存款为年息4%—5%，定期存款为年息6%—8%④，可见透支利率比存款的最高利率还要多，在大部分资金需要以透支方式获取的情况下，必然提高合作金库的筹资成本，加剧其经营压力。

---

① 本库业务科：《广西省合作金库一周年业务报告》，《广西合库通讯》1941年第15、16期合刊。
② 中国第二历史档案馆编：《中华民国史档案资料汇编》第五辑第三编财政经济（三），江苏古籍出版社2000年版，第624页。
③ 丁宗智：《八年来之合作金融》，《金融知识》1945年第1、2期合刊。
④ 郑厚博：《贵州省县合作金库业绩之分析》，《中农月刊》1941年第11期。

三 有限的中间业务：汇兑和代理收付

中间业务是指金融机构开办、可以带来货币收入但不直接列入资产负债表的业务。合作金融机构除经营存、贷款业务外，往往还利用其经营网络发达、机构深入基层的有利条件，开办适宜的中间业务。由于中间业务不直接动用资产，具有低成本、低风险等优点，一般合作金融机构都将其作为增加营业收入的途径之一。民国时期合作金库开办的各项业务中，属于中间业务的主要是汇兑和代理业务两项。

（一）汇兑

开办汇兑业务不仅可以便利农村资金往来，解决各类机关、工厂大量迁到后方以后因交通不便而带来的资金流通的困难，而且有助于调节合作金库自身的资金盈虚，因此，在各地合作金库有一定发展后，汇兑业务便积极开展起来。由于西南各省交通险阻，偏僻地区素感金融凝滞，农本局辅导的各合作金库成立以后，资金调拨殊不便，于是1938年9月，先在四川、贵州各县合作金库间试办汇兑业务，试办以来发展较为迅速，不仅使金库的资金调拨便利，同时也方便了社会资金的汇转。1939年，由于试办地区成绩尚佳，汇兑业务进一步推广至广西、西康、湖南、湖北等省，并开办省际汇款业务，同时与其他银行及合作金库订立通汇办法。① 如在广西，汇兑业务开办于1939年3月，起初通汇地点仅限于农本局辅设的各县合作金库，同年8月农本局与桂林交通银行商订通汇合约，9—10月，广西各县合作金库实现了与农本局辅设的湘、黔、川各县合作金库的通汇。② 到1940年，汇兑业务在各地合作金库中已经普遍开展。合作金库汇兑方式有信汇、票汇、电汇三种，但由于很多县合作金库地处偏远，因没有电报局而不能采用电汇方式，所以，汇兑方式多为信汇或票汇。③

从汇兑业务的数量来看，县合作金库中，农本局辅设的县合作金库1938年9—11月汇兑总额（包括汇入和汇出）为384448.72元；1939年1—11月，各库汇兑累计额8269100.60元。1940年，汇兑业务进一步发

---

① 农本局研究室：《农本局业务报告》（中华民国二十八年），农本局研究室编印，1940年，第50页。
② 胡任豪：《四年来桂省农贷之检讨》，《建设研究》1941年第2期。
③ 农本局研究室：《农本局业务报告》（中华民国二十八年），农本局研究室编印，1940年，第50页。

展，通汇遍及四川、贵州、广西、湖南、湖北、西康6省148个县合作金库，截至10月汇兑总额17518565.26元。① 从各地情况看，贵州省汇兑业务量最大，四川省次之，其余各省则较少（见表4-14）。此外，四川省合作金库辅设的40余个县合作金库1939年总计收汇14901098元，汇出14480041元，通汇地点除四川省库辅设的47个县合作金库及重庆汇兑处之间均能相互通汇外，与农本局在四川的各县合作金库也能通汇。② 在省合作金库中，浙江省合作金库1939年汇兑总额为6421639.48元，1940年为8937250.63元。③ 1946年年底中央合作金库成立后，其汇兑业务也随着各地分支机构的增设而发展起来，1948年1—6月，中央合作金库及各分支机构汇出总额161248亿元，汇入总额166934亿元，中央合作金库的汇兑业务主要是城市之间的资金往来，其中以上海、广州、天津、北平等地汇兑业务最为发达。④

表4-14　　　　1938—1940年农本局辅设县合作金库汇兑总额　单位：法币元、%

省份	1938年9—11月 汇兑总额	比例	1939年1—11月 汇兑总额	比例	1940年1—10月 汇兑总额	比例
四川	62860.62	16.35	2652764.22	32.08	5763002.31	32.90
贵州	321588.10	83.65	5416609.11	65.51	10239607.66	58.35
广西			66248.89	0.80	809907.99	4.62
湖南			133478.38	1.61	251959.28	1.44
湖北					345901.66	1.97

---

① 农本局研究室：《农本局业务报告》（中华民国二十七年），农本局研究室编印，1939年，第26—27页；农本局研究室：《农本局业务报告》（中华民国二十八年），农本局研究室编印，1940年，第56页；农本局研究室：《农本局业务报告》（中华民国二十九年），农本局研究室编印，1941年，第23页。

② 四川省合作金库编：《二十八年度四川省合作金融年鉴》，四川省合作金库印，1940年，第63页。

③ 徐若渊：《浙江省合作金融事业之近况》，《东南经济》1941年第3期。

④ 中国第二历史档案馆编：《中华民国史档案资料汇编》第五辑第三编财政经济（三），江苏古籍出版社2000年版，第51页。

续表

省份	1938年9—11月		1939年1—11月		1940年1—10月	
	汇兑总额	比例	汇兑总额	比例	汇兑总额	比例
西康					137105.39	0.78
合计	384448.72	100	8269100.60	100	17547484.29	100

注：汇兑总额为汇入和汇出额合计。

资料来源：农本局研究室：《农本局业务报告》（中华民国二十七年），农本局研究室编印，1939年，第26—27页；农本局研究室：《农本局业务报告》（中华民国二十八年），农本局研究室编印，1940年，第56页；农本局研究室：《农本局业务报告》（中华民国二十九年），农本局研究室编印，1941年，第23页。

合作金库的汇兑业务对于便利各地资金的流动发挥了积极作用，同时也存在着一些不足。首先，间接汇兑制度给各地通汇带来很多不便。农本局辅设的合作金库之间，主要采直接通汇制度，1941年农本局撤销，合作金库移交中国农民银行，不久农行就规定"在同一行管辖下之金库互相可以直接通汇外，其余各地汇款皆由其附近之辅导行转汇"[1]，即间接汇兑制度。间接汇兑使原有的效率大幅下降，如以四川省内分属于不同辅导行处的射洪县金库汇往三台县或昭化县金库为例，原本2日时程却要拖延7—8倍的时间（见表4-15）。间接汇兑制度对合作金库的汇兑业务造成了极为不利的影响，一些档案资料就有这样的反映："汇兑业务以往相当发达，即划归本行（即农行）辅导后，因须有辅导行转汇关系，辗转费时，且仅有信汇一种不能适应社会需要，至汇兑业务一落千丈。"[2] 上述情况并非个别，这是间接汇兑制度下普遍存在的问题。间接汇兑制度不仅带来办理不便和业务量下滑，更重要的是反映了银行对合作金库业务的控制，合作金库的汇兑业务实际变成了银行办理汇兑的中介和代理。

其次，不同机关辅设的合作金库之间难以通汇。由于合作金库辅设机关众多，各辅设机关又是各自为政，形成一种支离破碎的局面，阻碍了不同机关辅设下的合作金库间开展汇兑业务。如陈颖光所说，"省内亦以辅设机关之不同，亦多不通汇"[3]。顾尧章也指出，"农本局辅设之库大部分

---

[1] 陈兆适：《湖南的合作金库》，《中国合作》1942年第10—12期合刊。
[2] 《射洪县合作金库辅导总报告》，1942年，重庆市档案馆藏，全宗号：0289-1-65。
[3] 陈颖光：《合作金库业务改进刍议》，《金融知识》1942年第4期。

不与中农行认有提倡股者互汇,亦不与中国银行、交通银行及省库辅设者通汇"。① 这种状况极大地限制了合作金库的通汇范围,不仅会使大量业务因无法通汇而流失,而且通过合作金库网络便利资金流通的作用也大打折扣。

表4–15　　　　1942年直接通汇与间接通汇所需时日比较

通汇地点		直接通汇		间接通汇							共日
^	^	^	^	射洪至南充		南充至绵阳		绵阳至三台		^
汇出	汇入	邮程	处理	共日	邮程	处理	邮程	处理	邮程	处理	^
射洪	三台	1	1	2	3	2	5	2	2	2	16
射洪	昭化	1	1	2	3	2	5	2	1	1	14

资料来源：徐国屏：《合作金库机构调整后实务之改进》,《中农月刊》1943年第2期。

最后,县合作金库由于自身掌握的资金有限,在办理汇兑业务时往往有每笔汇款限额的要求,由于限额过小,对于汇款者来说"自难适应需要"②；对于合作金库来说汇兑业务量也会因此受到制约,不利于汇兑收入的增长。

(二) 代理业务

代理业务是合作金库利用其深入农村的优势,以代理机构身份,接受政府部门或其他金融机构的委托,代为办理其指定的业务。

县合作金库中代理业务主要来自辅设机关。以农本局辅设的县合作金库为例,代理业务根据各地不同的需要主要有以下几种：(1) 代理农本局贷放互助社、预备社及邻县放款。合作金库因受规程限制,仅能对业务区域以内的合作社放款,凡尚未设库的邻县,或金库业务区域内的互助社、预备社等尚未达到合作社程度时,均难获得金库的资金协助,农本局为补救此种缺陷,以农本局资金委托合作金库代理发放款。(2) 代理农仓业务。农本局在农产区设立农仓办理储押放款,未设仓库而有金库的地方,则由金库代理农仓,贷放合作社储押放款,储押资金由农本局贷放；农仓与金库同在一地的,为节省和便利,储押资金由农仓贷放,而农仓的

---

① 顾尧章：《当前我国合作金库实务问题之检讨》,《经济汇报》1942年第10期。
② 陈颖光：《合作金库业务改进刍议》,《金融知识》1942年第4期。

人事则由金库人员兼任。（3）代理农本局销售棉纱，在农村纺织发达的县份试办，直接供给纺织农户之需。（4）代理四行兑换硬币、收换破钞及其他业务。（5）代理县政府经费及税款的收付。（6）代购农产品工业原料。（7）与中行、农行及四川省合作金库等联合在川北棉产区办理棉贷等。从业务量上看，1939年，农本局辅设各县合作金库的代理放款结余总额为349216.96元，1940年增至754703.64元。① 在四川，中国农民银行辅设的县合作金库受农行渝分行委托推广小麦种子实物放款试验，射洪县合作金库与川农所稻麦改进所及县政府合作以实物贷放方式推广麦种，并受农林部与渝行委托收获后在本地收购麦种，在附近推广。② 在贵州，县合作金库代收贵州合作委员会合作事业补助金，代各县县政府向省方领取经费及解送现款，代收代放农业推广贷款；此外，自1941年起，凡农民银行所辅设的合作金库，均代理农民银行办理小额储蓄存款。③ 在广西，县合作金库除代理农本局向本县互助社或没有合作金库的邻县合作社及互助社放款外，还代理省府收付良种肥料贷款、繁殖耕牛贷款，代理中国银行、交通银行、中国农民银行和中央信托局办理战区放款。④

省合作金库中，一般设有专门开展代理业务的部门。如江西省合作金库设有供运业务代办处，办理全省农产品代卖和货物代买业务。⑤ 又如四川省合作金库，于1940年设立"代营局"，为各级合作社供给运销之代营机构，并由该库拨出资金100万元供代营局周转，主要代理棉花运销、肥料供给及其他农产品运销业务。⑥

中央合作金库的代理业务主要有受政府机关、国营生产事业单位及合作组织委托办理货物采购，在国内运销农产品、丝织品、日用品等，向国

---

① 农本局研究室编：《农本局业务报告》（中华民国二十九年），农本局研究室印，1941年，第18页。

② 《射洪县合作金库辅导总报告》，1942年，重庆市档案馆藏，全宗号：0289-1-65。

③ 郑厚博：《贵州省县合作金库业绩之分析》，《中农月刊》1941年第11期；于永滋：《贵州之合作金库》，《中国合作》1942年第10、11、12期合刊。

④ 胡任豪：《四年来桂省农贷之检讨》，《建设研究》1941年第2期。

⑤ 江西省农村合作委员会：《江西合作事业报告书》，江西省农村合作委员会编印，1939年，第213页。

⑥ 张桢：《四川省合作金库二十九年度业务概况》，《四川合作金融季刊》1941年第2、3期合刊。

外运销农产品，以及代收火险、水运险保险费等。①

以上这些代理业务的开办对活跃农村金融、促进农业生产、便利农产品运销以及增加合作金库收入都有积极意义。还需指出的是，尽管如上所述代理业务种类繁多，但实践中，大部分县合作金库仍以代理收付款项为主，1941年农本局将辅设权移交中国农民银行后，代理业务"十之八九，亦均已停止"②；对于省合作金库和中央合作金库来说，代理业务主要围绕采购和运销农产品，而其他业务则很有限。由此说来，合作金库代理业务的发展程度也不是十分充分。

四　中外合作金库业务运作特点比较

资金的筹集与运用是合作金库各项业务中最基本的内容，现通过对上述两类业务的分析和比较，展现中外合作金库在业务运作上的特点与差异。

从资金运用方面来看，无论是中国还是欧美、日本，放款都是合作金库最重要的业务。但在放款期限上，中外有所不同。一般来说，在合作金融发达的国家，合作金融组织往往会根据农业生产的特点提供期限较长的放款，这样更适宜农业生产的特点，能够更好地满足农民的资金需要。如德国的信用合作放款，放款期限最长可达20年，还款可以采取分期办法。③ 在法国，合作银行不仅有短期放款，还有中长期放款。短期放款多采用票据贴现方式，有时也办理信用放款，普通期限为3个月，到期可延长若干次。长期放款多在10—15年，主要为农户购买农具、牲畜、土地等提供资金便利。根据1929年的统计，中央合作银行短期放款10678.7万法郎，中期放款26836.0万法郎，个人长期放款69289.0万法郎，团体长期放款33274.4万法郎。④ 可见，在法国中央合作银行的放款中，以长期放款为主，占放款总额的近3/4。此外，意大利的全国劳动合作银行除了办理短期放款外，还专门设立了一个长期信用部门帮助农户解决民购买和改良土地的资金问题。⑤

---

① 中国第二历史档案馆编：《中华民国史档案资料汇编》第五辑第三编财政经济（三），江苏古籍出版社2000年版，第54—59页。
② 陈颖光：《合作金库业务改进刍议》，《金融知识》1942年第4期。
③ 侯厚培、侯厚吉：《中国农业金融》，商务印书馆1935年版，第165—175页。
④ ［日］本位田祥男：《欧洲各国农村合作制度》，中国合作学社，1935年，第321页。
⑤ 同上书，第190页。

与上述国家相比，中国的合作金库只有短期放款，如前文所述，多为1年左右，没有中长期的放款。放款期限的长短往往与信用关系的稳定性和资金的充裕程度有关，中国的合作金库没有开办中长期放款业务并不是农民不需要，其原因既有合作金库规避风险的考虑，更重要的是合作金库总体上资金不足，如果办理中长期放款就会大量占压资金，影响其正常运作。放款期限结构也许只是合作金库经营的一个侧面，但由此反映出的却是合作金库的内在实力以及对农民需求的满足程度，因此可以说，单一的短期业务结构折射出了中国合作金库的薄弱状态。

从筹资业务看，中外合作金库也存在一些差异，主要表现在各种筹资业务的比重关系上。由于资料所限，这里我们以德国、法国和日本为例进行分析。

在德国，区域性信用合作社联合会相当于中国的省或县级合作金库，据1929年统计，在筹资业务中，各联合吸收存款共计246527403马克，从普鲁士中央合作金库借入188335269马克，从其他银行借入10745451马克，吸收存款是借入资金总额的1.2倍多。[①] 在德国的普鲁士中央合作银行中，1930年时吸收存款为152995268马克，向其他银行借款383766736马克，其中存款是借款额的约40%。[②]

在法国，区域性信用合作社联合会的筹资业务中，各地存款总额为243100万法郎，从政府借入的低利资金125800万法郎，存款是借入款的近2倍。[③] 法国的中央合作银行是由政府出资创办的，营业资金中的大部分也源于政府每年供给的低息或无息贷款，到1929年，从政府获得的资金额约98600万多法郎，吸收存款13200万法郎，吸收存款仅占政府资金的13%。[④]

在日本，对于区域性信用合作社联合会来说，由于缺乏具体统计数据，很难准确反映各种筹资业务的比例，但也可以由存、放款的数额加以推断。根据1931年的统计，全国信用合作社存款共计约6.1亿日元，同

---

① 参见［日］本位田祥男《欧洲各国农村合作制度》，中国合作学社，1935年，第49页。
② 参见侯哲荛《合作金融论》，中国合作学社1936年版，第97页。
③ 参见［日］本位田祥男《欧洲各国农村合作制度》，中国合作学社，1935年，第324页。
④ 参见王志莘主编《农业金融制度论》，商务印书馆1935年版，第94页；［日］本位田祥男《欧洲各国农村合作制度》，中国合作学社，1935年，第320页。

年放款约 10.7 亿日元①，存款额占到放款额的近六成，由此可以推知存款在各种筹资业务中应是比例最大的。日本中央合作金库的筹资业务主要有吸收存款和发行债券两项，1933 年存款额为 99073143 日元，产业债券为 1931 年发行的 41419000 日元，并没有借入资金业务。②

通过上面的例子可以看到，在德国、法国和日本，相当于中国省或县级合作金库的区域信用合作社联合会中，存款业务比向政府或银行透支借款筹集的资金更多。由于存款中的绝大部分来自农村基层合作组织和农民，因此，在这些国家的区域信用社联合会中，农村基层合作组织和农民是其筹资业务的重心，而来自政府和银行的资金则处于补充和辅助的地位。如果将资本金也考虑进去，由于农村基层合作组织和农民的股份占绝大部分，可以说，这些国家的信用社联合会资金来源结构中，来自农村基层合作组织和农民的资金居于主导地位。而在中国的省、县合作金库中，吸收存款与透支借款在筹资业务中的比重关系与上述几国恰好是相反的。正如上文所述，省、县合作金库不仅吸收的存款很有限，而且这些存款中来自合作组织和农民的更是占很小的比例；向政府和国家银行透支借款则是最主要的筹资业务。加之合作金库的资本金中，合作组织股份很少，大部分资本金来自政府或国家行局，因此，合作金库的资金来源主要依赖政府或国家行局。这就难怪当时有学者说："合作金库的最大意义，即在利用政府及其他金融机关的外来资金，由系统组织转放农民之过程。"③

从中央合作银行或合作金库的筹资业务结构来看，日本中央合作金库没有透支借款业务，筹资业务以吸收存款为主；而德、法两国的中央合作银行中，来自政府和银行透支借款的比重则较大。此外，这几个国家的中央合作银行或中央合作金库的资本金中，政府都有大量投资。据 1930 年统计，德国中央合作银行的资本中政府拨款占 83%，其余为信用社联合会股份④；法国中央合作银行的资本全部来自政府⑤；日本中央合作金库的资本中，1931 年时政府投资占资本总额的一半，其余为合作组织投资。⑥

---

① 侯哲荛：《合作金融论》，中国合作学社，1936 年，第 108 页。
② 同上书，第 109 页。
③ 叶谦吉：《合作金库制度之意义与建立》（南开大学经济研究所农业经济丛刊第一种），南开大学经济研究所印 1941 年版，第 25 页。
④ 侯哲荛：《合作金融论》，中国合作学社，1936 年，第 97 页。
⑤ 王志莘主编：《农业金融制度论》，商务印书馆 1935 年版，第 94 页。
⑥ 同上书，第 142 页。

如果将筹资业务与资本结构一起考虑，在上述几国的中央合作银行或合作金库中，来自政府和银行的资金比重较大，而合作组织和农民的资金则处于相对次要的位置。相比之下，中国的中央合作金库中，据1948年上半年的统计，吸收存款23381亿元，投资借款21584亿元，两项基本持平。①但需要注意的是，与德国、法国、日本中央合作银行或中央合作金库的存款以合作组织和农民为主不同，中国的中央合作金库吸收的存款绝大部分来自军政部门和生产事业机构，而合作组织和农民的存款则是极少的。此外，中国的中央合作金库资本也完全是由政府投资的。可以说，对于中国的中央合作金库，资金来源中的绝大部分需要依赖政府、银行等外部力量供给，与国外相比，来自合作组织和农民的资金还要更少。

总体来说，在德国、法国和日本，区域信用社联合会、合作银行或合作金库的业务运作中可以得到来自基层合作组织和农民的大量资金支持，业务运作具有"资金源于农村而又用于农村"的特点。这样的业务运作模式比较充分地实现了合作金融调剂农村资金的作用，而且发展更具稳定性。而在中国，合作金库主要依靠政府和银行提供资金，业务运作的核心就是将政府和银行的资金转贷给基层合作社及农民。这种业务运作模式，虽然有助于向农村注入一定数量的资金，但同时也使合作金库长期依赖于政府和银行，不仅使其难以自主发展，而且一旦外部资金供给减少，合作金库的经营将面临很大的困难，由此加剧了合作金库的依附性与脆弱性。

第三节 合作金库的经营绩效

一 盈亏状况

合作金融组织虽然不以追求利润最大化为经营目标，但并不意味着它不需要讲求经济效益。其实从合作经济组织诞生之日起，保证收支平衡、讲求经济效益就被纳入其经营策略之中。罗虚戴尔公平先锋社《社内规约》的第一条就强调了经合作社不为追求厚利，但也不能赔本，要以合

---

① 中国第二历史档案馆编：《中华民国史档案资料汇编》第五辑第三编财政经济（三），江苏古籍出版社2000年版，第12、624页。

理的差价来补偿合作社经营中的各种费用,并通过一定的盈余积累公积金,促进合作组织的发展壮大。① 因此,盈亏状况仍然是衡量合作金融组织运作效益的重要指标,这对于合作金库来说当然也不例外。由于受到资料的限制,这里我们只分析抗战时期县合作金库的盈亏状况。

1938—1940 年是合作金库高速发展时期,这一时期各地的县合作金库总体以盈余为主。从农本局在各省辅设的县合作金库来看,1939 年办理决算的 95 个县库,总盈余金额 295177.30 元,平均每个县库盈余 3107.13 元,95 个县库中当年亏损的仅有 10 个。② 从四川省的各县合作金库看,如表 4 - 16 所示,除 1937 年亏损库大于盈余库外,1938—1940 年,盈余库数均在 90% 以上,亏损的县合作金库很少,平均每库盈余金额逐年上涨,而且平均每库盈余金额远大于亏损金额,这说明即使有个别县合作金库亏损,其亏损情况也不很严重。

表 4 - 16　　　　1937—1940 年四川省各县合作金库盈亏情况　　　单位:法币元

年份	总体情况			盈余情况		亏损情况	
	统计库数	总盈余金额	每库平均盈余金额	盈余库数	平均每库盈余金额	亏损库数	平均每库亏损金额
1937	3	-1336.52	-445.51	1	166.86	2	751.69
1938	32	201558.35	6298.70	30	6787.51	2	1033.44
1939	43	597623.12	13898.21	42	14252.95	1	1000.69
1940	64	1337713.62	20901.78	61	22118.59	3	3840.03

资料来源:张桢:《四川省合作金库二十九年度业务概况》,《四川合作金融季刊》1941 年第 2、3 期合刊。

从 1941 年开始,各地县合作金库的亏损面逐渐扩大,此后不断恶化。据统计,1941 年,贵州省内的 42 个县合作金库中仅有 22 个略有盈余,亏损面以接近 50%;广西省的各县合作金库中,也仅有半数能自给。③ 1942 年,县合作金库的亏损更加严重。1942 年年底,湖南省的 24 个县合

---

① [法]季特:《英国合作运动史》,吴克刚译,商务印书馆 1933 年版,第 32—37 页。
② 《农本局二十八年度下期决算报告》,1940 年,重庆市档案馆藏,全宗号:0316 - 1 - 32。
③ 陈颖光:《合作金库业务改进刍议》,《金融知识》1942 年第 4 期。

作金库中有 14 个亏损，盈余者仅有 10 个，亏损面已占大半。① 在四川省，根据四联总处农贷视察团的调查，1942 年县合作金库的亏损范围已相当大，如表 4-17 所示，17 个县合作金库中，除峨眉县没有统计外，仅有 1 个县库盈利，其余 15 个均为亏损；从亏损占股金比例看，多数不足 10%，仅有三台、乐至两县比例较高，说明多数县合作金库的亏损还不是特别严重。

表 4-17 1942 年农贷视察团调查的四川省 17 个县合作金库盈亏情况

单位：法币元、%

库名	股金	盈余	亏损	亏损占股金比	库名	股金	盈余	亏损	亏损占股金比
灌县	299020		6649	2.2	成都	200000		15988	8.0
郫县	200000		19474	9.7	峨眉	200050			—
广汉	100840		6599	6.5	乐山	200000		3845	1.9
金堂	103800		6237	6.0	眉山	200000		12036	6.0
绵阳	200000		115	0.1	夹江	194180		8820	4.5
三台	102500		43125	42.1	洪雅	200610		15380	7.7
射洪	103270		5676	5.5	温江	200000		19421	9.7
遂宁	96750	36087		—	璧山	101727		9663	9.5
乐至	100145		26661	26.6					

资料来源：中中交农四行联合办事总处秘书处印：《四联总处四川省农贷视察团报告书》，1942 年，第 64 页，重庆市档案馆藏，全宗号：0292-1-208。

到 1943 年，亏损状况进一步恶化，如表 4-18 所示，各省的县合作金库普遍处于亏损状态，广西、湖北、云南 100% 的县合作金库都在亏损，四川、西康、浙江、陕西有 80% 以上的县库亏损，亏损面较小的甘肃、江西、贵州、湖南亏损库数也在 35%—65%；在亏损的严重程度上，亏损额占股本总额 50% 以上的县合作金库共计 109 个，占总库数的近 1/3，云南、湖北、西康、陕西、广西有一半以上的县合作金库亏损额超过了股本的 50%。可见，此时县合作金库不仅亏损范围在扩大，亏损的严重程度也在加剧。

---

① 姚溥荪：《湖南之合作金融》，《经济季刊》1944 年第 7 期。

表 4-18　　　　　　　　1943 年各地县合作金库亏损情况　　　　　　单位：个、%

	四川	西康	湖北	湖南	广西	云南	贵州	浙江	江西	陕西	甘肃
总库数	118	10	8	26	43	7	54	28	5	18	17
亏损库数	103	8	8	17	43	7	28	24	2	15	6
比例	87	80	100	65	100	100	52	86	40	83	35
亏损50%以上库数	48	7	6	—	24	6	0	5	—	12	1
比例	41	70	75	—	56	86	0	18	—	67	6

资料来源：《一般县合库调整事项卷》，1944 年，中国第二历史档案馆藏，全宗号：399 (5) -2329。

合作金库盈亏状况不断恶化的原因在于收入和开支的双重压力。在收入方面，合作金库最主要的收入来源是放款利息，此外还有汇兑和代理业务的手续费。从利息收入看，根据四联总处的规定，1941—1944 年合作金库所收放款利率分别为月息的 0.8%、0.9%、1.3% 和 1.8%[①]，折合年息为 9.6%、10.08%、15.6% 和 21.6%，而同期的通货膨胀率远远高于利率的增长，按照黄立人提供的数据，1941—1944 年国统区批发物价总指数分别为 1296、3900、12541 和 43197[②]，如果以 1941 年为 100，则 1942 年为 301，1943 年为 968，1944 年为 3333。将利率水平与通货膨胀率相比，实际利率不仅为负，而且持续大幅下降。而且，从 1942 年政府开始紧缩农贷，这年四联总处农贷方针规定：合作金库"各项贷款应就已经贷出之款项收回转放，暂不扩充贷额"[③]，这样一来，合作金库的放款量受到了限制，利息收入更难以增加。此外，由于间接汇兑的不便，以及代理业务的萎缩，来自这两项业务的收入也较为有限。在开支方面，"物价高涨，合库开支突增"[④]，合作金库职员的薪金、补贴以及营业所需的调查费及日常杂费，都随着严重的通货膨胀迅速攀升。如果要保持原有购买力水平，根据当时的通胀率，合作金库的开支每年要增加大约 3 倍。在收入增

[①] 丁宗智：《八年来之合作金融》，《金融知识》1945 年第 1、2 期合刊。
[②] 黄立人：《抗战时期大后方经济史研究》，中国档案出版社 1998 年版，第 248 页。
[③] 四联总处农业金融处编：《中中交农四行联合办事总处三十年度农贷报告》，1942 年，重庆市档案馆藏，全宗号：0292 - 1 - 207。
[④] 徐国屏：《合作金库机构调整后实务之改进》，《中农月刊》1943 年第 2 期。

长不及开支增加的情况下，合作金库的亏损就在所难免了。由此我们也不难看出，面对外部环境的变化合作金库的应对能力实际上是相当薄弱的。

为了解决合作金库亏损，1942—1943 年，中国农民银行对其辅设的县合作金库进行了大规模的调整，大量县库与农行合并办公或交由农行代办，并暂停了存款、汇兑、代理收付业务。① 农行的调整实际上没有达到扭亏为盈的效果，一方面，调整后的合作金库，业务更加单调，收入来源更加狭窄，并不利于增收。当时就有学者认为："委办库业务调整，除放款外其他业务都停办，值得商榷，目的减少开支，但对于存、汇发达的金库，停办其他业务，收入损失很大"。② 另一方面，由于农行人员无暇兼顾合作金库业务，仍需雇用职员，因此开支很难减少。如合江等7个合作金库要求暂缓机构调整的理由中指出：当地行处主管员及会计事务繁忙，多感不能兼顾库务，影响业务推进；调整后行处兼办金库时，出纳、会计等名义上虽已取消，而又征用助理会计及练习生等办理会计出纳事务，营业员兼事内勤工作，则库中开支并未减少，而业务则陷入无人负责状态。③ 这说明通过简单的机构调整并不能有效扭转合作金库的亏损。要想真正解决这个问题，合作金库自身需要进一步开拓业务、完善管理，努力争取收入来源；从宏观经济环境来说需要遏制严重的通胀，从而使支出保持相对稳定。可惜这两个方面在当时都没有做到。

二　对农村经济的作用

民国时期的合作金库始终肩负着缓解农村资金短缺、促进农业生产发展的社会责任，因此，合作金库对农村经济的影响也应成为评价其经营绩效的重要内容。

合作金库对农村经济的积极作用主要表现在以下方面：

首先，合作金库的发展为中国农村合作金融事业注入了新的力量，有利于中国农村借贷关系的转型与现代化。合作金库建立前，中国农村的合作金融组织主要是乡村信用合作社，大部分集中在东部省份，主要有政府、银行和社会团体辅导建立并提供运作资金。抗战开始后，西南地区是农村合作事业发展的重心，但这些地区合作事业的基础十分薄弱，有很多

---

① 具体调整过程和办法详见本书第三章第四节。
② 徐国屏：《合作金库机构调整后实务之改进》，《中农月刊》1943 年第 2 期。
③ 《陈请暂缓调整合江等 7 库机构原由》，1944 年，重庆市档案馆藏，全宗号：0289 - 1 - 84。

县份还没有合作组织。而这时期，国家行局在西南的分支机构也相对较少，难以有效深入农村推动合作社的发展。1938—1940年，合作金库在各地的迅速发展弥补了国家行局分支机构的不足，使农村合作社能够就近获得资金支持，不仅刺激了合作社的迅速增加，也给合作社的运作提供了必要的资金保证。合作社的迅速发展，尽管离不开政府和国家行局的积极推动，但合作金库作为外部资金贷放合作社的枢纽，其作用是不容忽视的。不仅如此，各级合作金库与乡村合作社一起形成了一股不同于传统借贷方式的现代农村金融力量。合作金融的发展很大程度上改变了中国农村延续了几千年的借贷格局。据统计，1938年时银行、合作金库、合作社贷款合计占农民借款来源的27%，传统高利贷占73%，此后高利贷的比例有相当幅度的减少，1941—1944年，传统高利贷在农民借款来源中的比较已不及一半。[①]而且，从各种借款的次数来看，根据四川的调查，很多县份的农户向合作社借款的次数已超过传统的亲友、邻里、地主（见表4-19）。可见，合作金库带动了乡村合作社发展，进而为中国农村借贷关系的转型与现代化做出了贡献。

表4-19　　1940—1941年四川省各县农户不同借款对象平均借款次数

地区	亲戚	家族	朋友	主佃	邻居	合作社
温江	9		4			36
乐山	9		8			29
绵阳	6		12			24
射洪	4	2	8			8
南充	6	2	2		2	46
合川	2	2				5
内江	17		8	1		17
宜宾	24	4	57	4		16
巴县	13		10			17
万县	1		1		1	2
安县	5	4	6			25

资料来源：中国农民银行四川省农村经济调查委员会：《四川省农业金融》（四川农村经济调查报告第四号），中国文化服务社，1941年，第48页。

[①] 黄立人：《抗战时期大后方经济史研究》，中国档案出版社1998年版，第246页。

其次，合作金库将大量农贷资金引入农村，一定程度缓解了农村资金短缺，使农民有机会得到低利率贷款。正如前文对合作金库放款量的估计，1940 年，各县合作金库的放款余额大约占国统区农贷总额的 1/4；1941 年，四川、江西、浙江、福建、广西 5 个省合作金库放款余额约占国统区农贷的 12.57%。而在有些省份，合作金库放款在农贷中的比重更大，如在广西，1938 年各县合作金库放款达 1434801 元，约占该年农贷总额的 37.78%，1939 年增加到 3470894.31 元，约占农贷总额的 46.69%，1940 年更增至 7387875.70 元，约占农贷总额的 52.55%[①]；在江西，到 1938 年年底，省合作金库放款 1115 万余元，占全省农贷总额的 71.28%。[②] 中央合作金库成立后，也积极开展农贷业务，据统计，1948 年 4—6 月，农贷金额占国统区的 21.35%。通过这些数字我们可以看到，合作金库放款虽然在整个农贷中还不是主导，但也已占据相当的比例，对农村资金供给的促进作用是不容忽视的。与此同时，合作金库放款利率较低（见表 4-20），这也带来了一系列积极影响，一是合作社可以获得一定的利差，为自身发展积累资金；二是加入合作社的农户有机会获得远低于高利贷的资金，降低了农民的借贷成本；三是促使高利贷利率的下降，1938—1941 年是合作金库发展较好的时期，这个阶段高利贷平均利率不超过月息 3%，明显低于抗战前水平，而 1942 年以后高利贷利率的上升则主要是严重的通货膨胀和国民政府紧缩农贷的结果，可以说，合作金库的低利贷款一定程度上抑制了高利贷。

表 4-20　　　　　1933—1944 年农村各种借贷月利率　　　　单位:%

年份	1933	1938	1939	1940	1941	1942	1943	1944
合作金库	—	0.8	0.8	0.9	0.9	1	1.3	1.8
合作社	1.2	1.2	1.2	1.2	1.2	1.3	1.5	2.8
高利贷	3.5	2.7	2.9	2.6	2.8	3.1	4.6	7.6

资料来源：合作金库数据来自姚溥苏《湖南之合作金融》，《经济季刊》1944 年第 7 期；丁宗智：《八年来之合作金融》，《金融知识》1945 年第 1、2 期合刊。合作社、高利贷利率来自赵泉民《政府·合作社·乡村社会——国民政府农村合作运动研究》，上海社会科学院出版社 2007 年，第 292 页。

---

① 胡任豪：《四年来桂省农贷之检讨》，《建设研究》1941 年第 2 期。
② 江西省农村合作委员会：《江西合作事业报告书》，江西省农村合作委员会编印，1939 年，第 224 页。

最后，合作金库通过生产、运销贷款，推动了农产品的生产和流通。合作金库在放款过程中特别注重用途，要求放款应主要用于农业生产。农本局辅设的县合作金库中，从1939年贷款用途统计看，种子、肥料、农具、农畜、垦荒水利和副业等生产用途的比例占了大部分（见表4-21）。农本局辅设的合作金库不仅提供放款，而且十分注意引导农民将其切实用于生产。其一，要求合作金库认真审查和评议所有贷款申请，以保证贷放款项使用了生产用途。其二，发给农民用最简单文字写的小册子，说明将借款用于生产的好处，并在冬季农活清闲时由合作金库人员下乡宣传。此外，农本局辅设的合作金库还积极参与改良种子的推广，由县合作金库从省农业改进所购买改良种子，以贷款方式分配给县内的信用合作社，再由信用合作社以贷款方式按照一定的价格将种子分配给农民。① 省合作金库中，四川省合作金库十分重视对各县的农业特产贷款，如威远的蔗糖，灌县的药材，南充、乐山的蚕丝，江油的附子，夹江、大竹的造纸，以及各县的烟叶，川东的桐籽、柑橘等，截至1940年年底贷款金额不下500万元，占贷款总额的一半多。② 江西省合作金库的放款也有很大比重用于产销，据统计1941年产销贷款占各类贷款总额的37.2%，1942年前三个月产销贷款就占了70.6%。③ 中央合作金库中，1948年1—6月办理粮食生产贷款6110.63亿元，棉花生产贷款5315.28亿元，食糖生产贷款5608.39亿元，蚕桑生产贷款431.29亿元，烟叶生产贷款901.35亿元，茶叶生产贷款377.71亿元。④ 各级合作金库通过放款对农业生产和农产品运销提供了一定资金支持，对于缓解农业资金短缺、促进生产发展具有积极意义。

合作金库对农村经济的积极作用是值得肯定的，但就作用程度而言，却又表现出很多不足。

一是农户从合作金库获得的资金远不够实际需要。据1939年川、黔、桂、湘、鄂、陕6省各县合作金库平均每个农户贷款数额的分析，四川为

---

① 何廉：《何廉回忆录》，朱佑慈等译，中国文史出版社1988年版，第158—159页。
② 张桢：《四川省合作金库二十九年度业务概况》，《四川合作金融季刊》1941年第2、3期合刊。
③ 文群：《江西省合作金库业务概述》，《中国合作》1942年第10、11、12期合刊。
④ 中国第二历史档案馆编：《中华民国史档案资料汇编》第五辑第三编财政经济（三），江苏古籍出版社2000年版，第634—640页。

表 4-21　　　1939 年农本局辅设县合作金库贷款用途比例　　　单位:%

省份	种子	肥料	农具	农畜	垦荒水利	副业	粮食及工资	其他
四川	2.11	17.69	2.10	59.02	—		5.17	13.91
贵州	1.29	1.38	1.59	39.55	2.40	18.36	11.31	24.12
广西	6.53	22.32	1.81	27.37	1.69		28.91	11.37
湖南	5.55	21.71	5.62	24.23	—	1.15	20.16	21.58
湖北	9.20	12.86	9.48	35.75	17.18		2.59	12.94
陕西	5.52	6.53	8.37	55.34	12.63	1.11	—	10.50

资料来源：农本局研究室：《农本局业务报告》（中华民国二十八年），农本局研究室编印，1940 年，第 55 页。

18.97 元，贵州为 31.61 元，广西为 22.16 元，湖南为 16.58 元，湖北为 10.31 元，陕西为 65.10 元，各省平均每户贷款为 20.95 元。[①] 1940 年，农本局辅设的各县合作金库中，每个合作社得到的贷款平均 1234.31 元，每个农户获得的贷款仅 29.36 元（见表 4-22）。同年，根据国民政府行政院农村促进委员会的调查，每户农民维持农业再生产需要的资金在四川为 552.1 元[②]，而农户从合作金库贷到的资金平均仅有 30.63 元。1942 年 6 月，四川射洪、三台县一带调查显示，由于物价高涨，每亩棉生产成本需 690—763 元，而每个农户从合作金库得到的贷款平均只有 50 元左右。[③] 这几个数字说明，合作金库通过合作社转贷给每个农户的资金实际上非常有限，往往还不及生产所需的 1/10。这并不是由于农户不需要借款，根据中国农民银行四川省农村经济调查委员会 1941 年对四川省 11 个县 216 个农户调查，农民希望借款的数额为 631.6 元[④]，可见，合作金库能够提供的资金与农民的需要相去甚远。

二是合作社向合作金库办理借款手续所需时间过长。据中国农民银行四川省农村经济调查委员会对四川省 11 个县 97 个信用合作社的调查，1940 年，各地合作社借款所需的平均天数达 22.4 日，时间最长的内江县

---

① 张启蔚：《大后方农业金融问题与合作金库》，《中国农民》1942 年创刊号。
② 黄立人：《抗战时期大后方经济史研究》，中国档案出版社 1998 年版，第 253 页。
③ 徐国屏：《合作金库机构调整后实务之改进》，《中农月刊》1943 年第 2 期。
④ 中国农民银行四川省农村经济调查委员会：《四川省农业金融》（四川农村经济调查报告第四号），中国文化服务社，1941 年，第 24 页。

表 4-22　1940 年农本局辅设县合作金库对每个合作社及农户放款额

单位：法币元

省份	四川	贵州	广西	湖南	湖北	陕西	西康	平均
每社平均放款额	1526.43	1203.98	1153.36	827.15	685.98	1172.97	2070.33	1234.31
每户平均放款额	30.63	33.07	22.44	21.90	18.39	37.78	41.30	29.36

资料来源：农本局研究室：《农本局业务报告》（中华民国二十九年），农本局研究室编印，1941 年，第 21 页。

竟需两个半月之久（见表 4-23）。从对合作金库放款手续说明可以看到，合作金库的放款手续较为严密和复杂，这对于保证贷款的安全是必要的，但也拖延了办理借款的时间。合作社借款所需时间过多，一方面造成资金供给难以及时到位，"不能适应农业之需要，需款时无款可借，款到时时期已过"[1]；另一方面增加了借款费用，"贷款迟迟不发，势使合作社职员，往返奔跋，进城探询，以增加旅费之开支"[2]，从表 4-23 中我们也可以看出，随着借款所需时间的增加，借款所需的费用也呈增加趋势，这无形中增加了农民借款的交易费用。

表 4-23　1940 年四川省 97 个信用合作社每次借款平均所需时间和费用

地区	每次借款平均所需日数	每次借款平均所需费用（元）	地区	每次借款平均所需日数	每次借款平均所需费用（元）
温江	15.3	5.7	内江	75.0	50.0
乐山	24.4	24.0	宜宾	37.2	29.1
绵阳	1.8	9.5	巴县	6.8	2.3
射洪	13.6	4.0	万县	28.3	31.0
南充	23.0	12.9	安县	13.5	9.6
合川	7.0	2.9	平均	22.4	16.5

资料来源：中国农民银行四川省农村经济调查委员会：《四川省农业金融》（四川农村经济调查报告第四号），中国文化服务社，1941 年，第 92 页。

[1] 中国农民银行四川省农村经济调查委员会：《四川省农业金融》（四川农村经济调查报告第四号），中国文化服务社，1941 年，第 91 页。
[2] 同上书。

三是合作金库的一些放款办法与农户需要不匹配。放款时间方面，合作金库办理放款最多的时间为4—6月和10—12月，以一般农业生产来说，3—5月为需要资金最多的时节，合作金库在4—6月大量放款还算合理。但10—12月正是秋禾脱售而农业生产上需要资金较少的时期，可是合作金库却在此时大量放款，这说明合作金库放款与农业生产季节有一定的脱节。① 借款和还款方式上，合作金库一般要求合作社"整批借、集体还"，合作社向合作金库借款规定为一次或两次，其间无法根据社员的不同需要分次申请借款，合作金库往往规定合作社借款尚未全部清偿以前不予续借，不问社员需要资金之先后必须一次申请，还款时也是如此。② 放款期限方面，从资金实际需要来说，豆类、玉蜀黍自播种到收获约4个月，高粱和稻子约5个月，棉花六七个月，甘蔗约10个月，一般来说，粮食作物和经济作物的投资，一年内即可以周转一次，但如果是购置耕畜、农具、田地等资金的周转就需要数年了。从合作金库的放款期限来看，多数为一年期。对于以农作物生产为用途的贷款来说，实际使用时间根据作物的不同往往不到一年，但合作金库一般没有提前还款的习惯，不仅造成资金限制，而且增加了农民的利息负担。而对于购置耕牛、田地等借款，一年的期限显然不够资金周转，到期时难免"迫使农民走向高利贷之门，用移东补西的办法，来清偿金库的借款。"③ 从这几个方面可以看到，合作金库在具体放款方法上有许多与农民实际需要不相适应之处，这种供需错位势必对放款的使用效率造成损失。

---

① 叶谦吉：《我国合作金库制度的检讨》，《财政评论》1940年第5期。
② 顾尧章：《当前我国合作金库实务问题之检讨》，《经济汇报》1942年第10期。
③ 叶谦吉：《我国合作金库制度的检讨》，《财政评论》1940年第5期。

第五章 合作金库体系的结构特征

民国时期，合作金库在发展过程中建立起县、省、中央三级合作金库机构，从表面上看似乎形成了一个从地方到中央的金字塔式体系，有学者也认为："20世纪三四十年代，以信用合作社—县（市）合作金库—中央合作金库及省（市）分支库组成的三级合作金融组织体系已经初步形成。"① 如果更加细致的考察各级合作金库之间的关系，我们会发现合作金库体系的内部结构呈现出多元分散的特征，直到1949年国民政府垮台也没有形成一个完整的金字塔式体系。

第一节 多元分散的体系结构

20世纪30年代中期，国民政府决心发展合作金库，除了希望能够进一步加强对农村的贷款支持外，还有一个重要原因就是想通过合作金库建设最终形成一个独立、完整的合作金融体系，以克服当时各种银行向农村合作社放款中存在的各自为政、无序竞争和过度干预等弊端。为此，国民政府在1936年出台的《合作金库规程》中就规划了合作金库体系的蓝图：合作金库体系分为三个层级，即中央合作金库、省及直隶行政院之市合作金库、县市合作金库。对于合作金库体系的构建采取自下而上的方式，即"中央合作金库，由省及直隶行政院之合作金库，暨以全国为范围之合作社联合社认股组织之；省合作金库以县市合作金库及以省为范围之合作社联合社认股组织之；直隶行政院之市合作金库及

---

① 魏本权：《试论近代中国农村合作金融的制度变迁与创新——以合作金库制度为讨论中心》，《浙江社会科学》2009年第6期。

县市合作金库，由各该区域内信用合作社及各种合作社联合社认股组织之"。① 由此可见，政府规划的是一个通过自下而上认股将三个层次合作金库联结起来的金字塔式组织体系。然而理想并不等于现实，在实践中由于各级合作金库的发展是分头进行的，而且合作金库的建设又有众多辅设机关的参与，因此合作金库体系的内部结构远比设想的复杂得多。

抗战前，合作金库建设从一起步就分为两条线索：一是由省政府辅设本省合作金库，二是由农本局辅设县合作金库。当时在这两条线索下建立起来的省、县合作金库之间没有投资关系和业务往来。

抗战时期，省合作金库的建设依然延续由省政府辅设的方式，各省合作金库之间除数量不多的汇兑业务外也没有更多的联系。

对于县合作金库来说，抗战开始到1940年，农本局是最重要的辅设力量，同时省合作金库、合作行政部门、国家银行也陆续参与到辅设中来，县合作金库的建设逐渐形成了多条线索。在这样的格局下，县合作金库与自己的辅设机关之间具有密切的联系，这种联系基于辅设机关提供的资金及其对县合作金库管理的控制。然而，由于不同辅设机关之间各自为政，县合作金库因辅设机关不同而被割裂为不同的部分，即使是在同一省内也是如此（见图5-1）。例如，1940年前后，四川省内参与辅设县库的机关就有农本局、中国农民银行、中国银行、交通银行和四川省合作金库5个；贵州省有农本局、农行、中行、交行4个辅设机关；广西省有农本局、农行、交行和广西省合作金库4个辅设机关。② 这些辅设机构往往是分头在各县辅设合作金库，由于"各辅导机关一切工作与业务措施，迥不相同"③，围绕着不同的辅设机关各县合作金库实际上形成了一个个相对的独立小圈子。其情形正如当时学者所说："各县合作金库之成立，无不有其提倡机关为之支持"，"一省中常有若干提倡机关同时并存，甲机关辅设者与乙机关辅设之库在业务上无联系事实，在系统上亦各自分离"。④

从省、县合作金库之间关系看，只有省合作金库与其辅设的县合作金

---

① 《合作金库规程》（民国二十五年十二月十八日部令公布，民国二十七年二月十三日部令修正公部）引自四联总处农业金融处编印《有关农贷各种法规汇编》，四联总处，1939年，第16—18页。

② 黄肇兴：《中国合作金库发展史之鸟瞰（下）》，《新中华》1943年第11期。

③ 胡任豪：《四年来桂省农贷之检讨》，《建设研究》1941年第2期。

④ 顾尧章：《当前我国合作金库实务问题之检讨》，《经济汇报》1942年第10期。引文中的"提倡机关"即辅设机关。

库通过认股和业务往来形成了较为密切的联系。而省内由其他机关辅设的县合作金库则与省合作金库的联系很少。

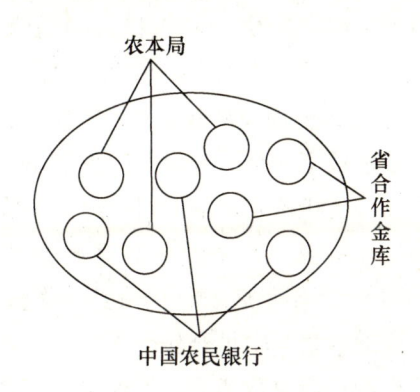

图 5-1 不同辅设机关割裂省内县合作金库示意

注：图中大椭圆形表示一个省的范围，小圆表示各县合作金库。

资料来源：笔者自制。

对上述分析做一下小结，这段时期合作金库体系的内部结构可以概括为如下几个部分：

省政府—省合作金库—省合作金库辅设的县合作金库

农本局—农本局辅设的县合作金库

中国农民银行—中国农民银行辅设的县合作金库

中国银行—中国银行辅设的县合作金库

交通银行—交通银行辅设的县合作金库

合作行政部门—合作行政部门辅设的县合作金库

从上面结构看，当时的合作金库体系所表现出的主要不是合作金库之间的联系，而是辅设机关与合作金库之间的联系，由于当时辅设机关众多且缺乏协调，导致合作金库体系内部呈现出一种多元分散的结构特征。

1942年国民政府完成四行专业化分工后，包括省合作金库金库在内的各辅设机关基本都将其辅设的县合作金库移交中国农民银行辅设。辅设权的集中减少了合作金库体系内部的分散性，但省、县合作金库仍然分属两条线索：

省政府—省合作金库

中国农民银行—县合作金库

1946年，合作金库体系的内部结构又发生了变化。1946年11月，中央合作金库成立，随后即在各重要城市建立分库、支库及办事处，原各省合作金库根据行政院训令，按照《合作金库条例》的要求停办或改组为中央合作金库的分库，独立的省合作金库不再存在。中央合作金库与其分支机构的联系是十分紧密的，一方面分支机构的运营资金主要由总库拨付；另一方面分支机构的主要负责人也多是由总库指派的，如河北省分库工作人员中经理、副经理、襄理及各组组长多数由总库派任。[①] 可以说，总库与各分支库间初步形成了一个总分式的中央合作金库系统。

中央合作金库及其分支机构发展的同时，绝大多数县合作金库依然处于中国农民银行辅设之下。从《中农月刊》登载的报告中国农民银行经营状况的文章中看，到1947年年底农行仍将县合作金库列为自己的分支机关，而且县合作金库的数量与中央合作金库成立前没有明显减少[②]，由此可以说明，县合作金库仍由农行辅设。不仅如此，通过笔者对中央合作金库业务报告的检索[③]，发现中央合作金库及其分支机构与县合作金库之间也没有业务往来的记载，尽管不能据此认为它们不存在业务往来，但至少能够说明它们的业务关系不会密切。因此可以说，中央合作金库建立后，中国的合作金库体系仍然是二元的：

中央合作金库总库—分库、支库

中国农民银行—县合作金库

综上所述，尽管不同时期合作金库体系的内部结构存在一定的差异，但总体来说始终具有多元分散的特征，直到国民政府在大陆的统治结束，一个完整的金字塔式的合作金库体系也没能建立起来。

第二节 导致多元结构的主要原因

一 农村合作社极度薄弱

农村合作社是合作金库的基础，合作社发展水平不仅关系单个合作金库的建设，而且会进一步影响整个合作金库体系的发育。在《合作金库

[①] 民革天津市委金融研究组：《旧中国的合作金库和中央合作金库在天津设置河北省分库概况》，《华北金融》1985年第12期。

[②] 李叔明：《一年来之中国农民银行》，《中农月刊》1948年第4期；《一年来之中国农民银行》，《中农月刊》1946年第4期。

[③] 《中央合作金库业务报告》（1948年上半年），参见中国第二历史档案馆编《中华民国史档案资料汇编》第五辑第三编财政经济（三），江苏古籍出版社2000年版，第5—68页。

规程》中，国民政府设计了一个自下而上逐层发展的金字塔式合作金库体系，但实践却与设想完全不同。之所以产生这样的结果，在很大程度上是因为自下而上的合作金库体系要求有实力雄厚的基层合作社作为支持，但当时中国农村的合作社发展水平是远远达不到的。

农村合作社的薄弱首先表现为资金实力的不足。一方面，合作社中社员认股较少。以西南地区为例，如表5-1所示，1938—1941年，四川、广西、云南、贵州各省合作社每社员平均认购股金最多仅有5.3元。1942年以后，由于政府合作部门积极以行政手段要求合作社增加股金，社员认股数量才有较大幅度的上升。合作社股金的不足，从股金占合作社放款的比例也可以反映出来，以四川和贵州为例，如表5-2所示，1938—1941年，各合作社股金总额占放款总额的比例最高为20%，最低仅有7%；此后，由于合作社股金的增加，其占放款比例才有所上升。但是，股金的增加并非农民的自觉行为，一些地方的合作社股金是由乡镇保长向农民征收的，农民则将征收股金看作一种摊派，称为派"合作捐"。[①] 可见，合作社股金的增加并不是农村合作事业发展和农民入股积极性增强的反映，而是行政手段强制的结果，不仅不会提高农民的积极性，反而增加了农民的反感。

表5-1　　　　　　1938—1944年西南四省合作社
　　　　　　　　　每社员平均认股数额　　　　　单位：法币元

年份	1938	1939	1940	1941	1942	1943	1944
四川	2.5	2.6	2.6	5.2	6.6	16.6	42.4
广西	2.5	2.4	1.5	2.5	7.5	38.6	64.7
云南	2.0	5.3	3.5	5.3	17.2	65.8	33.7
贵州	2.1	2.2	2.6	3.4	8.1	16.8	33.7

资料来源：1938—1939年数字来自中国第二历史档案馆编《中华民国史档案资料汇编》（第五辑第二编财政经济八），江苏古籍出版社1997年版，第118—199页，笔者计算所得；1940—1944年数字来自周天豹、凌承学主编《抗日战争时期西南经济发展概述》，西南师范大学出版社1988年版，第177页。

---

① 郑新华：《关于推行战时合作社的问题种种》，《合作前锋》（战时版）第1卷第5期。

表5-2　　1938—1944年四川、贵州农村合作社股金与放款比较

单位：法币万元、%

	年份	1938	1939	1940	1941	1942	1943	1944
四川	股金数	144	247	322	595	1125	4929	10460
	放款数	726	1692	4017	6949	7692	16197	27227
	股金/放款	20	15	8	9	15	30	38
贵州	股金数	33	54	91	129	488		
	放款数	201	413	907	1908	1408		
	股金/放款	16	13	10	7	35		

资料来源：周天豹、凌承学主编：《抗日战争时期西南经济发展概述》，西南师范大学出版社1988年版，第178页。

另一方面，合作社吸收存款也很少。据合作经济学者黄肇兴估计，1938年国统区内各地合作社吸收存款总额仅占放款总额的2.9%。[①] 另据中国农民银行的调查统计，如表5-3所示，1938—1940年，每个合作社平均存款占放款的比例分别只有1.87%、2.58%和2.62%，合作社平均存款比例最高的县份仍不到10%。

表5-3　　1938—1940年四川省11县97个信用合作社平均存放款统计

单位：法币元、%

地区	调查合作社数	每社平均放款额			每社平均存款额			每社平均存款/放款		
		1938	1939	1940	1938	1939	1940	1938	1939	1940
温江	8	2609.0	2043.5	4755.0	59.0	83.0	169.3	2.26	4.06	3.56
乐山	9	947.2	1451.7	4373.6	53.8	70.3	372.9	5.68	4.84	8.53
绵阳	8	548.8	763.8	3010.8	1.1	5.4	11.8	0.20	0.71	0.39
射洪	8	1162.9	2535.0	2343.8		60.7	16.0		2.39	0.68
南充	14	632.6	1193.8	2312.4	20.9	72.1	20.0	3.30	6.04	0.86
合川	8	223.1	1291.9	1240.6		4.6	1.3		0.36	0.10
内江	9	557.2	1228.1	1856.1	8.0		9.0	1.44		0.48

---

① 黄肇兴：《中国合作金融之发展》，《新中华》1943年第3期。笔者根据黄肇兴提供的数据计算而得。

续表

地区	调查合作社数	每社平均放款额			每社平均存款额			每社平均存款/放款		
		1938	1939	1940	1938	1939	1940	1938	1939	1940
宜宾	9	767.2	1238.7	2848.9	11.9	24.0	41.0	1.55	1.94	1.44
巴县	8	184.4	1077.5	1645.0						
万县	8	454.4	318.1	1760.6						
安县	8	847.0	263.8	2581.9	12.5	25.0	111.9	1.48	9.48	4.33
总平均		811.7	1218.8	2611.7	15.2	31.4	68.5	1.87	2.58	2.62

资料来源：中国农民银行、四川省农村经济调查委员会：《四川省农业金融》（四川农村经济调查报告第四号），中国文化服务社，1941年，第79页。

从上面分析可以看出，合作社的经营资金中来自农村的股金和存款都非常有限，放款所需的资金主要依赖于从外部借入。正如四川农贷视察团在调查报告中所说："合作社资金之来源，不外自筹与借款两种。唯现在各社业务经营，大部仰仗借款。"[1] 此外，四联总处在1942年的农业金融报告中也指出："关于新式合作社之组织，虽在数量上呈普遍展开之现象，但合作社之自集资金，仍微乎其微。无论合作金库或任何种合作社，均尚不能离开银行借款而自存，合作社之与社员，不过为银行资金之转贷机关而已。"[2] 合作社内源资金严重短缺，自身的经营运作还有依赖于银行的贷款，就不可能有多少资金认购合作金库的股金，更没有剩余资金向合作金库存款，这正是合作金库来自合作社的资金极其有限的原因所在。

农村合作社的薄弱还表现为管理质量欠佳。首先，《合作社法》尽管对合作社社员大会、理事会、监事会等做了较为详细的规定，但实际运作却不尽如人意。如四川省农贷视察团在调查中发现，"各社对于规定之社员大会及社务会议等，能按时举行者不多，有开会记录者尤少。有少数社理事会、监事会从未开会者，实际上各社之重要事项，即由理事主席会同司库等决定执行。"[3]

---

[1] 中中交农四行联合办事总处秘书处编：《四联总处四川省农贷视察团报告书》，四联总处1942年，第14页，重庆市档案馆藏，全宗号：0292-1-208。

[2] 中中交农四行联合办事总处秘书处编：《四联总处三十一年度办理农业金融报告》，四联总处，1943年，第4页。

[3] 中中交农四行联合办事总处秘书处印：《四联总处四川省农贷视察团报告书》，1942年，第13页，重庆市档案馆藏，全宗号：0292-1-208。

其次，合作社管理很不规范。由于当时农村知识和教育落后，严重缺乏管理人才，规范的管理方法实际上很难推行，如"会计不能记账"的情况十分普遍，据中国农民银行1940年对四川74个县的调查这种情况"估计占90%以上"。① 合作社职员的内部分工也很不明确，据调查"一般合作社，因业务简单，范围较小，多有公私部分之积习。司库不愿管钱，管时亦常以私款与公款混置一处。职员名以上虽有理事会主席、会计、司库、文书等职，但事实上常集数职于一人。如遇操守不良者，把持操纵，弊端百出矣。"②

最后，合作社往往被当地保甲长、豪绅、土劣把持。据国民参政会川康建设视察团调查，1939年四川、西康等省许多县份的合作社，都有"借重当地保甲，及有力士绅代办，每易舞弊"等事实之记载。③ 成都平原及北川各地合作社中，保甲长占其职员总数的80%，占理事会主席和理事的60%；至于其他各县，"虽大都避免以保长为理事主席，而任之为监事主席，实则职员中苟无其他权力高出于保长之绅士，则保长虽为监事主席，而事实上仍为一社之独裁支配者"。④ 对于合作金库来说，在这种情况下，对合作社的贷款很容易被少数人把持利用或故意舞弊拖延还款以图私利，以四联总处四川农贷视察团报告反映的情况，峨眉、眉山、夹江、温江、壁山、金堂等县的过期未还贷款主要出于此类原因。又如灌县1942年过期贷款数额占24.70%，而过期社数占贷款社数的77.80%，与之相邻的郫县"俗习颇似，但郫县因合作社组织较有基础，历年信用良好，而灌县则反是"。⑤ 由此可见，合作社管理缺陷对合作金库产生的负面影响不容忽视。

上面分析表明，20世纪三四十年代中国农村的合作社无论资金实力还是管理质量都有所欠缺。这种状况无疑会使合作金库体系的建设面对更

---

① 中国农民银行四川省农村经济调查委员会：《四川省农业金融》（四川农村经济调查报告第四号），中国文化服务社，1941年，第96页。
② 中中交农四行联合办事总处秘书处印：《四联总处四川省农贷视察团报告书》，1942年，第13页，重庆市档案馆藏，全宗号0292-1-208。
③ 国民参政会川康建设视察团编：《国民参政会川康建设视察团报告书》，编者刊，1939年，第239、363、367页。
④ 耕漠：《研究大后方农村经济性质的钥匙》，《中国农村》1941年第7期。
⑤ 中中交农四行联合办事总处秘书处印：《四联总处四川省农贷视察团报告书》，1942年，第18页，重庆市档案馆藏，全宗号0292-1-208。

多的困境。县合作金库由于无法得到基层合作社的有力支持，不得不依赖于辅设机关，它们很大程度上异化成了辅设机关的分支机构。在这种状态下，县合作金库没有实力也没有动力自发联合起来建立省合作金库，就更不用说中央合作金库了。即使是已经建立的合作金库，辅设机关对合作金库的控制不仅使各县合作金库处于分割状态，而且也阻碍了省、县合作金库之间的纵向联系。这样一来，自下而上建立合作金库体系的道路就很难走通，结果只能是各级合作金库在多种外力的牵引下分头发展。

二 政策多变且政府资金支持不足

基层合作社的薄弱决定了合作金库体系无法通过民间力量建设起来，政府作为民国时期发展合作金库的主导，为什么也没能建立起金字塔式合作金库体系呢？其原因，一方面是政策游移多变；另一方面是政府没有提供足够的支持，而在实践中这两方面原因常常又是交织在一起的。

最初国民政府希望通过农本局来建设一个完整的合作金库体系。然而，农本局每年从政府得到的拨款只有600万元，银行投资只有成立初期的590多万元[①]，这些资金要分别使用在合作金库、农业仓库和生产贷款等方面。仅就合作金库来说，按照法律规定县合作金库最低资本10万元，由于合作社资金匮乏，农本局辅设时几乎要提供全部股金，再加上对合作金库的贷款，农本局的资金即使全部用于合作金库最多也不过建设50—60个。从实际看，农本局新建县合作金库最多的1938—1940年，平均新设约50个[②]，这一方面说明农本局的辅设工作十分积极努力，另一方面也反映出农本局发展合作金库的能力已达极限。

面对杯水车薪的农本局，国民政府并没有再给农本局以更多支持，而是将银行引入建设合作金库行列。1939年以后，银行的进入，再加上地方政府、省合作金库以及合作行政部门的参与，表明国民政府实际上放弃了最初以农本局建立合作金库体系的政策，转而试图利用更多的力量加速合作金库的发展。问题是每个辅设机关都有自己的利益，它们自然要牢固控制各自辅设的合作金库，这就形成了多个相互独立的小圈子。不仅如此，各辅设机关在组建合作金库时，"交通便利，治安无问题的经济作为区域，为大家所竞争；交通不便的区域，大家裹足不前"，在业务上，

---

① 姚公振：《中国农业金融史》，中国文化服务社，1947年，第228—230页；傅亮、池子华：《国民政府时期农本局与现代农业金融》，《中国农史》2010年第1期。

② 黄肇兴：《中国合作金库发展史之鸟瞰（下）》，《新中华》1943年第11期。

"放款手续遂亦有异,甚至相互竞争,不仅不足以协助合作事业之发展,反足以阻碍其合作之推行"。① 为了避免竞争,平衡各地合作金库发展,1940—1942年四行专业化前,国民政府又实行了分区农贷政策,这一政策更加固化了各地合作金库的多元分散的格局。

分区农贷政策即每个省份由四联总处划分为若干区域,每个农贷机关负责一个区域的贷款。根据分区农贷的要求,各类机关应在各自被划定的农贷区域内辅设合作金库,其初衷尽管是为了避免各辅设机关之间的冲突,却割裂了合作金库之间的联系。如孙耀华所说:"我国农贷,常常在同一省份内割裂许多农贷区,交由金融机关单独负责推行业务,虽然在方针上即法令上,政府有统一的指示,但在办法上人、事作风和进度等诸方面遂易错综复杂","事实上又无一种共同考核标准与管理办法"。② 在这样的背景下,分布于不同农贷区内的合作金库显然难以有机地联系在一起。而且,省合作金库的作用范围也受到了很大的限制,正如张则尧指出的那样:"一省之内的农贷,即使在设有省合作金库的省份,省合作金库也只为数个贷放区域的一个单位。有些省份虽然坚持着省合作金库应该是代表的统一的与农贷各银行联络的合理机构,希望农贷全部通过省合作金库,以求合作金融业务的完整,但这种主张并不为农贷各银行所接受,使农贷与合作金融俱显不利。"③ 可见,在分区农贷政策下,省合作金库也无法将本省县合作金库整合起来的。

1941年年初,农本局被改组,其辅设的合作金库移交中国农民银行。此后,农民银行成为建设合作金库的主力。但在政府内部,一直把持合作事业的陈果夫及其追随者并不赞同由农民银行来承担发展合作金库的责任。陈果夫在1941年12月的国民党五届九中全会上明确提出,合作金融"精神上技术上及组织上均有异于普通银行之经营,不宜由普通银行长期代办",认为"极应创设一完整、统一而专以发展合作事业为目的之金融机关",这个机关就是中央合作金库。④ 陈果夫的意见很快得到国民政府认可,而且1942年5月即开始筹备中央合作金库。

---

① 姚溥荪:《合作金库之本质及其隶属关系》,《合作评论》1941年第9期。
② 孙耀华:《我国农贷事业之检讨与改进》,《中国农村》1942年第7期。
③ 张则尧:《论我国中央合作金库之创设》,《中国合作》1941年第8、9期合刊。
④ 《九中全会拟请切实改善合作金融发展事业以奠定抗战建国之社会经济基础案》,《中央合作金库法规汇编》,1941年,中国第二历史档案馆藏,全宗号:399(5)-650。

决心建立中央合作金库表明，国民政府又形成了以中央合作金库为核心自上而下统一合作金库体系的政策。然而，这个政策实施起来也非一片坦途。中国农民银行从自己的利益出发并不愿意建立中央合作金库。来自农行立场的声音，反映了其消极的态度，"现在增设的中央合作金库，其资金也是政府所拨，然则又何必不将该项资金，拨交中国农民银行，以充实业务，救济该行在农贷资金方面的极度贫血？又何必再将仅有的一点农贷资金和力量加以分散？"① 这种消极态度落实在行动上，一方面是加紧建立农行自己在农村的办事机构，在交通便利、业务发达的地区增设分理处，其原由就是，"至此中央金库正在筹备期中，亟应趁早树立各县机构，籍作将来继承本行业务之准备。"② 另一方面是通过对县合作金库的调整，强化农行控制，如伍玉璋所说："合作金库之辅导机关，面子上以节省开支，置合作金库于支行办事处之下为代办库，而临近之库也亦收罗在代办库之下为兼办库"，"若果究之实际，势在使中央合作金库因阻挠无效而成立时，没有县合作金库做基础，自难立足"。③ 将农行对合作金库的调整看作对中央合作金库的抵制策略，也许是时人的一种揣度，但不管是否直接出于这个目的，从农行立场看，它并不愿意放弃自己控制下的合作金库，也不希望出现新的竞争者，自然也就不会支持中央合作金库的建立。

中央合作金库在筹建中遇到的困难，除农行干扰外，更为严重的是政府应该拨付的开办资金迟迟不到位。这段史实本书在叙述中央合作金库的建立过程时已作说明，这里不再赘述。但政府资金短缺的现实表明，国民政府试图通过中央合作金库统一合作金库体系的条件其实也不具备。中央合作金库成立后的事实也证明了这一点。中央合作金库要统一的合作金库体系，需要取消县合作金库与中国农民银行的辅设关系，改由中央合作金库省分库辅导，并由中央合作金库出资充实县合作金库的股金。完成这项工作的关键仍然是解决资金问题，如果中央合作金库无法拿出充足的资金替换农民银行的股金，旧有的辅设关系就不可能得到改变。但当时的情况正是如此，据时任社会部合作事业管理局局长的王世颖所说，中央合作金库"因为拨款有限，对于已设各库一时无力兼顾，仍由各库照常营业，

---

① 寿进文：《论当前的农贷》，《新中华》1947年第6期。
② 中国农民银行重庆市分行：《农行南充办事处呈文》，1943年，重庆市档案馆藏，全宗号：0289-1-84。
③ 伍玉璋：《抗战以来四川之合作事业》，《四川经济季刊》1943年第1期。

待资金充足再统筹改组辅设"。① 此后，濒临崩溃的国民政府再也无暇也无力支持中央合作金库对县合作金库的统一了。

通过上面分析不难发现，国民政府从发展合作金库之初就希望建立一个独立、完整的体系，这个目标此后也存在，但在实现这一目标的过程中，所采取的具体政策却是几经变化。政策的改变导致合作金库建设的主导力量频繁更替，辅设机关纷繁复杂，由此带来了合作金库体系内部的多元格局。同时我们也看到，农本局和中央合作金库尽管肩负建立统一的合作金库体系的使命，但却没有得到政府充足的资金支持，因此它们没有能力完成重任。政府在合作金库建设中引入银行，很大程度上也是迫于财政力量的不足，虽然初衷是利用银行资金，但同时也树立了更多的利益集团。因此，国民政府财力支持不足也是导致合作金库体系难以统一的重要原因。

第三节 与欧美、日本合作金融体系比较

一 欧美、日本金字塔形的农村合作金融体系

欧美、日本是国际上农村合作金融比较发达的地区，尽管各国农村合作金融具体发展方式有差异，但到20世纪30年代，基本都已经形成了从地方到中央金字塔形的农村合作金融体系。其中德国、法国、美国和日本最具代表性，它们也是当时世界其他国家模仿的样板，因此以这几个国家为例，简要地介绍它们的农村合作金融体系。

德国是农村合作金融的发源地，也是农村合作金融系统建立最早的国家。德国的农村合作金融是从民间自发开始的，起初主要有两大系统，一个是在雷发巽倡导下发展起来的信用合作系统，另一个是由哈斯发起的信用合作系统。雷发巽式农村信用合作社从1862年开始建立，到1871年即成立了具有信用合作联合会性质的莱茵州农业银行，此后又在斯特法仑州等地设立了同样的联合会。到1874年，这些联合会进一步联合起来，组成德国农业一般银行，1876年该行宣告解散。随后，雷发巽又组织了全国性中央农业放款银行，1909年该行改组为德意志雷发巽银行。② 此外，

---

① 王世颖：《一年来之合作事业》，《中农月刊》1947年第4期。
② 张绍言：《合作金融概论》，中华书局1947年版，第22页。

德国还有哈斯式的农村合作金融体系,随着农村信用社的发展,1879 年在哈斯的倡导下即成立了黑森农业信贷合作社联盟,其成员有 30 个;此后又于 1903 年组建德国农业合作社国家联盟。到 1924 年,哈斯的组织体系中已有 28 个州、省合作联盟和 25115 个合作社,其中多数是信贷合作社。[1] 1895 年,德国政府制定《普鲁士中央合作银行法》,并据此设立普鲁士中央合作银行。哈斯式的信用合作组织由于没有中央金融机构,省、州合作社联盟就利用它调剂资金。而雷发巽式的合作银行,也常向普鲁士中央合作银行借款,第二次世界大战期间德意志雷发巽银行宣告清理以后,普鲁士中央合作银行便成为雷、哈二系合作金融组织统一的中央金融机关。[2] 由此德国的农村合作金融形成了从基层信用合作社到地区信用社联合会再到中央合作银行的完整体系。

在法国,农村合作金融体系分为三级。基层为地方农业合作银行,起初只有农民协会及农业保险合作社会员可以入股成为地方合作银行会员,其他人员或组织不能参与。1920 年后,任何个人及合作社都有资格参与地方合作银行。据统计,到 1934 年年底,法国已有地方农业合作银行 6134 家,农民会员 575654 人。[3] 县农业合作银行是法国农村合作金融体系的中层机构,创始于 1899 年,到 1933 年全法国共有 98 家。[4] 县合作银行由各县地方合作银行联合组织而成,其股份最少 2/3 必须从地方合作银行募集而来,而且经营对象也主要是农村信用社及生产、贩卖合作社。法国农村合作金融体系的中央机构为国立农业合作银行,它是由政府出资创办的。尽管如此,在该行的最高权力机构——总委员会的 31 名委员中,仍有 12 名来自县农业合作银行;7 名理事会中至少 2 人为县合作银行代表[5];而且该行业务也以县合作银行为主。因此,国立农业合作银行与县合作银行也具有十分密切的关联。

美国的农村合作银行体系是由政府根据 1933 年修正的《农业信用法案》建立起来的。这个体系由 1 个设在华盛顿的中央合作银行、12 个区域合作银行和各区域内合作社组成。中央合作银行及各区域合作银行的资

---

[1] 杜吟棠:《合作社:农业中的现代企业制度》,江西人民出版社 2002 年版,第 197 页。
[2] 张绍言:《合作金融概论》,中华书局 1947 年版,第 24 页。
[3] 陈君鹏:《法国及其殖民地的农业合作》,《农村合作》1937 年第 7 期。
[4] 王志莘主编:《农业金融制度论》,商务印书馆 1935 年版,第 95 页。
[5] [日] 本位田祥男:《欧洲各国农村合作制度》,中国合作学社,1935 年,第 319 页。

本是由政府和借款机构认股组成，其中借款机构所认股份应达到其借款额的5%。中央合作金融的经营对象有三类：一是各区域合作银行；二是需要50万美元以上贷款的华盛顿本地合作社；三是在全国范围内经营的购买合作社。区域合作银行贷款对象主要是区域内的合作社。[①] 由此可见，美国各级合作银行通过资本和业务形成了一个联系紧密的整体。

到20世纪二三十年代，日本也建立起三个层级的合作金融体系。这个体系在基层为市、町、村信用合作社，中层为府县信用合作社联合会，上层为中央合作金库。信用合作社是日本合作金融体系的基础，据1928年的统计，日本全国经营信用业务的合作社共有12349个，在各类合作社中占绝对多数。信用合作社联合会是由信用合作社、产业合作社及产业合作社联合会出资组成的中级合作金融组织。根据1908年第二次修正的《产业组合法》，凡有2个以上的单位合作社或合作社联合会均可组织联合会。市、町、村信用合作社为了资金融通的需要，组织信用合作社联合会的积极性很高，到1928年，日本国内已有信用社联合会67个。[②] 中央合作金库是日本合作金融体系中最高层次的机构，它是效仿德国的普鲁士中央合作银行于1923年建立的，其组成分子和经营对象主要是农村合作社及其联合会。

总体来说，德国、法国、美国、日本几个国家的农村合作金融体系可以概括为：

农村合作社—区域性合作银行（或信用社联合会）—中央合作银行（或中央合作金库）

这个体系具有从地方到中央完整统一的金字塔式结构，与中国合作金库体系的多元分散结构明显不同。由此，也反映了合作金库制度进入中国后的变异。之所以产生变异，主要原因是中国的合作金库与上述几国合作银行面对的发展条件不同。

首先，德国、法国、美国、日本几个国家的农村合作社实力较强，能够一定程度支撑区域合作银行或信用社联合会的发展。德国、法国和日本的区域性合作金融组织基本上都是由本地区的农村合作社出资联合组建的。美国的区域合作银行尽管是政府创建的，但规定农村合作社借款时应认借款额的5%认购合作银行的股份，这样一来，随着合作社认股的增

---

① 侯哲荞：《合作金融论》，中国合作学社，1936年，第110—111页。
② 王志莘主编：《农业金融制度论》，商务印书馆1935年版，第143—144页。

加，到1955年美国的合作银行全部归属农村合作社所有了。[①]

其次，政府的有力支持在建立全国性农村合作金融体系的过程中也具有十分重要的作用。法国和美国的中央合作银行完全由政府出资建立；德国的中央合作银行在1930年统计时资本总额中85%来自政府[②]；日本的中央合作金库成立时资本共计3070万日元，其中1500万日元由政府出资，政府的资金支持占到了资本总额的近一半。[③] 此外，一些国家的政府还通过贷款或授予发行债券的权利为合作银行提供了大量运营资金，例如，据1940年的数据，美国政府向中央及区域合作银行供给资金总额达1.25亿美元[④]；法国政府到1924年年末借给合作金融机构的资金共达59200万法郎[⑤]；日本政府授予中央合作金库发行债券的权利，到1931年债券发行额已达4141.9万日元。[⑥] 可以说，政府的充分支持极大地增强了中央合作金融机构的实力，使其有能力提供各地合作银行所需的金融服务，为建立全国统一的农村合作金融体系奠定了基础。

通过上面的分析不难看到，农村基层合作社的有力支撑与政府的充分支持是建立完整统一的农村合作金融体系不可或缺的两块基石。正如本章第二节展现的，合作金库在中国的发展过程中这两块基石都不够坚实，由此看来，中国的合作金库组织始终没能建成完整统一的体系也就不难理解了。

二 在比较中看中国多元式合作金库体系的作用与局限

正如上文所述，德国、法国、美国、日本等国的农村合作金融组织在发展中都逐步建立了完整统一的金字塔式体系。从实践看，这种体系模式在促进上述各国的农村经济发展中发挥了十分积极的作用。其优势一方面在于完整统一的体系使得合作金融组织可以在全国范围内实现金融资源的配置与调节，打破了地域限制给金融发展带来的约束，有助于提高合作金融组织的资金运作效率，更好地满足农村的资金融通需求。另一方面上述各国农村合作金融体系是以自下而上的联合为主，即使有政府参与也十分

[①] 焦瑾璞等：《农村金融体制和政府扶持政策国际比较》，中国财政经济出版社2007年版，第45页。
[②] 陈颖光、李锡勋：《合作金融》，正中书局1946年版，第64—65页。
[③] 杨智：《日本合作制度论》，正中书局1941年版，第206页。
[④] 郑菊秋编著：《美国之农业金融》，正中书局1943年版，第135页。
[⑤] 王志莘、吴敬敷编著：《农业金融经营论》，商务印书馆1936年版，第342页。
[⑥] 侯哲荞：《合作金融论》，中国合作学社，1936年，第109页。

重视基层合作组织的利益，因此，在体系建设中不仅很好地保持了合作金融自愿、自主、平等、民主等特性，而且避免了农民和基层合作组织的利益被商业金融资本所侵害。

中国的合作金库相当于德国、法国、美国、日本几个国家的信用合作社联合会、合作银行或合作金库。不同的是，中国的合作金库始终没有形成一个完整统一的金字塔体系，而是呈现一种多元分散的状态。之所以如此，则与中国当时的历史条件密切相关。正如前文分析的那样，德国、法国、美国、日本几个国家能够建立起完整统一合作金融体系，一方面得益于能够从农村内部得到金融资源，基层合作组织的实力较强；另一方面则是政府有实力提供必要的扶助。从这几个国家农村合作金融体系的构建过程来看，上述两个条件是缺一不可的，但在中国这两个条件却没有一个能达到。因此可以说，中国合作金库的多元分散性也是一种面对现实的无奈。在艰苦的抗战环境中，向农村输入资金，促进农业生产的发展以此支撑抗战，是国民政府建立合作金库最为现实也是最为迫切的目的。如果从这个目的出发，多元化的合作金库体系无疑补充了政府财政力量的不足，尽可能调动了更多的金融资源，加快了各地合作金库的发展速度，极大地扩展了资金来源渠道。这些都表明，在当时的历史条件下，多元分散的合作金库体系发挥了难以替代的积极作用。

当然，这种多元分散的体系结构也给合作金库运作和发展带来不少局限。首先，限制了合作金库调剂农村金融的功能。在多元分散的格局下，合作金库主要与自己的辅设机关保持垂直联系，不同机关辅设下的合作金库无法实现资金余缺的调剂，甚至连通汇都很困难。其次，各地的县合作金库形成一个个以辅设机关为中心的小圈子，由于辅设机关五花八门，它们各自的性质不一，辅导的态度也有差异，导致各地合作金库各自为政，无法进一步联合起来组成更高级的组织，阻碍了合作金库的发展。最后，大量的合作金库被银行控制，使其成为银行的变相办事处，银行从资金安全和盈利出发，"贷款数量务求其小，期限务求其短，放款对象务求其为有产者"[①]，由此导致合作金库的经营趋向于商业金融，不仅偏离了合作金融的轨道，而且也难以充分满足农民的实际需要。

---

① 陈颖光：《合作金库业务改进刍议》，《金融知识》1942年第4期。

第六章 外部环境与合作金库的发展

合作金库不是孤立的微观经济组织,从整体看,它嵌入于所处时代的政治、经济和社会环境之中,其发展必然受一系列外部环境影响。因此,本章将从政府行为方式、农村经济发展水平和农村社会环境几个方面,分析它们对合作金库发展所产生的影响,从而探寻制约合作金库发展的外部原因。

第一节 政府行为方式

民国时期,合作金库是在国民政府推动下发展起来的。前面几章已经对政府的具体措施进行了论述,这一节将着眼于宏观层面,讨论政府控制国民经济及合作运动的行为对于合作金库发展具有怎样的影响。

一 政府对经济的控制

合作金库在中国的产生和发展主要处于国民政府实行统制经济的政策环境之中。统制经济是政府通过扩大国有企业比重和对金融、物资、价格、贸易、交通等方面的强力管制,直接干预或控制国民经济的各个部门和生产、流通、分配、消费的各个环节。统制经济政策的核心是政府对经济的全面控制。

国民政府实行统制经济的意向抗战前就已经显露出来。1929—1933年经济大危机使西方国家经济管理方式发生了巨大的改变,为了尽快走出危机的泥潭,西方主要资本主要国家纷纷放弃自由放任的经济政策,开始干预经济。而苏联通过计划经济在很短的时间内一跃成为仅次于美国的世界第二大工业国,也促进了国家干预经济政策在世界范围内的流行。统制经济思潮在20世纪30年代初期传入中国,由于它与国民政府希望控制国民经济的意图相一致,很快得到官方的认可。1933年以后,国民党中央和国民政府开始逐渐推行统制经济政策。在实业部制定的1933—1936年《实业四年计划》中，确定在政府通盘筹划下，将粮食、棉花、煤炭等重要物资统制起来。① 1934年，资源委员会制订了"食品及重要农产原料、矿产品、工业、贸易、交通、财政金融、人员七大类数十项临时统制动员计划"。② 1935年10月，蒋介石又提出："一切人、财、物力，都要在中央政府整个国策与全盘计划之下，严密地统制起来。"③

抗战开始后，为了适应战争需要，国民政府全面实行统制经济。1937年8月，财政部发布《非常时期安定金融办法》；1937年12月，国民政府公布《战时农矿工商管理条例》，次年11月经修正定为《非常时期农矿工商管理条例》，对涉及生产、生活的重要企业及物资进行统制；1939年2月，经济部颁布《非常时期评定物价及取缔投机操纵办法》，同年12月又出台《日用必需品平价购销办法》，通过这两个法令，国民政府实施了物价管制。1939年到1941年，相继出台了数十个法令，对农业、工矿、商业、金融、物资、物价等国民经济重要部门进行统制。太平洋战争爆发后，国民党通过《加强国家总动员实施纲要》，并于1942年3月颁布《国家总动员法》，对整个国家实施战时全面统制。④

为了保证统制经济政策的落实，国民政府对许多经济行政机构都做了调整，尤其是在金融方面。为了协调国家金融力量，应付战争突发事件，安定金融经济，于1937年8月建立了中央、中国、交通、中国农民四银行联合办事总处，简称四联总处。1939年9月，四联总处改组，其权力进一步扩大。改组后的四联总处不仅是四行间进行联络和协调的办事机构，更是监督、指导、考核四行的领导机构，由此国民政府更加牢固地控制了国统区的主要金融资源。此外，四联总处在制定金融经济政策、对敌经济作战、货币发行、核放贷款、扩充金融网、管制物价等方面都具有举足轻重的作用，实际上已成为国民政府统制全国金融的最高权力机关。

国民政府实行统制经济政策对合作金库发展具有正反两方面影响。

---

① 陆仰渊、方庆秋主编：《民国社会经济史》，中国经济出版社1991年版，第219页。
② 郑友揆：《旧中国的资源委员会：史实与评价》，上海社会科学院出版社1991年版，第21页。
③ 张忠民、朱婷：《抗战时期国民政府的统制经济政策与国家资本企业》，《社会科学》2007年第4期。
④ 陆仰渊、方庆秋主编：《民国社会经济史》，中国经济出版社1991年版，第529页。

就积极影响来说，一方面，在统制经济政策下，合作事业被作为推行统制经济的工具之一，合作金库作为合作事业的重要组成部分，也得到了行政力量的积极推动，无论是农本局、各国家银行还是各级合作行政机关，都将辅设合作金库作为重要的工作任务加以推行，纷纷派人到各地筹组合作金库。另一方面，统制经济的实施使国民政府控制了大量金融资源，政府除直接拨款外，还可以通过其控制的国家银行进行投资和贷款，为合作金库提供了经营所需资金。可以说，在农村经济十分困难，农村合作社资金严重短缺的条件下，合作金库如果单靠民间力量很难发展，正是在统制经济的特定历史条件下，有了政府和国家银行在组织建设和资金供给上的支持，合作金库才得以在很短时间内建立起来。

当然，在统制经济的环境下，政府习惯于对微观经济主体活动进行直接干预，由此也给合作金库发展带来了一些消极影响。

四联总处横加干涉广西省合作金库的筹建就是一个典型事例。抗战开始后，国民政府推行扩大农贷政策，广西作为抗战大后方的重要省份，农贷工作也积极开展起来。1940年年初，广西省政府"鉴于各金融机关在本省推行合作贷款，各机关的立场各有不同，做法与见解，也各有所异，所以在贷款放的办法上合步骤上，都未见一致，致使合作事业的推进，受到很大的影响，因此便筹谋创立一个全省性的金融机构，负责统筹全省的合作贷款，以资划一"。[①] 此后，省政府决定联合省内各农贷机构建立广西省合作金库统一办理全省农贷。

广西省合作金库筹备之初，工作十分顺利，中国农民银行首先与广西省政府签订合办省合作金库合约，确定省合库资本金为1000万元，由农行认股500万元，余款由广西省银行及县合作金库与各金融机关认足。1940年5月，省合作金库借农行旧址成立筹备处，开始办公，除积极推行各项筹备工作外，并提前办理各县农贷业务。到6—7月，农本局、交通银行也有意向省合作金库投资，到8月，省合作金库已将广西省内主要农贷金融机关联合起来，并准备在8月16日召开成立大会。

不料此时形势突然发生了变化，四联总处通令《各行局一律不认购省合作库提倡股》，在这种情况下，不仅农本局、中国银行、交通银行不

---

① 魏竞初：《创业的艰难——魏处长兼理事于本库成立周年纪念大会训词》，《广西合库通讯》1941年第15、16期合刊。

再投资，而且首先与省政府签约的中国农民银行也声明解约。这样，省合作金库来自国家行局的资本金全部没有了，原定8月16日的成立大会也不得不推迟。经过这次变故，广西省政府仍然坚持建立省合作金库，由广西省政府和广西省银行各出资150万元，终于在1940年11月11日宣布广西省合作金库正式成立。然而，由于四联总处不允许国家行局入股，广西省合作金库虽然建立了起来，但其资金实力受到了极大的削弱，根本没有力量将全省的县合作金库统一起来。实际上，省合作金库成立后，只是在部分县份辅设了县合作金库，由各个国家行局辅设的县合作金库仍保持着原来的辅设关系，并未改变县合作金库各有所属、支离破碎的状态。

除此之外，在统制经济环境下，有些政府官员滥用监督权，以行政命令干涉合作金库业务。如1940年，西康省雅安县合作金库就接到雅安县政府的训令："朱家坝、三益村、天堰坎三信社先后请求展期还款前来，查各社请求原因尚属实情，准予各展期二月，除分别指令外，合行令仰该金库即便知照，此令。"① 对于是否核准合作社展期还款，纯属合作金库的事务，并非政府监督权所应涉足。对于政府的监督范围，国民政府经济部早有指示："合作金库之组织，系准用合作社联合社之规定，经呈准登记后，依法即取得法认资格，不在县政府附属机关之列，故举凡有关业务之经营及库务之处理，如无违反法令情事，县政府应重视其自主自动之精神。"② 县政府以行政命令"饬库照办"，显然是对金库业务横加干涉。更为甚者，在四川省各县政府还有训令合作金库承做合作金库业务范围以外的贷款；或对合作金库核减之合作社借款案件，训令金库应照原申请数额贷放等情况；或有些县政府竟以行政长官的名义，私人下条子向合作金库借款。③ 此外，通过"行文程式"的要求，也可以反映出有些县政府认为合作金库是其下属机关，可以由其命令指示。如康定县政府呈请核示县府对县合作金库"行文程式"一案中就提出："县合作金库对县主管机管有所请示一律用'呈'，并有理事会主席出名，县政府对县合作金库有所批

---

① 《农业金融设计委员会第九次会议议事日程》，1943年，重庆市档案馆藏，全宗号：0116-1-52。

② 同上。

③ 顾尧章：《合作金库与合作主管机关之纠纷及其调整》，《中国合作》1942年第10、11、12期合刊。

答或指示亦应分别适用批、令。"① 凡此种种，无疑是地方政府超越其应有的监督范围，对合作金库自主经营权的干扰和侵害。

政府部门对合作金库的行政干预表面是官员滥用权力，但其背后还有更为深刻的症结。一是各地合作社是政府以行政方式发展起来的，是地方政府政绩的重要方面，这就把政府和合作社牢牢牵连起来。多数合作社不够健全，它们多是以借款为目的建立的。由于政府并不承担资金风险，为了促进合作社表面的发展，政府就有动力满足合作社的贷款需要，甚至不惜使用行政命令强加干涉。二是在统制经济环境下政府更多注重监督和控制，而对合作金库的自主经营权并没有明确而切实的保护。合作金库作为独立的法人机构，有关法规没有对其自主权力不得侵害和对侵害者加以惩罚的规定，对于行政机关监督权力的界定也不明确，这就给权力滥用留下了可乘之机。三是南京国民政府成立后一直积极介入合作事业，认为合作事业应牢固控制在政府手中，特别是抗战以来的统制经济环境下，各级政府以行政命令调集经济资源的习惯逐渐形成，对合作金库的干涉也是政府普遍干预经济的一个表现。

总之，在统制经济大背景下，国民政府对经济领域实行全面控制，这为调集资源推动合作金库的建设创造了条件，其积极作用不可否认；但是，政府的任意干预无疑也给合作金库的健康发展带来了干扰，这一点是值得反思的教训。

二　合作运动的行政化

20 世纪三四十年代，国民政府十分重视合作事业发展，并将其作为一项发展农村经济、稳定农村社会的政策加以推行。在这样背景下，合作运动的行政化色彩日益浓厚，政府对农村合作社的控制不断加强，这些对合作金库的发展也产生了不少的影响。

从 20 世纪 30 年代中期开始，国民政府逐渐强化对合作运动的行政控制。在行政管理制度方面，国民政府于 1935 年颁布的《合作社法实施细则》中对合作组织主管机关做了规定，合作组织的"主管机关在县为县政府，在市为市政府，在隶属行政院之市为社会局"。② 由于《合作金库

---

① 《农业金融设计委员会第九次会议议事日程》，1943 年，重庆市档案馆藏，全宗号：0116－1－52。

② 《合作社法实施细则》（民国二十四年八月十九日部令公布，同年九月一日施行）引自四联总处农业金融处编印《有关农贷各种法规汇编》，四联总处，1939 年，第 12 页。

规程》规定合作金库"准用合作社法合作社联合社之规定组织之"①，因此，《合作社法实施细则》中对合作组织主管机关的规定也适用于合作金库。根据《合作金库规程》，政府合作主管机关对合作金库具有监督权，但对于合作主管机关与合作金库间的具体权责《合作金库规程》中只是提到一些事项需要报主管机关核准或备案，如合作金库订立的章则、业务计划书、年度财产目录、资产负债表、业务报告书、盈余分配案等。

在合作行政机构设置方面，1935 年 11 月，实业部成立合作司，中央合作行政机关由此建立。此后，各省相继成立合作事业委员会，各县政府陆续设立合作指导室。1939 年 5 月，经济部设立合作事业管理局。1940年，合作事业管理局改隶于社会部，各省一律设立合作事业管理处，隶属于建设厅；各县政府均设合作指导室，隶属于建设科，这样，在全国就形成了较为完整的合作行政体系。在职能方面，合作行政机构主要负责合作事业发展计划的制订和执行、合作组织的登记和指导、合作金融的规划及监督、合作教育的实施、合作事业的调查及合作行政人员考核等。②

在这样的合作行政制度下，合作金库的创建及业务开展都离不开合作行政部门配合。对于省级合作金库来说，各省几乎都是在省政府支持下由省合作事业委员会具体筹备建立的。县合作金库筹建中同样需要县政府和县合作指导室的支持。例如农本局准备在贵州镇远县筹设合作金库时，当地合作社十分有限，为此先由县合作指导室推进合作社的建立，待一年后合作社有了初步发展，合作金库才成立。与此类似，农本局在广西西隆县、贵州鳛水县、四川古蔺县、四川珙县等地辅设合作金库的过程中都是先会同合作指导室发展合作社，有了一定的组织基础后再建立合作金库。③ 在县合作金库放款过程中，也需要合作指导室的协助，一般来说对于合作社的贷款请求，先经过合作指导人员审核，然后再将该合作社的请求贷款书表转呈合作金库，由合作金库职员再次核查决定是否放款；此外，在调查、监放、催收还款等工作中合作金库人员与合作指导员也需相

---

① 《合作金库规程》（民国二十五年十二月十八日部令公布，民国二十七年二月十三日部令修正公布）引自四联总处农业金融处编印《有关农贷各种法规汇编》，四联总处，1939 年，第 16 页。
② 张德粹：《我国政府与农业合作》，《中农月刊》1943 年第 2 期。
③ 《贵州省镇远县合作金库成立简史》、《西隆县合作金库概况报告》、《鳛水县合作金库简史》、《古蔺县合作金库概况》、《四川省珙县合作金库成立简史及业务概况》，1941 年，南开大学图书馆藏。

第六章　外部环境与合作金库的发展　·153·

互配合。

然而，在实践中合作金库与合作行政机构之间时有冲突。最容易产生矛盾之处是在办理合作社放款过程中。从合作指导员角度他们往往感到不满，"金库不但不能多方去替合作社谋便利，反而摆起银行家的架子在放款手续上其烦琐程度既使社员痛感不便，在办公时间上又常常给农民一些不必要的损失。……至于贷款数额更是漫无标准，我们认为应当多贷的，他却故意少贷，我们以为可以少贷的，他们反贷放的多。……我们组了社，金库不贷款，我们拟定了贷款额，金库不照办，在工作上大受掣肘，合作事业无法开展。"① 而合作金库方面也时常指责合作指导员，认为他们对合作社没有做到应尽的指导、监督职责，为了扩大合作社数量吸引社员入社或是为了得到合作社对其工作的支持，在审核合作社贷款申请时不顾原则，经其审核通过的大量放款要求没有安全保证等。在不少地方，因为放款问题合作行政机构与合作金库站在各自立场上争执不下，互不相让，甚至发生冲突。从当时各种资料透露出的信息看，尽管没有确切统计，合作行政机关与合作金库间的不协调或摩擦还是比较普遍的。

合作金库人员与合作指导员能否相互配合，对于合作金库的经营有很大影响。例如，在四川射洪，县合作指导员与合作金库业务员配合得较好，"各该社员社不问已未放款，每社至少均以派员调查一次，放款各社每放款一次，必视各社情形至少前往调查监放或复查一次，如合作指导员有便时亦间有委托其代办者"。由于合作指导室与合作金库相互配合，工作得力，所以弊病较少。该合作金库有社员社341个，放款社218个，放款过期未还者很少，只有3社而且尚不满1个月。② 而在遂宁县却相反，合作指导室人员与合作金库少有来往，相互推诿责任，摩擦时有发生。在这种情况影响下，合作金库放款社数只有71个，仅占社员社总数343个的1/5，大多数合作金库得不到贷款，同时贷款过期未还的合作社达放款社总数的57%，未还金额占39%。③

合作金库与合作行政机关产生冲突的直接原因是多方面的。有的是因为某一方的意见确实不合理，而又执意不予改正；有的是因为工作怠慢相互推诿责任或是侵犯对方职权；有的是因为双方态度不善，当面指责妄加

---

① 《合作指导员与金库经理及县长之关系》，《合作评论》1941年第2期。
② 《射洪县合作金库辅导总报告》，1942年，重庆市档案馆藏，全宗号：0289-1-65。
③ 《遂宁县合作金库辅导总报告》，1942年，重庆市档案馆藏，全宗号：0289-1-65。

批评，而无法容忍；有的是因为待遇相差悬殊而带来的不平衡，如合作金库人员待遇与国家银行行员相同，月收入一千五百元左右，其他人员亦在千元左右，而县合作指导员每月收入最多二百余元，最少仅百余元。①

　　除上述直接原因外，造成冲突的深层原因是合作行政机构与合作金库的利益驱动机制不一致。政府合作行政部门，主要任务是下乡实地指导各合作社的组建和社务、业务等。合作指导人员为求组社成绩，往往大力帮助合作社借款，对于合作社向金库贷款的请求，只要申请书表齐全，指导员一般就转呈合作金库建议放款。而合作金库业务实际上需仰仗金融机构的支持，要以金融运营的风险控制要求为圭臬，为了保障放款安全，对合作社的贷款请求，核准要求相对苛刻。这样一来，"金库对不健全之社，拒绝放款，指导人员不免引为对合作社丧失信仰之虑，因之纠纷迭起，争执时闻。"② 从上述分析不难看出合作行政和合作金库的利益目标和承担的风险约束不同。合作行政追求合作社迅速发展的政绩，草率组建的合作社多以"合借"为目的，有的指导员更直接拿贷款来诱使农民入社，甚至坦言："必以贷款生产以先引起一般（民众）兴趣后，再做进一步之要求"③，但是保证放款安全并不对其构成约束，这就激励指导员满足合作社的要求而不考虑放款质量。而合作金库作为金融机构，在贷款上要受保证资金安全性和经济效益约束，不能一味迁就不健全合作社的贷款要求。合作行政机关与合作金库在激励和约束上的不一致，必然造成在贷款问题上的分歧。而这种分歧的根源则是政府在合作行政制度的设计上没有充分考虑行政目标与金融运行规律的相容性问题。

　　国民政府对于农村基层合作社的建设也充满了浓重的行政色彩，而且在抗战时期不断增强。

　　抗战开始后，国民政府为了加紧建设农村合作社，1938年8月由经济部拟定了《合作事业奖励规则》，主旨在于根据合作社每年活动情况分

---

① 顾尧章：《合作金库与合作主管机关之纠纷及其调整》，《中国合作》1942年第10—12期合刊。
② 合作指导室：《农村合作社代电》，三台县档案馆藏，全宗号民10-13-210，转引自汪辉秀《二十世纪三四十年代四川省三台县合作社研究》，硕士学位论文，四川师范大学，2006年。
③ 合作指导室：《农村合作社借款申请书》，三台县档案馆藏，全宗号民10-13-591，转引自汪辉秀《二十世纪三四十年代四川省三台县合作社研究》，硕士学位论文，四川师范大学，2006年。

别给予奖励；测考进展趋向以作改进准绳；同时对合作事业应兴应革之事宜"均有适当规定"。①1940年，国民政府又拟定了《发展各省市合作事业五年计划》，积极推动合作社在各地农村的大规模发展。在国民政府积极政策推动下，1937—1940年全国合作社数量逐年增加，3年间社数由46983社增加为133542社，增加了近两倍尤其是在大后方，1937—1940年，四川省各类合作社从1332社发展到24146社，短短4年间增长了17倍多；贵州省合作社由35社发展到1940年的9593社，增长了273倍；广西省从仅有20社迅速增加到16334社。②

合作金库的基础是农村合作社，两者发展进程具有很强相关性，以四川、贵州、广西、湖南为例，从表6-1中可见明显看出，1937—1940年合作社数量的增加与县合作金库的迅速发展具有相同的趋势。可以说，合作社在政府的推动下大量增加，为合作金库的高速发展准备了一定的条件。

表6-1   1937—1940年部分省份合作社与县合作金库数量   单位：个

年份	四川 合作社	四川 县合库	贵州 合作社	贵州 县合库	广西 合作社	广西 县合库	湖南 合作社	湖南 县合库
1937	2374	5	1487	—	20	—	3674	6
1938	8236	62	4338	16	507	17	6111	11
1939	14960	77	7074	39	4671	33	7078	25
1940	24146	113	9593	59	16334	46	14947	27

资料来源：合作社统计参见赵泉民《政府·合作社·乡村社会——国民政府农村合作运动研究》，上海社会科学院出版社2007年版，第190—198页；县合作金库统计参见姚公振《中国农业金融史》，中国文化服务社1947年版，第277页。

1940年以后，国民政府对原有合作社政策进行了调整，这次调整主要是为了配合新县制的实施。为了进一步控制乡村社会，1939年9月，国民政府颁布《县各级组织纲要》及实施原则，推行所谓"新县制"。合作社在新县制中具有重要位置，《县各级组织纲要实施原则》明确提出：

---

① 张肖梅主编：《中外经济年报》，中国国民经济研究所刊行，1939年，第8—9页。
② 赵泉民：《政府·合作社·乡村社会——国民政府农村合作运动研究》，上海社会科学院出版社2007年版，第156、165页。

每保、每乡（镇）要设立合作社，每县应设合作社联合社。1940年5月，蒋介石指示："在新县制之乡镇内，自应有合作组织，以期辅助人民经济之改善。至保之一级虽不必采取强制，但无论如何应视为乡镇事业之一种重要工作，积极提倡，促进各保组织，做到每户有一人参加为原则。"①同年8月，秉承蒋介石指示，行政院公布了《县各级合作社组织大纲》，将县各级合作社作为"发展国民经济之基本结构"，指出：各级合作社应与其他地方自治工作"密切配合"，组织之推进先以乡镇为中心，设立每乡镇合作社，并"逐渐普及各保合作社，以达到每保一社，每户一社员"，又规定非因与其他合作社合并、破产、解散之命令不得解散。②上述规定使合作社的组社与入社具有强迫性；解散和出社也要以政府的命令为前提。可见，在新县制下合作社是国民政府强制实施的产物，它们与地方的甲、保、乡镇、县各级行政机构关联在一起，使"合作制度在地方行政中所取得重要地位"。③

在新县制下，政府对合作社的行政化改造，使得原本作为弱者保护自身利益的合作经济制度异化成为"政府及国民党推行社会政策的一种工具"。④根据《县各级合作社组织大纲》的规定，农民失去了自由进出合作社的权力，正如当时学者所说："即入社含有强迫性质，出社亦绝对不能自由"。⑤新县制将合作社纳入基础政治保甲体系之中，结果是合作社被地方保甲长所控制，如学者陈仲明在主持合作供销事务中发现，合作组织尤其是乡、镇、保合作社，大多是乡、镇、保长兼任理事主席。⑥这样一来，新县制下的合作社不再具有入社自愿退社自由、自主经营、民主管理等合作经济组织最基本的特性了。合作社是合作金库的组织基础，在合作社被行政化的环境中，合作社失去了合作经济的性质，合作金库也就更加难以按照合作经济的轨迹发展了。

三 与欧美、日本政府行为的比较

从国际范围看，在农村合作金融的发展中，政府与合作组织的关系经历了一个演变过程。20世纪90年代之前，多数国家的政府对农村合

---

① 李宗黄：《新县制之理论与实践》，中华书局1943年版，第116页。
② 《县各级合作社组织大纲》，《中农月刊》1941年第2期。
③ 李宗黄：《新县制与合作》，《中国合作》1941年第11、12期合刊。
④ 朱斯煌：《民国经济史》，银行周报社1948年版，第349页。
⑤ 顾尧章：《新县制下合作金库规程之商榷》，《中农月刊》1941年第6期。
⑥ 陈仲明：《合作经济学》，中国合作经济研究社，1947年，第159页。

作金融采取自由放任的态度。从19世纪末开始，各国政府与农村合作金融组织的关系日益密切起来。尽管如此，欧美、日本等国政府主要是通过立法、监督、财政支持、税收优惠等方式促进农村合作金融的发展，合作金融组织仍然具有很强的独立性，并没有使其走向国家化或官办化。

欧美、日本等国政府参与农村合作金融发展方式有：

第一，为农村合作金融提供法律保障。在德国，1867年制定的合作社法中就包括了有关合作金融方面的条款；为了建立统一的合作金融体系，于1895年专门制定了《普鲁士中央合作银行法》，为建立普鲁士中央合作银行提供了法律依据。在法国，1894年政府颁布《地方农业信用合作银行法》，正式认可各乡村组织地方农业信用合作银行；1899年，又制定《县农业信用合作法》，推动各县设立县农业信用合作银行；1920年，制定《农业相互信用法》，统一全国农业信用合作制度。在美国，1916年颁布《联邦农业贷款法》，1923年又出台了《农业信用条例》，这些法规直接推动了美国各类农村合作金融机构的建立。日本于1900年颁布《产业组合法》，促进各类合作组织发展，并于1923年制定《中央合作金库法》，设立中央合作金库。[①] 这些法规不仅确立了农村合作金融组织的法律地位，而且对其组建条件、组织管理、业务范围等做了规定，为农村合作金融的规范发展提供了制度准则。

第二，政府对合作金融机构进行监管。一般来说，各国政府对农村合作金融机构监管主要包括三个方面：一是在农村合作金融机构着手组织时，按照法律规定进行审查，对符合条件者给予登记注册。二是规范其经营行为。如存款业务，政府要监督其是否依法提取准备金。对于放款业务，其种类、手续、数额、期限、利率、偿还方法等，一般均有法规详加规定，而政府主管机关则负责监督其实行，政府每年或每半年派员检查，如有违反规定之处，即须随时加以指导。三是检查其经营状况。农村合作金融机构的经营状况，在各国大多须按时向政府主管机关呈交报告，并受其检查。如普鲁士中央合作银行每年须将预算表送呈普邦议会核准，其账目亦由政府检查之。美国的中央合作银行、各地合作银行，皆要受农业金

[①] 王志莘、吴敬敷编著：《农业金融经营论》，商务印书馆1936年版，第326—327页；何广文：《合作金融发展模式及运行机制研究》，中国金融出版社2001年版，第118—120页。

融管理局的检查，并定期向该局呈交报告。①

第三，政府参与中央合作金融机构的组建，并提供资金支持。例如德国普鲁士中央合作银行、法国中央农业合作银行、美国中央合作银行、日本中央合作金库等都是政府组建的，并且在资本和运营资金方面也提供了大量支持。相关情况在本书第五章第三节已有介绍，这里不再赘述。

此外，农村合作金融机构作为非营利组织，各国政府往往会在税收方面给予优惠。1939 年前，德国信用合作组织与其社员间的业务所产生的盈利不缴纳所得税；从 1939 年起，所有合作社组织均有缴纳所得税的义务，但只要信用合作组织的贷款业务限于其社员，其所得税税率仅为普通税率的 1/3。② 在美国，合作事业发展之初政府就免除了合作组织的全部赋税，直到 1951 年后鉴于合作社实力增强，美国政府采取只对"根据税法取得免税资格的合作经济组织"减免税收。③ 在日本，《产业组合法》第六条规定国家对信用社的营业收益税及所得税予以免除。④

尽管欧美、日本等国政府积极参与农村合作金融发展，但其行为都是在"有限政府"框架之内。也就是说，政府干预范围是有限的，主要起到补充市场自身能力的不足的作用，不是以政府所创造的微观主体代替市场原来的微观主体，不是以政府的行政控制来代替市场运作机制。⑤ 从实践看，各国政府的参与并没有使合作金融丧失自主性，政府参与的主要目的是促进合作金融体系的完善，弥补民间自发的农村合作金融组织在跨区域联合及筹资方面的不足。政府建立的多是中央合作金融机构，这正是市场自发组织中所缺乏的；而在乡村和区域范围内，市场自发的合作金融组织发展相对充分，政府则很少涉足。政府对农村合作金融组织尽管有监管权力，但并不干涉其内部事务，"如不违反法规的规定，主管机关对之仅能贡献意见，而不能强迫执行。"⑥ 即使是有政府投资的合作金融机构，仍会遵循合作经济基本原则，政府权力也会受到相应限制。如日本的中央合作金库，政府出资虽然占了资本总额的近一半，但"政府在大会之表

---

① 王志莘、吴敬敷编著：《农业金融经营论》，商务印书馆 1936 年版，第 330、338 页。
② 何广文：《合作金融发展模式及运行机制研究》，中国金融出版社 2001 年版，第 117 页。
③ 张晓山、苑鹏：《合作经济理论与中国农民合作社的实践》，首都经济贸易大学出版社 2009 年版，第 95—96 页。
④ 张绍言：《合作金融概论》，中华书局 1947 年版，第 26 页。
⑤ 杜恂诚：《金融制度变迁史的中外比较》，上海社会科学院出版社 2004 年版，第 189 页。
⑥ 王志莘、吴敬敷编著：《农业金融经营论》，商务印书馆 1936 年版，第 330 页。

决权仅有一票。"① 又如美国 1955 年《农业信用法》规定，合作银行发行甲、乙、丙三种股票，其中甲种股票可由政府持有，但该种股票无投票权和分红权。② 可见，这些国家的政府在参与农村合作金融发展过程中有所为、有所不为。相比之下，国民政府及其控制的国家行局在推动合作金库发展中更多地采用了直接控制和干预的方式，极大地伤害了合作金库的自主性，使它们尽管在名义上是合作金融组织，而实际上只能充当政府和国家行局深入农村的金融中介。

对比中国与欧美、日本等国在合作金融发展中的政府行为发现，合作金融发展的好坏并不在于是否有政府的参与，关键在于政府如何定位。在经济发展中，政府的职能在于补充市场自发调节的不足，从而促进和培育民间部门的自我发展能力。③ 对于合作金融来说，其优势在于能够通过自主、自发、平等、民主等合作原则有效调动参与者的积极性，减少交易成本和道德风险；劣势在于其自发形成的规模、资金、规范性等方面相对不足。欧美、日本等国家的政府在坚持合作原则的基层上，通过立法、监督、资金扶持、税收优惠等手段，既保护了合作金融原有优势，又弥补了合作金融组织自我发展中的不足，正是这样的政府定位有效促进了合作金融的蓬勃发展。而在中国，政府和国家行局以直接控制和干预方式替代了基层合作社及农民的主体地位，使合作金库的运作机制偏离了合作原则，合作金融应有的优势就很难发挥出来，结果只能使合作金库失去内在的生命力。可见，政府行为的错位是制约中国合作金库健康发展的重要原因。

第二节 农村经济发展水平

农村经济是农村合作金融发展的基础。20 世纪三四十年代，中国农村经济的市场化程度较低，农业生产和农民生活深陷困境，传统借贷方式

---

① [日] 千石兴太郎：《日本农村合作运动》，孙镳秋译，中国合作学社 1939 年版，第 182 页。

② 焦瑾璞等：《农村金融体制和政府扶持政策国际比较》，中国财政经济出版社 2007 年版，第 47 页。

③ 青木昌彦等：《东亚经济发展中政府作用的新诠释：市场增进论》（上篇），《经济社会体制比较》1996 年第 8 期。

在农村根深蒂固,这些都给合作金库的发展造成了极大的限制。

一 市场化程度低

从农村合作金融在西方产生和发展历史看,农村合作金融是市场经济的产物,其发展也要以市场经济为背景。一方面,农村经济的市场化必然伴随着货币化。农业生产过程对于货币需求的增加,不仅会激发农民联合起来成立合作金融组织的积极性,而且也为农村合作金融的发展提供了广阔的市场。与此同时,在农业生产的市场化过程中也会游离出更多的货币,农民手中货币数量的增加将为合作金融组织提供更多的金融资源。另一方面,在市场经济浸润下,农民逐渐成为具有独立人格、契约意识、经济理性和民主观念的经济主体。正如有学者所说:"商品生产者自由个性的觉醒、经济理性的成熟,和作为契约主体的独立人格(包括法人人格)的存在,是合作经济行为发生的'主体性'因素。"[1] 可见,市场经济环境是培育合作经济主体不可或缺的土壤。

近代以来,中国被迫卷入资本主义世界市场,在此背景下,中国经济的市场化水平也呈现逐渐提高的趋势。但整体上说,中国市场化程度与主要资本主义国家相比仍有很大的差距,而广大农村的市场化程度更低。

市场经济发展的一个主要特征是劳动生产物的商品形态普遍化,因此考察农村经济市场化程度时农产品商品率可以作为一个重要指标。吴承明先生研究指出,粮食的商品率可以反映农村自然经济解体的程度,根据他的估计,1840年时中国粮食的商品率约为10%,1895年约为16%,1920年约为22%,1936年约不足30%。[2] 这些数据说明,直到抗战前,中国农业的商品化水平仍然较低,广大农村还多处于自然经济、半自然经济的状态。抗战时期,从战争需要出发,国民政府对国统区的粮食、棉花等主要农产品流通实行严厉的统制政策。在统制经济的环境下,商品经济是不可能充分发展的,即使农民有大量的农产品出售,但多数是出于缴纳各种捐税的需要或政府征购,并非农民主动参与市场。可以说,抗战时期,国统区的农村经济仍然处于市场化程度较低的状态。

由此说来,中国农村合作金融是在农村市场经济很不发达的条件下建

---

[1] 赵泉民、井世洁:《市场化力量的缺失:对20世纪中国合作社经济困境的一种诠释》,《甘肃社会科学》2005年第6期。

[2] 吴承明:《中国的现代化:市场与社会》,生活·读书·新知三联书店2001年版,第173页。

立和发展起来的。在这种经济环境下，农村合作金融组织是政府为了救济农村、发展农业生产从外部楔入农村的一种制度安排，它在农村缺乏应有的经济基础，大多数农民也不具备自主经营合作金融组织的能力，而且农民对于合作经济的内在精神也很难理解。当时许多农民参与合作社的目的主要是获得借款。在他们看来，"借得款就合作，借不得款就不合作"。[①] 抗战时期，据中国农民银行在四川绵阳的调查，"社员除借款外，与社本身毫不发生关系"；在广东，"各合作社只能达到'合借'地步，仍未能做到'合作'程度"；另据农行对湖南在浏阳的调查，合作社"多系'合借'、'合还'之机构，故均患一般质劣之弊"。[②] 这些例证说明，对于中国农村的大多数合作社来说，"合借"实际上取代了"合作"。农村合作社是合作金库发展的基础，合作社尚且不具备真正的合作精神，合作金库的合作性质自然难以保证。在合作金库的发展中，民间力量无法提供有力的支撑，只能是更加强化它们对政府和银行等外部力量的依赖。

二 农村经济深陷困境

抗战时期，大后方农村经济十分困难、农民往往收不抵支，由此导致农村内部的金融资源极度短缺，这也严重制约了合作金库的发展。

农村经济的困境首先来自农产品价格扭曲。一方面，抗战时期，国民政府对农产品实施统制政策，统购价格往往被有意压低。据统计，1942年每市石谷子，云南的征购价为190元，而昆明的平均市价为604元；四川征购价为150元，而成都的市价为379元。[③] 对于经济作物来说，抗战初期四川棉花产量一度上升较快，但在1941年产量骤降40%—50%，其主要原因就是统购价格太低；四川内江地区实行甘蔗统购统销后，按照在市面上的价格每市斤尚值2.90元，而统购价则压倒每市斤0.6元左右；1942年每担春丝内销市价为54000元，但统购价为34000元；桐油在1943年每吨生产成本为15129元，但统制收购价仅为9156元。[④] 此外，国民政府的统制经济机构虽然在大后方设立了一些办事处作为收购点，但

---

① 赵泉民：《政府·合作社·乡村社会——国民政府农村合作运动研究》，上海社会科学院出版社2007年版，第225页。

② 裴保义等：《绵阳县农村经济调查初步报告》，《中农月刊》1941年第6期；欧华清：《广东战时农业金融之检讨与改进》，《广东省银行季刊》1941年第2期；《湖南浏阳县农村经济初步调查》，《中农月刊》1944年第9、10期合刊。

③ 清庆瑞主编：《抗战时期的经济》，北京出版社1995年版，第361—362页。

④ 周春主编：《中国抗日战争时期物价史》，四川大学出版社1998年版，第56页。

一般仍以中间商为收购对象，中间商人则将在低价统购方面所受损失，以压低向农民收购价方法补偿，这样农民的处境就更加不利了。① 另一方面，抗战期间工农产品价格剪刀差总体上呈现扩大趋势。农民在市场交换中主要出售农产品、购买工业品，由于工业品价格上涨更快，农民交易中的所得物价指数将低于所付物价指数。以四川温江等县为例，1937—1944年农民所付物价指数上涨快于所得物价指数的上涨，历年农民所得物价指数都低于所付物价指数（见表6－2）。这种情况下，农民在生产和生活中的支出较多，而收入则被压低了，农户的经济剩余自然会减少，甚至出现收不抵支。

表6－2　　　1937—1944年四川温江等四县农民所得物价指数与所付物价指数　　　1937年＝100

年份	1937	1938	1939	1940	1941	1942	1943	1944
所得物价指数	100	103	143	429	1615	3595	10149	38538
所付物价指数	100	118	167	530	1729	4007	11765	43658
所付/所得	1.00	1.15	1.17	1.24	1.07	1.11	1.16	1.13

注：四县为温江、乐山、宜宾、合川。

资料来源：严中平等编：《中国近代经济史统计资料选辑》，科学出版社1955年版，第339页。

国民政府对农村大量的赋役征收也是造成农村经济困境的重要原因。面对通货膨胀，国民政府为了保证实际财政收入不贬值，1941年起，将田赋征收的内容由征收货币改为征收实物。由于实行田赋征实后仍不能满足军队和公教人员对粮食的需要，国民政府又将1938年时各战区中为征购粮食而采取的"随赋征购"、"公购余粮"、"按能力派购"等方式统一为随赋征购，即在征实之外再硬性对农民同时征购数额与田赋征实相同的粮食。征购的价格不仅定得很低，而且起初是只付给三成现金，其余七成则付给粮食库券作为政府借量的借据，这其实等同于摊派给农民实物公债。此后，随着粮价不断上涨，国库已难以应付为征购粮食而支付的现款，从1943年开始，四川省首先停付收购的现金，只发粮食库券，即将

---

① 周天豹、凌承学主编：《抗日战争时期西南经济发展概述》，西南师范大学出版社1988年版，第204页。

征购改成了征借,其后各省相继实行征借。自1944年起,粮食库券也不发给了,只是在交粮后于田赋征粮单上加盖一个图章作为借粮的证明,既不付现也不付息。① 据不完全统计,实行征实、征购、征借的过程中,国民政府从农村抽取的稻谷共21332万余石,小麦4679万余石。②

国民政府的征实、征购和征借极大加重了农民负担。据美国学者易劳逸的计算,"从1942年始农民的田赋近5倍于战前税率"。③ 1941年到1945年,"三征"的总额增长了2/3。1942年时,四川稻田每市亩平均收获4市市石,其所负担的征实、征购、县公粮附加、地方积谷及收粮时规定的溢收15%的折耗等共计2.38石,占每亩收获的59.5%;在湖南占52.8%,在云南占49%。④ 虽然田赋表面上是由地主所缴纳的,但地主一般通过提高地租率把增加的田赋转移给农民,征实后重庆附近的地租从主产品收获量的五成增加到六成,渠河流域地租有的已达到收获量的七成,川西一带且有超过七成以上的。⑤

除了田赋外,各级政府征收的附加税、摊派等给农民造成的负担"更数倍于田赋"。⑥ 据四川省的统计,1937年附加税是正税的444%,1939年为498%,1940年为511%。苛捐杂税种类之多,如四川巴县、云阳等18个县累计各种名目的苛捐杂税共600多种,平均每县不少于三四十种,多的达到六七十种。⑦

国民政府大量征调兵役、工役,造成农业劳动力严重不足。据统计,八年抗战期间,全国先后征集壮丁共1405万余人。⑧ 1942年,西南各省农户中在征调兵役后完全没有壮丁的家庭,四川为16.2%,贵州为52.5%,云南为22%,广西为21.4%;因征调工役而完全失去壮丁的家庭,四川为14.9%,贵州为31.7%,云南为2.5%,广西为8.8%。⑨ 劳

---

① 董孟雄:《中国近代财政史·金融史》上卷,云南大学出版社2000年版,第145—147页。
② 叶振鹏主编:《中国农民负担史》第二卷,中国财政经济出版社1994年版,第411页。
③ [美]易劳逸:《蒋介石与蒋经国》,中国青年出版社1989年版,第71页。
④ 叶振鹏主编:《中国农民负担史》第二卷,中国财政经济出版社1994年版,第412页。
⑤ 周春主编:《中国抗日战争时期物价史》,四川大学出版社1998年版,第229页。
⑥ 陈翰笙等编:《解放前的中国农村》(二),中国展望出版社1987年版,第384页。
⑦ 清庆瑞主编:《抗战时期的经济》,北京出版社1995年版,第370页。
⑧ 叶振鹏主编:《中国农民负担史》第二卷,中国财政经济出版社1994年版,第434页。
⑨ 周天豹、凌承学主编:《抗日战争时期西南经济发展概述》,西南师范大学出版社1988年版,第208—209页。

动力的大量流失，必然影响农业生产的正常进行，使农民生活更加困难。

需要说明的是，由于国民政府也采取了一系列增加农业生产的措施，如推广农作物品种改良、防治病虫害、推广使用肥料、提高土地利用率、开垦荒地、兴修水利等①，抗战时期大后方的农业并非没有发展，西南地区谷、麦、棉产量总体上超过了战前水平，四川、广西、贵州、云南四省（区）1936年时谷、麦、棉总产量分别为185888千市担、89764千市担和873千市担，到1942年分别增加到253520千市担、117878千市担和1529千市担。② 但是，农业产量的提高并没有真正增加农民收入，增产的绝大部分通过征实、征购和征借被国民政府拿走用于支持抗战，再加之农产品价格上涨落后于一般工业品，农民实际收入呈现下降趋势，1939年下降到1937年的64%，1943年更是下降到1937年的58%。③

农村经济的种种困境加剧了农民的贫困。恩格尔系数是衡量居民生活水平的一个重要指标，该系数即家庭总支出中食物支出所占比例，恩格尔系数越大说明生活越贫困，根据联合国粮农组织的划分，恩格尔系数超过59%即为绝对贫困。④ 而在抗战时期，据合作经济学者彭莲棠的研究，"农民大多数入不敷出；其支出百分之六七十用之于食品一项，犹不足一饱。"⑤ 如果用恩格尔系数来衡量，当时大多数农民处于绝对贫困状态。从农户收支来看，据中国农民银行对四川省10个县的调查，自耕农平均收支相抵为-283.97元，而佃农平均收支相抵则为-378.56元，可见农民生活已处于入不敷出之中。⑥

农村经济的困境、农村资金的短缺和农民的贫困给合作金库的健康发展带来了严重的制约。合作金库发展目标是实现"自有、自营、自享"，要实现这个目标首先要达到"自有"，即合作金库的股份由参加合作金库的乡村合作社所有。正如前文所述，大多数合作社的经营资金根本无法从

---

① 周天豹、凌承学主编：《抗日战争时期西南经济发展概述》，西南师范大学出版社1988年版，第188—201页。
② 黄立人：《抗战时期大后方经济史研究》，中国档案出版社1998年版，第56页。
③ 石毓符：《中国货币金融史略》，天津人民出版社1984年版，第322页。
④ 张东刚：《消费需求的变动与近代中日经济增长》，人民出版社2001年版，第196页。
⑤ 彭莲棠：《中国农业合作化之研究》，正中书局1948年版，第82页。
⑥ 中国农民银行四川省农村经济调查委员会：《四川省农业金融》（四川农村经济调查报告第四号），中国文化服务社，1941年，第8—9页。

农村内部得到满足①，导致这种局面的根源则在于农村经济的薄弱和农民的贫困。在这种条件下，合作社远远没有认足合作金库法定股本的能力。合作金库中来自合作社的股本很少的原因也正是源于此。而且，农村资金短缺使合作社在合作金库的存款极少，合作金库实际无法起到调节合作金融余缺的作用。难怪有学者说："合作金库的最大意义，即在利用政府及其他金融机关的外来资金，由系统组织转放农民之过程"。②对外部资金的依赖，使合作金库处于政府和国家行局控制之下，失去合作金融组织应有的自主性，最终也无法成为农民自己的金融机构。

政府可以通过政策推动使合作金库在很短的时间内迅速建立起来，但金融机构的真正成长只能是经济发展的结果。经济决定金融，金融反作用于经济，金融问题的根本在经济本身，因此，根植于农村经济与社会的金融组织需要有一定金融资源的积累。③合作金库从根本上说基础在于广大农民，只有增加农户收获剩余的份额，积累更多的金融资源，合作金库才能谈得上持续发展。可见，合作金库发展的障碍不仅来自它本身的缺陷，同时也来自农村经济的贫弱。

三 根深蒂固的传统借贷方式

民国时期，合作金融尽管在中国农村得到很大发展，但农村传统的私人、店铺、钱庄、典当、合会等借贷方式仍然具有相当重要的地位，实际形成一种传统借贷方式与新式合作金融并存的二元农村金融格局。在这种格局下，传统借贷方式分流了原本就并不充裕的农村金融资源，使合作金库更加难以从农村内部获得资金，从而加剧了外部依赖性。

在传统借贷方式中，私人和店铺一般是农民最主要的借贷渠道。私人借贷中一种是亲友邻里之间的低息或无息小额借贷；另一种是农民向地主、商人、富农等农村富裕阶层的借款。由于缺乏资料，亲友邻里之间借贷在农民借贷中的比重难以估计，但根据国民党中央农业实验所对15省的调查，地主、商人、富农在农民借贷来源中的比例是相当大的，如表6-3所示，1938—1940年，这类借贷在农民借款中占40%左右，

---

① 参见本书第五章第一节。
② 叶谦吉：《合作金库制度之意义与建立》（南开大学经济研究所《农业经济丛刊》第一种），南开大学经济研究所印，1941年，第25页。
③ 张杰主编：《中国农村金融制度：结构、变迁与政策》，中国人民大学出版社2003年版，第82、217页。

1941—1946年，该比例有所下降，但仍占15%—20%。在农村中，店铺、作坊等兼营存款、放款的也十分普遍，1938—1946年，这类借贷在农民借款中占8%—20%（见表6-3）。

表6-3　　　　　1938—1945年农民借款来源比例　　　　　单位：%

年份	传统借款方式					新式借款机构			
	地主、商人、富农	店铺	钱庄	典当	合计	银行	合作金库	合作社	合计
1938	43	14	3	13	73	8	2	17	27
1939	41	13	2	11	67	8	2	23	33
1940	38	11	2	9	60	10	2	26	38
1941	27	11	2	9	49	17	4	30	51
1942	21	10	2	8	41	19	6	34	59
1943	24	8	2	7	41	22	5	32	59
1944	24	13	3	8	48	21	4	27	52
1945	25	18	4	9	56	22	3	19	44
1946	21	20	5	9	55	24	2	19	45

注：该数据是国民党中央农业实验所对15省调查的平均情况，这15个省包括浙江、江西、湖北、湖南、四川、河南、陕西、甘肃、青海、福建、广东、广西、云南、贵州、宁夏。

资料来源：严中平：《中国近代经济史统计资料选辑》，科学出版社1955年版，第346页。

钱庄和典当也是农民重要的借贷来源。尽管钱庄业务以商人为主，但钱庄的投资和存款中有不少来自地主，而且放款对象除商人、企业外，也有农民，因此一直是农村借贷的组成部分。从表6-3可以看到，抗战时期农民有2%—3%的借款来自钱庄。典当在农村借贷中也有相当地位，1938—1946年，典当在农民借款来源占7%—13%（见表6-3）。另据1939年出版的《四川经济参考资料》所载，在四川"典当业之经营，乃普及全川，而握农村金融之枢纽"，"遍布各乡村"。[①]

总体来说，抗战时期，地主、商人、富农、店铺、钱庄、典当等传统借贷方式占农民借款来源的比重最高达到73%，最低时也有41%（见表

[①] 转引自《四川农村金融志》编辑委员会《四川农村金融志》，四川大学出版社1992年版，第311页。

6—6)。在西南地区，1941年农民借款来源中私人、钱庄、典当和商店借款，四川占47%，云南占61%，贵州占49%。①

此外，合会也是中国农村的一种传统借贷方式。一般来说，由参会者共同集资，以互帮互助为主要目的的民间借贷组织总称为合会，其具体名称很多，如钱会、集会、请会、摇会、轮会、标会、打会、缩金会、堆积会等。合会是一种民间自由邀约的信用活动，约定每月、每季或每年举行一次，每次交一定数量会款，轮流交一人使用。合会在中国具有悠久的历史，大约始于唐宋时期，尤其是明清以后在中国农村已较为普遍。② 抗战前，合会"在吾国农村金融之流通上，颇占重要之地位"，据中央农业实验所1934年调查，全国上报的871个县中，共有合会报告次数1922个，而且该统计并不完整，很多县份并未填报调查资料③，因此当时的实际合会数量应该更多。抗战时期，合会尽管有所衰落④，但在农村仍然存在，虽然笔者没有找到各地合会数量的统计，但1938—1946年中央农业实验所一直根据15个省的调查统计了合会放款的平均利率⑤，这说明当时合会仍具有一定的影响范围。

上文分析表明，新式合作金融发展的同时，传统借贷方式在中国农村仍占有重要的地位。在中国农村，传统借贷方式之所以有如此的生命力，一方面是合作金融还远远不能满足农民的借贷需要，不足以完全替代传统借贷方式；另一方面是由于传统借贷方式根植于农村，它吸收了农村内部的大量金融资源，可以实现自我循环。不仅地主、富农、亲友邻里、合会的借贷资金来自农村，而且钱庄、典当的资金也有相当数量来自农村的富裕阶层。当时中国的农村经济深陷困境，有限的经济剩余和金融资源绝大部分集中在农村富裕阶层手中，而这些金融资源主要又被投资于传统借贷

---

① 周天豹、凌承学主编：《抗日战争时期西南经济发展概述》，西南师范大学出版社1988年版，第210页。

② 徐畅：《二十世纪二三十年代华中地区农村金融研究》，齐鲁书社2005年版，第183页。

③ 李金铮：《民国乡村借贷关系研究》，人民出版社2003年版，第270页。

④ 合会衰落的原因，一方面是其身的缺陷，如风险大，没有法律保障，标会具有投机性，集会时酒席浪费严重，会员借会生利，有些会员并无经济能力等；另一方面是战争、匪患、天灾、沉重的赋税等都使农民更加贫困，从而加剧了合会运作的困难。(参见李金铮《民国乡村借贷关系研究》，人民出版社2003年版，第307、311页。)

⑤ 严中平：《中国近代经济史统计资料选辑》，科学出版社1955年版，第349页。这15个省是浙江、江西、湖北、湖南、四川、河南、陕西、甘肃、青海、福建、广东、广西、云南、贵州、宁夏。

方式以牟取高利率。正是因为有限的金融资源大部分流向传统借贷方式，合作社以及合作金库想要从农村内部获得经营运作的资金就更加困难了。

不仅如此，除亲友邻里友情借款外，传统农村借贷方式的利率一般较高。根据中央农业实验所统计（见表6-4），1938—1946年，合会借款利率多数年份比合作社高出近一倍，而私人借款的利率则更高。在传统借贷关系中，借款者多数是中下层农民，因此他们所要承担的利息负担是相当沉重的。在实际中，农民能够从合作社得到的资金远远不能满足实际需要，据四川72县526个合作社的调查，1940年平均每社员仅能借得52.5元，而当时平均每户收支相抵-366.64元[①]，可见还有很大资金缺口无法通过合作社借款来解决，其结果是尽管传统借贷的利息如此之高，但农民仍然离不开它。在这种情况下，通过高额的利息，农民微薄的收入中又有很大一部分再次被吸入传统借贷网络之中。因此，农民尽管十分需要合作金融，但他们多数没有能力向合作组织投入资金。

表6-4　　　　　1938—1945年中国15省农村借贷月利率　　　　单位：%

年份	1938	1939	1940	1941	1942	1943	1944	1945	1946
合作社	1.2	1.2	1.2	1.2	1.3	1.5	2.8	3.9	4.1
合会	2.0	2.0	1.9	2.0	2.3	2.9	4.9	8.1	8.1
私人	2.7	2.9	2.6	2.8	3.1	4.6	7.6	10.6	11.0

注：该数据是国民党中央农业实验所对15省调查的平均情况，这15个省包括浙江、江西、湖北、湖南、四川、河南、陕西、甘肃、青海、福建、广东、广西、云南、贵州、宁夏。

资料来源：严中平：《中国近代经济史统计资料选辑》，科学出版社1955年版，第349页。

农村中大量存在的传统借贷方式，一方面，占据了地主、商人、富农等农村富裕阶层手中的主要金融资源，分流了本来就不充裕的农村资金存量；另一方面，通过高昂的利息，又吸走了农民收入的很大一部分，这使合作金融在农村内部面对的资金环境异常严酷。合作金融的基础是广大农民的出资参与，但一般农民没有能力投入，而农村中的富裕阶层可以从传统借贷方式中获得更多的利益，自然也不会将资金投向合作金融。这样一来，合作金融难以从农村内部得到有力的支持。国民政府和国家行局能够

---

① 周天豹、凌承学主编：《抗日战争时期西南经济发展概述》，西南师范大学出版社1988年版，第211页。

供给合作金融组织的资金也是有限的，远不能满足农民的需要，尤其是1942年后政府对合作金融机构的贷款实行紧缩政策，结果是传统借贷在农村的比例明显呈上升趋势（见表6-7），这说明合作金融是缺乏自我成长的内在基础的。传统借贷方式分流了农村的金融资源，合作金融内源资金的缺失与外部资金供给的局限，又使传统借贷方式无法被替代，最终形成了一种恶性循环。由此可见，中国农村强大的传统借贷势力也在很大程度上制约着合作社以及合作金库的发展。

四 与欧美、日本农村经济环境的比较

19世纪六七十年代到20世纪30年代，是欧美、日本等国农村合作金融产生和逐渐成熟时期，各国相继形成覆盖广大乡村，从基层到中央的合作金融体系。这些成绩的取得其实离不开各国农村经济的发展。

从宏观经济环境来看，欧美、日本等国的农村合作金融产生时，各国基本都已经进入资本主义时代，农业逐渐成为以商品生产为主要目的的资本主义农业，农村经济的市场化程度较高。以资本主义经济发展较晚的日本为例，到20世纪初日本的农产品商品化程度已在40%以上；到1924年，各类农民的产出品商品化率分别为自耕农72%，半自耕农67%，佃农62%。[1] 又如美国在1910年已是商业性农业高度发展的国家，商品农产品在农产品总值（不包括自产饲料和种子）中占的比重，已经高达71.4%。[2]

市场经济环境为农村合作金融的发展创造了条件，一方面，商品生产中游离出更多货币，提供了较为充足的金融资源，使得欧美、日本农村合作金融组织的资金来源中以农民的股份和存款为主。另一方面，市场经济环境下，农民逐渐成为具有契约观念的独立法人主体，他们构成了农村合作金融的投资者和经营者。这两方面从资金和组织上为农村合作金融提供了坚实的内在基础。

从农业生产发展看，随着工业化和城市化的展开，欧美、日本等国的农业生产率也有所提高。例如在德国，1882—1907年农业机械大量采用，收割机增长了15倍，脱谷机增长了4倍[3]；1885—1910年，德国稞麦和

---

[1] 王玉茹:《在近代化过程中日本和中国农业发展的比较研究》,《南开经济研究》1992年第2期。
[2] 樊亢、宋则行主编:《外国经济史》第二册,人民出版社1981年版,第33页。
[3] 韩毅主编:《外国近现代经济史》,高等教育出版社2010年版,第120页。

马铃薯的单位面积产量提高了1/2，其他作物的单位面积产量提高了1/3。[1]在法国，以小麦为例，1870年时每公顷产量为1080公斤，到1913年增加到1328公斤，增加了约23%。[2] 在美国，1910年时农业劳动生产率指数为46，1920年为50，1930年为53，到1935年增加到59。[3] 在日本，明治维新后农业也得到了较大的发展，1883—1887年，平均每公顷耕地产值为215.29日元，农业人口人均产值为58.16日元，到1933—1937年，上述两项数据分别增长到476.13日元和194.85日元，前者增长了一倍多，后者则增长了两倍多（见表6－5）。通过上面几组数据可以看到，对于这些国家来说，合作金融的发展与农业生产率的提高具有一定程度的同步性。这一方面说明农村金融的发展缓解了生产资金不足，有助于农业生产率的提高；另一方面也反映出这些国家的农村合作金融在发展中具有较好的农村经济环境作为依托。

表6－5　　　　　1883—1937年日本和中国农业生产的发展

年份	日本 1883—1887年（日元）	日本 1933—1937年（日元）	年增长率（%）	中国 1883—1887年（元）	中国 1933—1937年（元）	年增长率（%）
农业净产值	9.74	28.62	2.16	99.85	166.41	1.03
耕地（千公顷）	4524	6011	0.57	63047	93866	0.80
农业就业人口（万人）	1674.6	1468.8	-0.26	16006	18011.5	0.24
每公顷耕地产值	215.29	476.13	1.60	158.37	177.25	0.23
农业人口人均产值	58.16	194.85	2.45	62.38	92.39	0.79

注：日本的币值为1928—1932年日元，中国的币值为1936年元。

资料来源：王玉茹：《在近代化过程中日本和中国农业发展的比较研究》，《南开经济研究》1992年第2期。

在中国，农村合作金融从20世纪20年代起步一直到1949年，国民

---

[1] 樊亢、宋则行主编：《外国经济史》第二册，人民出版社1981年版，第114页。
[2] 楚汉、许莹：《近代英、法农业发展之比较》，《黄河科技大学学报》2004年第4期。
[3] 中国社会科学院世界经济与政治研究所综合统计研究室编：《苏联和主要资本主义国家经济历史统计集》，人民出版社1989年版，第253页。指数计算中以1947—1949年=100。

党统治区的农业生产率总体上发展缓慢，甚至根据有些统计表现还为下降趋势。从表6-5可以看出，抗战前，中国每公顷耕地产值的年均增长率为0.23%，农业人口人均产值的年均增长率为0.79%，而这两项指标都远低于日本的同期水平。另据许道夫提供的数据，20世纪上半期每个农业劳动力的粮食产量呈现出下降趋势，1924—1929年平均为2046斤，1931—1937年平均为1668斤，到1938—1947年则下降到1456斤。① 此外，中国农作物的单位面积产量也低于欧美、日本等国，20世纪初，丹麦的小麦单产已达每公顷33.1公担，而中国仅为9.7公担；日本的水稻单产为每公顷30.7公担，中国为25.6公担；美国玉米每公顷产量为16.3公担，而中国只有7.5公担。②

从农民经济状况来看，中国农民也更加贫困。根据卜凯对1922—1925年6省13处2370个农户的调查，中国每户农家平均全年生活费为228.32元；另据他在《中国农家经济》一书中提供的数据，折合成中国货币单位后，大概同期的美国每户农家平均全年生活费为2988元（1922—1924年），丹麦为2391元（1925—1926年），日本为958元（1926—1927年）。③ 可见，中国农户的生活水平很低。从恩格尔系数看，根据卜凯提供的数字，中国为58.9，美国为41.2，日本为42.8，丹麦为33.0④，由此反映出中国农户的贫困程度高于美国、日本、丹麦等国。从农户收支状况来看，以日本为例，1930—1945年总体上呈现收入大于支出的状态（见表6-6），说明农村经济中或多或少存在一定的剩余。而在中国，农户的收支状况可能更加严峻，据1940年对四川72县的调查，当时平均每个农户每年收支相抵后为-366.64元⑤；另据中国农民银行对四川省10个县的调查，1940年前后自耕农平均收支相抵为-283.97元，而佃农平均收支相抵为则-378.56元。⑥ 四川一省的情况虽然不能代表全

---

① 许道夫：《中国近代农业生产及贸易统计资料》，上海人民出版社1983年版，第311页。
② 章有义：《中国近代农业史资料》第2辑，生活·读书·新知三联书店1957年版，第407页。
③ 卜凯：《中国农家经济》，商务印书馆1937年版，第519页。
④ 同上书，第520页。
⑤ 周天豹、凌承学：《抗日战争时期西南经济发展概述》，西南师范大学出版社1988年版，第214页。
⑥ 中国农民银行四川省农村经济调查委员会：《四川省农业金融》（四川农村经济调查报告第四号），中国文化服务社，1941年，第8—9页。

国,但抗战时期其他各省情况也没有明显优于四川,因此至少可以说,对于国统区的大多数农户来说经济剩余几乎是没有的,他们的生活是相当贫困的。

表6-6　　　　　1930—1945年日本农家收支状况　　　　单位:日元

年份	1930	1935	1940	1941	1942	1943	1944	1945
收入	1312	1383	2691	2420	3526	4058	4794	15826
支出	1296	1226	2109	2071	2815	2920	3091	8444
收支差额	+16	+157	+582	+349	+711	+1138	+1703	+7382

资料来源:张东刚、刘俊杰:《近代日本农村收入水平和消费水平的总体考察》,《南开经济研究》2004年第5期。

上文比较表明,在农村合作金融产生和发展的过程中,中国的农村经济环境与欧美、日本等国相比是较为恶劣的。农村经济是农村合作金融的基础,不同的经济环境必然对合作金融的发展带来不同的影响。在欧美、日本的农村合作金融组织中,来自农村的资金所以能占据主要部分,其原因在于农业生产的发展和农民具有一定的经济剩余,正是有了良好的农村经济条件作为基础,农村合作金融才能获得自主性和内生性。而在中国,恶劣的农村经济环境难以提供合作金融自我发展所必需的金融资源,这也是无论基层合作社还是各级合作金库中来自农村的资金都极少的原因。由于缺乏农村内部资金的支持,农村合作金融的发展只能依赖政府和银行的投资,这也为政府和银行控制合作金融组织提供了条件。由此说来,中国合作金库在发展中遇到的问题,不仅来自政府过度干预、基层合作社质量欠佳等直接原因,缺乏良好的农村经济环境更是不容忽视的制约因素。

第三节　农村社会环境

人们的经济活动总是在其所处社会环境中展开的,社会环境由此构成影响经济活动的重要因素。合作金库嵌入在农村社会环境之中,中国农村的传统文化观念、"特殊主义"的信任关系和官强民弱的权力结构,给合作金库的发展打上了独特的中国烙印。

一 传统文化观念

合作金融的灵魂是自愿、自主、平等、民主的合作精神,这种合作精神的存在是合作金融组织能够保持生命力的源泉。由此说来,合作金融的发展不仅仅是经济层面问题,还需要适宜合作精神生根的社会文化环境。

一个社会的文化形态与经济发展水平密切相关,近代以来,中国农村的商品得到了一定的发展,但当时的中国"还远非一个商品经济发达的国家"。[①] 再加之抗战时期国民政府推行统制经济,限制农产品的自由交易,在很大程度上阻碍了农村市场经济的发展。总体来说,民国时期的中国农村处于自然经济向市场经济过渡的阶段,市场经济的发育程度仍然十分有限。在这种条件下,中国远未达到西方那样的契约社会,尤其是在农村社会里,人们的观念仍然受着传统伦理道德的支配。从中国传统文化观念与合作经济相关的方面来说,有几点值得注意:

首先,农民主体意识缺乏。在以儒家为主体的传统文化中,对个人的要求强调"克己",强调通过自我克制以"修身",从而服务于社会要求,这就使人们更少考虑个性张扬和自我权利的伸张。在这样的文化氛围中,人们自觉或不自觉地形成了一种"无我"意识,正如新儒学代表人物杜维明所说:"儒家的自我在诸种社会角色所构成的等级结构背景中不可避免地会湮没于集体之中了。"[②]

其次,人们存在较强的等级观念。西周以来的几千年,中国传统社会一直强调"礼治"秩序,将一套等级严密的宗法制度与国家政治法律制度结合在一起,在这种宗法血缘性的政治体制下,国家就如同一个放大的家庭,进一步强化了中国人以"家"为原型来理解人伦,诠释社会秩序,形成了一种上下尊卑的等级观念。民国时期,尽管从国家的法律上取消了封建等级制度,但思想观念的嬗变往往迟缓于法律制度的变更,加之中国农村缺乏西方那样的文化启蒙运动,可以说,民国时期国民党统治区的农村社会中等级观念仍然牢固的存在着。

最后,农村社会中人与人的关系呈现一种"差序格局"。这种差序格局是"以'己'为中心,像石子一般投入水中,和别人所联系成的社会关系,不像团体中的分子一般大家立在一个平面上的,而是像水的波纹一

[①] 吴承明:《中国的现代化:市场与社会》,生活·读书·新知三联书店 2001 年版,第 170 页。

[②] 杜维明:《儒家思想新论:创造性转换的自我》,江苏人民出版社 1995 年版,第 23 页。

般，一圈圈推出去，越推越远，也越推越薄。"① 换句话说，差序格局中人与人的关系是以自己为中心向外逐渐扩展到自家人、邻里、同乡、陌生人，越向外推关系越淡薄。在差序格局中，尽管以自己为中心，但并不等同于西方的"个人主义"。正如费孝通先生所说："在个人主义下，一方面是平等观念，指在同一团体中各分子的地位相等，个人不能侵犯大家的权利；另一方面是宪法观念，指团体不能抹杀个人，只能在个人们所愿意交出的一分权利上控制个人。这些观念必须先假定团体的存在。在我们中国传统思想里是没有这一套的。"②

合作经济强调自由、民主、平等、公平、互利，但在中国农村社会中这些观念却很难找到。由于农村中主体意识的缺乏，人们对于确认和保障个人权利的要求十分淡漠，没有主体意识的觉醒和个人权利的保障，合作经济参与者的自由和民主无论主观上还是客观上都缺乏基础，其结果很容易导致政府和地方强势人物的控制，民国时期的实践也印证了这一点。对于平等和公平来说，在农村社会也很难得到满足，一方面，中国农村的等级观念根深蒂固；另一方面，人与人的"差序"关系，使人们总是根据对方和自己是什么关系，才决定拿什么标准来对待，一切普遍的标准并不发生作用。③ 可见，一个人在对待他人时总是有"等差"的。对于互利来说，在差序格局中，它是由他人与自己的亲疏远近关系决定的。一般来说，与"自家人"、"自己人"之间的互利行为是很容易达成的，但在熟人圈子以外就很少谈得上了，因此，这种社会观念下人与人的互利行为常常是局限在一定范围内的。通过这些分析我们不难发现，中国农村的社会观念与合作经济理念之间存在着很多的隔阂。

社会文化观念很大程度影响着人们的态度与行为，中国农村原有的社会观念并不能够提供适应现代合作经济组织发展的文化资源，加之合作教育并没有深入、有效地开展，当时的农民并不十分理解合作经济的真正意义。合作学者章元善曾写过华洋义赈会在农村组建合作社时农民常说的一段话："先生，这么大热的天，你老老远地到我们村子里，劝我们立互助社。莫说立好之后，还有钱财放给我们使用，即使没有，我们亦立一个会，才对得起你老。再说你老奉的是公事，我们若不照办，你老回去不好

---

① 费孝通：《乡土中国·生育制度》，北京大学出版社1998年版，第27页。
② 同上书，第28页。
③ 同上书，第36页。

销差，我们亦得不到平安。好了，好了，应当怎么办，请你说吧！"① 这段话生动说明了农民办合作社多是被动的，他们并不理解合作经济的本意，将办合作社看作"公事"，是为了借钱，为了得平安，并没有把合作社看成是他们自己的组织。农民作为农村合作经济组织的基础，他们缺乏合作经济理念就不可能建立起真正的合作经济组织。由此说来，中国农村的合作社及合作金库在发展中之所以偏离了合作经济自愿、自主、民主管理、平等互利等基本原则，除了政府过度干预和农村经济的薄弱外，农村社会观念与现代合作经济理念的隔阂也是不容忽视的原因。

二 "特殊主义"的社会信任

合作经济发展的基础是参与者之间的互利合作，而参与者之间的相互信任则是维系合作关系的重要纽带。因此，在一定社会环境中，信任结构是否与合作经济发展需要相适应，将在很大程度影响合作经济组织的发展前景。

在社会学中，社会交换行为被概括为"特殊主义"和"普遍主义"两类，"二者的区分是，支配着人们彼此取向的标准依赖还不依赖存在于他们之间的特殊关系。"即特殊主义的交换行为是基于亲朋熟人等特定身份关系的，而普遍主义则不依赖于双方特定的身份关系。根据郑也夫研究，特殊主义和普遍主义分别构成了两种"信任结构"，它们是不同信任系统中的价值观。由于特殊主义标准是"只能应用于与自己有特殊关系的人们身上，不能普遍地贯彻到一切人身上的原则"②，因此，对于特殊主义信任结构来说，信任依赖于对方和自己特定的身份关系。

中国农村社会中人与人的关系是一种"差序格局"，是"一根根私人联系所构成的网络"。③ 在这样社会中，一个人对于其他人的信任是根据与自己亲疏关系而有所差异的，对于与自己关系亲密的"自家人"的信任感最强，对于长期和自己有密切交往的朋友、邻里、同乡的信任次之，而对于陌生人的信任程度则较低。由此说来，在近代中国尤其是农村，社会信任结构在很大程度上呈现的是一种"特殊主义"倾向。

特殊主义的信任结构有促进合作的一面，但合作范围却是有局限的。在中国农村社会中，亲友邻里形成了较为稳定的熟人圈子，彼此的信任程

---

① 章元善：《写给到民间去的朋友》，《合作文存》，商务印书馆1940年版，第77页。
② 郑也夫：《特殊主义与普遍主义》，《社会学研究》1993年第4期。
③ 费孝通：《乡土中国·生育制度》，北京大学出版社1998年版，第31页。

度也相对较高。正是基于这种信任,大约从唐宋时期,中国农村就出现了具有互助合作性质的民间金融组织——合会,直到民国时期它仍具有一定的生命力。然而,我们也发现合会的组织范围几乎都局限于亲友邻里,如费孝通先生所说:"这种互助会的核心是亲属关系团体",但"村子里保持密切关系的亲属圈子有时较小,会员可能扩展至亲戚的亲戚或朋友"。① 每一个合会的参与者数量一般也较少,据20世纪30年代的调查,江苏海门县多为8—16人,浙西多为7—11人,江西多为7—10人,而且北方地区的人数比长江中下游省份还要少些。②

特殊主义的信任结构可以促生中国传统合作组织,却难以满足源自西方的现代合作经济组织的发展需要。现代合作经济组织是以法律和契约为基础的,并不是依赖私人关系,在经营运作中讲求制度化、规范化,而在在特殊主义的信任结构中人们更习惯于根据私人关系的亲疏远近来确定判断标准和行为方式,因而规则意识较弱,即使有了规则,人们的执行意识也较差。正如郑也夫所说的:"一方面,特殊主义信任结构——重交情、讲义气,是人类群体赖以存在的重要的条件之一;另一方面,这种品格的本质注定了它要超越规章的束缚,从而破坏人类社会同样赖以建立的一切制度化的秩序。"③ 实践也印证了这一点,无论是基层合作社还是合作金库,都要有较为完备的社员代表大会、理事会、监事会制度,但实际运作起来不能按规定开会履行职能则比比皆是。又如现代合作经济组织具有开放原则,可以向能利用其服务并承担社员责任的所有人开放,不应有任何性别、社会、种族、政治或宗教的歧视。但在特殊主义信任结构中,信任主要局限于和自己有密切交往的熟人圈子,加之法律和契约制度不够健全,人们对于和熟人圈子之外的人进行合作往往抱有更谨慎的态度。具有这种心态的中国农民如果是自发的建立合作金融组织自然难以秉承对所有人开放的原则。国民政府在推动合作运动时尽管具有开放原则,但在特殊主义的信任结构中来自不同"圈子"的社员彼此的信任又是很有限的,这也是民国时期合作组织较为涣散、社员积极性不高的原因之一。由此不难看出,发展合作经济组织需要讲求的一些原则在特殊主义信任结构的社

---

① 费孝通:《江村经济——中国农民的生活》,江苏人民出版社1986年版,第189—190页。
② 李金铮:《民国乡村借贷关系研究》,人民出版社2003年版,第279页。
③ 郑也夫:《特殊主义与普遍主义》,《社会学研究》1993年第4期。

会环境中很难自发、自觉地得到坚持，这也是导致合作原则在中国合作经济组织的实际运作中很容易被扭曲的原因之一，合作金库作为合作经济组织的一种当然也不例外。

特殊主义的信任结构对于合作金库发展的制约还表现在它不利于合作金融组织的广泛联合。因为特殊主义"构成了一个相对较小的信任结构"[1]，基于人与人之间特殊关系的信任主要在熟人圈子之内，这使能够产生信任的对象局限于一个较为狭小的范围，超越熟人圈子的信任往往不易建立，这就给跨地域的合作带来困难。从金融组织发展的规律来看，为了更有效地调剂资金余缺，建立跨越地域的网络体系是必然的趋势，合作金融组织也是如此。然而在中国，传统的合会组织存在了几个世纪都没有走向跨越亲友邻里圈子的联合。20世纪二三十年代合作社在中国农村建立后，也没有见到农民自发组织联合组织的景象，有限的区、县合作社联合会都是有政府或社会团体组织的；抗战时期特别是为了配合新县制，合作社联合组织有所增加，"但组合主因多是在政府行政命令下强制进行"。[2] 可见，中国的基层合作组织十分缺乏自发进行跨区域联合的动力。我们不难想象，由于缺乏跨区域联合的内在动力，合作金库这种以合作社为基础的跨地域联合组织，是很难自发建立和发展起来的，这也是合作金库在中国不得不依赖政府和银行的原因之一。

三 官强民弱的社会权力结构

合作经济组织本质上是经济处于弱势的群体为了维护自身利益自发形成的互助组织，而在中国，无论是基层合作社，还是合作金库，都一直处于政府和国家行局控制之下，毫无独立自主可言。之所以产生这样的结果，中国农村社会中官强民弱的权力结构也是一个重要的原因。

在近代中国，政府与民众之间的权力结构是失衡的，总体表现为政府对于民众的单向控制，而民众无法制约政府。在中国古代政治观念中，"普天之下，莫非王土；率土之滨，莫非王臣"，认为皇帝拥有国家范围内一切生命和财产的支配权，而政府则是皇权的执行机构，这样就形成了政府理所应当控制民众的统治思想。民国时期，民众的民主权利虽然在法律层面上得到了一定的确认，但在实践中并没有真正得到落实。从统治者

---

[1] 郑也夫：《特殊主义与普遍主义》，《社会学研究》1993年第4期。
[2] 赵泉民：《政府·合作社·乡村社会——国民政府农村合作运动研究》，上海社会科学院出版社2007年版，第231页。

的真实思想来看,他们的控制欲望丝毫没有减少。蒋介石在国民党中特别强调领袖的绝对权威,他主张:"革命团体的一切,都要集中于领袖,党员的精神,党员的信仰要集中,党的权力以及党的责任,也要集中。"。蒋介石还积极通过宣扬传统伦理道德,向民众灌输"牺牲小我,舍己利群,尽忠国家,尽孝民族"的意识形态,其目的就是要达到民众对国家、对领袖的绝对服从。①

就农村社会而言,20世纪三四十年代,国民政府对农民的控制呈现日益强化趋势。1931年,国民政府为了遏制共产党在农村的革命势力,首先在江西"编组保甲、清查户口",此后保甲制度逐渐推向其他省份。②抗战时期,为了进一步加强对农村基层社会控制,国民政府于1939年开始推行"新县制"。在新县制下,县政府的职能更加广泛,设立民政、财政、建设、地政、军事、教育、社会各科,人员也有很大的扩充。县以下,乡镇组织在新县制中特别受到重视,《县各级组织纲要》总共60条中,与乡镇组织有关的规定多达15条,而且"乡镇公所"还是由蒋介石亲自创设的机构,除设正副乡(镇)长外,还增设民政、经济、文化、警卫四股及乡(镇)务会议,这些都是以往乡镇组织所没有的。在乡镇之下,政府更加严密地推行保甲制度,以保甲组织作为新县制下农村最基层的组织。不仅如此,蒋介石还提出各地乡镇保甲长尽量吸收加入国民党,希望通过党组织更加强化对基层行政机构的控制。这样一来,国民政府对农村社会形成了一个"前所未有的自上而下、层层衔接的'宝塔式'的统治网"。③此外,需要说明的是,新县制名义上规定了一套自治制度,县、乡(镇)均为自治单位,并"纳保甲于自治之中",县设参议会,乡镇设乡镇民代表会,保设保民大会,甲设户长会议和居民会议;从理论程序上,甲长、保长、乡镇长、县长应自下而上层层民选。但在实际运作中,县长、乡镇长、保长、甲长则是层层委任,各级民意机构更是有名无实。就县乡保甲长的职责来看,从理论上说,一是执行上级下达的行政事务,二是办理地方自治;但事实上,他们的实际职能完全被行政事务所侵占,征兵、征工、征粮、征款成了他们的主要任务。可以说,民国时期特别是推行新县制后,政府对农民的控制已经延伸到了"各家各户的大门

---

① 李良玉:《动荡时代的知识分子》,浙江人民出版社1990年版,第203—204页。
② 李伟中:《南京国民政府的保甲制新探》,《社会科学研究》2002年第4期。
③ 忻平:《论新县制》,《抗日战争研究》1991年第2期。

口，把基层社会逼入了政治死角"。①

政府对农村社会的严密控制，损害了合作金库发展的社会基础和组织基础。就社会基础而言，国民政府统治下的中国农村，政府与农民是统治和被统治的单向关系，农民无法约束政府，政府可以通过行政命令轻易地对民间组织进行整合或取消。在这样的社会环境里，一方面，农民不可能自然地形成自由、自主、平等、民主等现代合作精神；另一方面，农民自发形成的组织也很容易受到政府的侵害。因此，农民缺乏自发建立合作组织的内在动力，正如前文提到的，农民往往将组织合作社当成是"公事"，在新县制下国民政府又明确规定每乡镇、每保要设立合作社，并达到每户一社员，将发展合作组织完全变成了一种行政任务，与农民的意愿几乎没有关系了。国民政府的行政力量在向基层延伸的同时对农村社会的榨取也在增加，根据王奇生研究，从20世纪40年代湖北各县保办公处的一些会议记录发现摊派是各地保甲长的主要职责，保长也自称："除摊派外，少会议；除催款外，无工作"。② 政府对农村榨取的增加无疑使农民更加贫困，农民自发筹资发展合作金融的可能性就更小了。就组织基础而言，如前文所述，不少合作社为乡镇保长所把持，究其原因正是他们控制着农村基层社会的各种权力。而这些基础掌权者往往又是以牟取私利为目的的，县政制度的设计者国民党元老李宗黄在考察各地保甲组织后，曾发出慨叹："一般不肖之徒多以保甲长有利可图，百般钻营"。③ 不难想象，由这些钻营自利者把持的合作社不可能是为社员服务的。总之，在政府对农村社会行政控制不断强化的背景下，农民不仅缺乏自发建立合作组织的动力，而且缺乏自筹资金的实力；基层合作社被地方行政人员或权势阶层操纵，本应作为主人的社员不仅完全没有话语权，而且还常常被行政人员胁迫，如沈立人所说："尤其在乡村，合作社每如摊派，缴不出股款的农民要被官厅逮捕，俨同罪犯，缴了股款，好处全无。"④ 合作金库离不开农民和合作社，而实践中它们既缺少农民的支持，又没有良好的合作社作为组织基础，这样一来，合作金库的发展必然缺乏内在支撑。

---

① 王奇生：《革命与反革命：社会文化视野下的民国政治》，社会科学文献出版社2010年版，第407—408页。
② 同上书，第434页。
③ 李宗黄：《现行保甲制度》，中华书局1943年版，第11页。
④ 沈立人：《合作制度和中国经济的出路》，《合作经济》1947年第3期。

从合作金库与政府及国家行局关系看，中国社会中政府与民众失衡的权力格局也制约着合作金库发展。政府为了巩固对社会的控制，并不希望民间经济组织实力过强。金融是国民经济的命脉，始终是国民政府希望控制的领域，1935年以后由政府控制的金融垄断体系逐步建立起来，私营金融业受到了很大的压制。尽管国民政府在发展合作金库之初还标榜合作金库的最终目标是实现由合作组织"自有自营自享"，但实际上政府和国家行局也不希望合作金库成为一股独立的金融势力发展壮大，在1943年颁布的《合作金库条例》中，不仅政府和国家银行资金退出合作金库的机制被取消，而且进一步强化了政府在人事和经营上的控制力；此后，国民政府更是将中央合作金库完全建成了一个国家金融机构，使得合作金库与合作金融性质越来越远。不仅如此，政府要员也视合作金库为谋取私利的工具，最突出的表现即陈果夫一直以合作事业为自己的势力范围，他希望通过建立自上而下的金融体系实现对合作金融的控制，并亲自当上中央合作金库理事长。据曾任中央合作金库总经理的寿勉成回忆："陈果夫对金库人事虽然过问得不多，但重要的业务单位，他决不会放手。总库的副总经理兼业务部经理就是他的亲倍汪茂庆，业务部的副经理也是他同族陈润源，上海分库的经理是他的亲信张道藩的亲戚徐义衡。"① 此外，合作金库中合作社股份的产权不能得到有效保护。在强政府、弱社会条件下，合作金库内部国家银行的股份与合作社股份实际并不具有平等的权利，合作社的合法权利往往被忽视。中国农民银行从1942年下半年陆续对亏损县合作金库的代办或合并就是明显的例证。在县合作金库中，尽管合作社股份很少，中国农民银行的股份具有支配地位，但合作股仍有表决权，但从整个调整过程来看，都是农行以行政命令的形式强制推行的，笔者并未见到有资料表明合作金库召开了讨论或表决该事项的社员代表大会或理事会。这说明在合作金库调整中，基层合作社没有受到尊重，合作社股份的利益可以在不经讨论和表决的情况下由国家银行任意处置，这无疑伤害了合作社在合作金库中的财产权利。

不难想象，在政府控制社会、民众无法监督政府的社会环境中，政府和官员不会任由合作金融脱离他们的控制，同时基层合作社的产权也得不

---

① 寿勉成：《陈果夫与国民党的合作运动》，《文史资料选辑》第八十辑，文史资料出版社1982年版，第185页。

到有效的保护，结果合作金库只能是政府和国家行局的附庸，要想独立自主的发展几乎是不可能的。

四 与欧美、日本社会环境的比较

合作金库作为一种从国外引进的金融组织形式，在中国发展过程中产生了"淮橘为枳"现象，通过对比中外社会环境的差异或许可以找到一些原因。

起源于西方的合作经济制度是市场经济发展的产物。市场经济发展，一方面孕育了独立自主的经济主体，另一方面也塑造了与之相适应的社会文化观念。在市场经济条件下，私有产权制度得到充分的发展，在私有产权为基础的经济交往中，经济主体之间不再具有依附关系，而是相互独立的，这种独立性进一步促进了经济主体在法理上的平等、自由和自主权力。在19世纪中叶英国法律史学家梅因看来，自由资本主义社会中人与人之间的关系"都是因'个人'的自由合意而产生的"，"现代法律则允许他们用协议的方法来为其自己创设社会地位"[1]，换言之，具有独立、自由和自决权力的个人可以通过契约为自己创设权利、义务和社会地位。这种"契约关系"下的社会，可以称为"契约社会"。在契约社会中，私有产权得到法律充分保护，经济主体可以在法律允许范围内享有充分的自由和自主权力而不受干涉，而且，市场交易的平等、互利原则也被内化为契约社会的一种伦理道德规范。当然，平等互利作为一种可以节约交易成本的"意识形态"并非天然根植于人们心灵深处的，它本身正是合理的市场交易的一个结果，是契约主体在反复交易实践中所获得的一种领悟，是一个潜移默化的过程。可以说，契约社会塑造了一种自由、自主、平等、互利的社会氛围与文化信念。

从合作经济理念看，1895年，国际合作社联盟在曼彻斯特举行成立大会，大会将合作经济原则概括为八个方面：（1）入社自愿、退社自由；（2）民主管理，一人一票；（3）现金交易，不准赊货；（4）按市价销售；（5）货真价实；（6）盈余按惠顾量分配；（7）重视社员教育；（8）在政治和宗教上保持中立。[2] 可见，合作经济原则所体现的核心理念主要是自由、民主、平等、公平、互利，这与契约社会的文化观念是高度

---

[1] 梅因：《古代法》，商务印书馆1997年版，第96、172页。
[2] 李树生：《合作金融》，中国经济出版社2004年版，第10—11页。

契合的。人的经济行为在很多程度上会受到社会氛围与文化信念影响，正是由于合作经济理念与西方契约社会具有内在的协调性，参与合作经济组织的成员才能真正贯彻合作经济原则，也正是因为如此，这些原则才能发挥效率，使合作经济不断发展壮大。

从社会信任特征看，在欧美国家，人们的信任结构主要建立在契约基础上的"普遍主义"信任，这种信任关系是"独立于行为者与对象在身份上的特殊关系"的。[①] 合作要以信任为基础，不同的信任结构决定了不同合作方式。在"特殊主义"的信任下，合作更多的局限在亲人、熟人圈子内部；而在"普遍主义"的信任下，信任可以超越特殊人际关系的局限，只要契约规定的权利能够得到有效保护，合作便可以扩展到陌生人，因而构成了一个相对更大的信任范围。在这样的社会环境中，农村合作金融组织为了发展的需要，能够自发地建立起跨越村庄和县郡的区域性联合组织也就不是什么困难事了。

从社会权力结构看，哈贝马斯在研究早期西方社会结构转型中提出了"公共领域"概念，公共领域"可以理解为一个由私人集合而成的公众的领域"。[②] 公共领域不仅为资产阶级协调各种私人权威提供了空间，更重要的是它促进了人们的公民意识。由于公共领域的存在，私人可以对"基本上已经属于私人，但仍然具有公共性质的商品交换和社会劳动领域中的一般交换规制等问题同公共机关展开讨论"。[③] 民众可以通过公共领域对政府行为进行监督、约束和抵制，政府和民众形成一种相对平衡的权力结构。正如诺斯所说："这种政治讨论手段，即公共批判的确是史无前例，前所未有的"。[④] 在这样的社会环境下，普通民众自发组织起来维护自身利益的意识能够得到充分的激发，而且还能够有效地限制政府自利行为对民间组织利益的侵害，因此，我们就不难理解为什么农村合作金融组织能够在欧美社会中自发地建立起来，并且能够保持独立自主。

在日本，合作金融制度虽然是从欧洲引进的，但很快便在农村扎根，得到较为成功的发展，这与日本社会环境也不为关联。首先，日本具有一定的契约文化传统。据美国学者鲍威尔逊研究，与中国相比，日本的国家

---

① 郑也夫：《特殊主义与普遍主义》，《社会学研究》1993年第4期。
② 哈贝马斯：《公共领域的结构转型》，学林出版社1999年版，第22页。
③ 同上。
④ 诺斯：《经济史中的结构与变迁》，上海人民出版社1994年版，第176页。

对农民财产权的控制要弱得多。到 14—15 世纪，基本形成了一个类似于西欧封建主义的契约封建体制。17 世纪以后，随着商人阶级的崛起，一些有利于生产与商业的法规获得通过，保护个人产权的法律制度也逐渐建立起来。[1] 明治维新后，日本农业的市场化程度迅速提高，由此带动了农村向契约社会转型。其次，日本社会的信任结构是特殊主义与普遍主义相互兼容的。由于具有较好的法治秩序和产权保护制度，日本社会在特殊主义的小信任系统之间又建立普遍主义的大信任系统。最后，日本的权威和权力与中国相比更加分散，在向资本主义转型的过程中，商人、企业家、银行家和许多类型的经济组织迅速崛起，在政府与下层民众之间形成了一个有力的中间阶层，这个中间阶层的存在有助于约束政府，避免政府对民众权力的侵害。[2] 由此可见，日本社会中也具有较强的契约观念、普遍主义信任和保护民间权力等促进合作金融发展的要素。

从上面分析可以看出，欧美和日本的社会环境为农村合作金融的发展提供了良好的条件。相比之下，中国农村则缺乏适宜合作金融成长的社会土壤，这不仅给合作金库的自主发展带来了重重阻碍，而且也使它们难以融入农村社会。因此，在中国发展农村合作金融事业，绝不只是移植一种制度那样简单，还需要更为深刻和复杂的社会变革加以配合。

---

[1] 鲍威尔逊：《中国发展中的财产所有权问题：历史的比较》，载汪熙、杜恩主编《中国经济改革：问题与前景》，复旦大学出版社 1994 年版，第 125—128 页。

[2] 张杰：《二重结构与制度演进——对中国经济史的一种新的尝试性解释》，《社会科学战线》1998 年第 2 期。

结　语

合作金库是民国时期新式农村金融重要组成部分，其发展与变异过程折射出政府、农村和农民之间多重复杂的关系，其中有许多问题值得思考。总结这段历史，不仅能够丰富对于中国近代农村金融史的认识，而且可以为当代农村合作金融的改革和发展提供些许借鉴。

一　合作金库的发展与变异

中国的合作金库是在国民政府的推动下起步的，1935—1949年，合作金库事业经过了从无到有、起伏曲折的历程，其发展主要表现在以下几个方面：在机构上，县、省、中央三个层级的合作金库组织都分别建立了起来。在数量上，到抗战胜利前夕，各地先后建立的县合作金库达450多个，省合作金库8个，市合作金库2个；到1946年，中央合作金库也建立起来，并在各地设置了分支机构。在地域上，各级合作金库发展到国民政府统治区的十几个省份，其中尤以四川、贵州、广西几省的数量较多。在业务上，各级合作金库开办了贷款、吸收存款、透支借款、汇兑、代理收付等业务，其中以放款业务为核心，向农村注入了相当数量的资金。可以说，民国时期的合作金库，尽管存在着这样或那样的缺陷，但总体上形成了一定的规模，在各类农村金融机构中已成为一支不容忽视的力量。

建立和发展合作金库是国民政府推动农村金融发展的有益尝试。通过合作金库，农村基层合作社和农民获得来自政府和国家行局的资金，一定程度缓解农村资金的短缺，促进农业生产，为支持抗战发挥了积极作用。不仅如此，在抗战前期合作金库经营较好的一段时间里，农民从合作金库获得的低利贷款比重不断提高，而传统高利贷借款的比例相对减少。[①] 合作金库作为一种现代金融组织形式，其发展为农村金融注入了新的力量，推动了中国农村借贷关系的转型与现代化。更值得一提的是，西南地区一

---

① 严中平：《中国近代经济史统计资料选辑》，科学出版社1955年版，第346页。

直都是中国经济和金融版图中相对落后的区域,而合作金库在西南则较为集中,而且有不少合作金库深入到四川、西康、贵州、广西等省内十分贫困和偏远县份,推动了欠发达地区农村金融的发展。此外,尤为可贵的是,时任农本局总经理的著名经济学家何廉以及一大批来自国内知名大学的毕业生,奔走于各地推动合作金库的建设,他们下乡村、进山区,在动荡而艰苦的战争环境下,为农村金融的发展做出了卓越贡献。总体来说,民国时期,合作金库在中国建立和发展的过程是一段艰辛探索的历史,具有独特的历史价值,在中国农村金融史上书写了值得铭记的一页。

合作金库作为从国外引进的一种金融组织形式,它在中国的发展过程中也产生了与欧美、日本等国合作银行或合作金库明显不同的变异。

其一,合作金库的发展完全由政府推动,民间力量处于被动地位。合作金融原本是民间自发组织的金融互助形式,合作金库作为合作金融组成部分,民间力量本应在其发展中处于主导地位。欧美、日本等国合作银行或合作金库的发展尽管也有政府的参与,但政府主要发挥扶助、监督和规范的作用,民间参与者的力量仍然具有极大的影响。但在中国,无论是合作金库制度的设计,还是合作金库的实际建设,完全都由政府意志所决定,而广大农户和基层合作组织只能被动地接受,始终没有成为主体。

其二,合作金库严重依赖政府和国家行局资金。正如本书对合作金库资金来源结构的分析,各级合作金库的资本中政府和国家行局投资占绝大部分,运营资金也主要依靠向国家行局透支借款,来自农村的资本和存款仅占很小比例。农村合作金融作为农民自己的互助金融形式,来自农村的资金应占主导,欧美、日本等国的合作银行或合作金库除中央一级外,资金来源主要都是农民和合作组织。可见,中国合作金库的资金来源结构与欧美、日本等国几乎是倒置的。

其三,合作金库的经营管理由政府和国家行局控制。在国外,合作金库的主要出资者是基层合作组织,因此管理决策也由合作组织的代表以民主形式进行。而在中国,政府和国家行局具有控制合作金库的强烈愿望,加之它们又是主要投资者,因此,政府和国家行局以辅设机关身份牢固的控制着合作金库的经营管理,而基层合作社代表在治理结构中的地位只是象征性的,其影响力微乎其微。

其四,合作金库与政府和国家行局紧密相连,但各级合作金库之间却没有形成有机联系。国际上合作金融较为发达的国家到 20 世纪二三十年代一般都建立起从地方到中央金字塔式的合作金融体系，各级机构在组织和业务上形成了有机的联系。中国的县、省、中央三级合作金库是由不同的政府部门或国家行局分头建立的，不同的政府部门或国家行局与自己辅设的合作金库形成了一个个相对独立的小圈子，各级合作金库之间的纵向和横向联系都很有限。这使合作金库体系的内部结构呈现为多元分散的特征，直到国民政府在大陆统治结束，一个完整的金字塔式合作金库体系也没能建立起来。

总之，这些变异反映出民国时期中国合作金库只是借用合作金融组织的外壳，实际上并没有真正具备合作金融组织自愿、自主、民主、互助性质。它们最终也没有实现"自有、自营、自享"目标，没能成为农民自己的合作金融组织，在实践中更多地充当了政府的政策工具和国家行局向农村贷款的中介。

合作金库的变异是对中国现实的无奈屈从，是源自西方的合作金库制度引入中国后发生扭曲的表现。之所以产生这样结果，一方面，因为国民政府对经济具有强烈的控制欲望，对金融领域尤为甚之，合作金库作为金融事业伸向农村的重要组成部分，国民政府和国家行局必然竭尽所能将它们掌握在手中。另一方面，20世纪三四十年代中国农村经济深陷困境，农民生活十分贫困，经济剩余寥寥无几，甚至入不敷出，合作金库可以从农村内部获得的金融资源极度短缺，增加了对政府和银行的依赖性；同时，农村社会的传统观念、信任的局限以及政府对乡村社会不断强化的控制，都构成了现代合作经济精神在中国农村生根、成长的障碍，此外，接连不断的战争，不仅加剧了农村经济的困难，延缓了社会转型的步伐，也强化了政府控制经济和社会的合法性。战争作为一个放大镜，让我们更清楚地看到政府控制经济的行为方式和广大农民的极度贫弱是合作金库制度扭曲的主要原因。由此说来，合作金库的变异以及因此而产生的发展困境是内生于国民政府的政治模式与农村经济和社会环境之中的。

二 农村合作金融发展中的政府、农村与农民

总结民国时期合作金库历史，可以看到发展与变异这两个突出的特点，而在这些现象背后所蕴藏的则是政府、农村与农民之间多重复杂的关系。合作金库作为农村合作金融的重要组成部分，它身上自然也包含着农村合作金融的普遍性问题，因此，政府、农村与农户不仅影响着合作金库的发展，同样也是关系到整个农村合作金融发展的重要原因。

政府与农村合作金融的关系尽管目前还存在许多争论，但笔者认为农村合作金融的发展仍然需要政府提供适当支持。农业生产的性质决定了农业信贷具有高风险、高成本、低收益、资金周转慢等特点。[①] 这种信贷需求如果单靠市场机制是很难得到满足的。完全由农民自发的合作金融虽然可以将农民联合起来通过互助合作解决一些融资问题，但农村合作金融本身在资金实力、制度规范、金融体系建设等方面仍然面临着困境，要突破这些"瓶颈"需要借助一定的外力支持，政府作为公共服务的提供者此时有责任发挥适当的作用。因此，政府与农村合作金融关系的重点并不在于政府是否应当扶持，而是在于政府如何定位、如何扶持。

对于农村合作金融发展中的政府定位与行为选择问题，青木昌彦等学者提出的"市场增进论"具有很大启发性。在讨论政府作用与经济发展的传统观点中，一种强调市场机制引导民间部门的重要性，另一种则强调政府干预的作用，青木昌彦认为无论上述哪种观点，政府和市场都被看作替代关系。因此，这两种观点讨论的中心仍是政府是否应当干预经济。"市场增进论"则将重点转向经济发展中的政府定位和行为选择问题，认为"政府政策的职能在于促进或补充民间部门的协调功能，而不是将政府和市场仅仅视为相互排斥的替代物"，政府的目标"被定位于改善民间部门解决协调问题及克服其他市场缺陷的能力"。[②] 这种理论的依据是，在处理微观经济问题时，民间部门和市场机制比政府往往具有更多信息，可以提供更适当的激励，从而更具比较优势；但是民间部门并不能解决所有市场缺陷，它们在发展中国家和弱势产业中的能力更为有限。因此，政府不应替代民间部门和市场机制去做它们本可以处理好的事情，而应将精力放在规范经济主体行为、降低交易成本、拆除制度性障碍等方面。

政府定位的"市场增进论"同样适用于农村合作金融的发展，欧美、日本等国政府与国民政府的实践从正反两方面提供了例证。欧美、日本等国政府在推动农村合作金融发展时，主要采取立法、监督、资金支持、政策优惠等方式，并不过多干预合作金融组织的具体经营运作，民间力量仍具有很大的自主性。这样一来，政府的参与不仅没有伤害自愿、自主、民

---

① 张杰主编：《中国农村金融制度：结构、变迁与政策》，中国人民大学出版社2003年版，第104页。

② 青木昌彦等：《东亚经济发展中政府作用的新诠释：市场增进论》上篇，《经济社会体制比较》1996年第8期。

主管理这些使合作金融产生效率的原则，而且弥补民间自发的农村合作金融组织在制度规范性、跨区域联合以及筹资等方面的不足。而在中国，国民政府将自己定位成领导者和控制者，以直接干预方式参与合作金融的发展，使农村合作金融机构不再是农民自己的合作组织。事实上，政府不会比农民更了解自己的需要，而且根据公共选择理论，政府和官僚有自己的利益需要，与农民的利益未必保持一致，加之政府过度干预给合作金融组织造成的治理结构失衡，政府控制下的合作金融往往难以取得良好绩效，无法真正满足农民需要。由此来看，政府的作用主要在于补充民间力量和市场自发调节的不足，在推动农村合作金融发展时政府更多地应将自己定位为服务者，在微观运行上应减少干预，将自主权还给民间主体。

金融组织的真正成长只能是经济发展的结果，农村合作金融也不例外。总体来说，欧美、日本等国农村合作金融发展壮大的过程，也是农村经济增长、资本积累增加、农民收入提高的时期。相比之下，民国时期中国农村的经济发展水平明显较低，农户也更加贫困，这使农村合作金融组织可以从农村获得的资金支持极少，它们只能处于严重的"贫血"状态之下。国民政府发展农村合作金融的目的是希望通过它促进农村经济发展，但国民政府变本加厉的征兵、征税，加之工农、城乡交换中农业部门的劣势，大量经济资源被持续不断从农村抽走，实际瓦解了农村合作金融自立的经济基础。片面强调农村合作金融对农村经济的作用，不注意农村经济基础的培养，农村合作金融是不可能健康发展的。因此，农村合作金融要取得内在的发展动力，需要与农村经济形成稳固的内部资源交换机制，这种机制的建立一方面要改善农村合作金融机构的管理效率，以吸引更多的农村资金；另一方面需要改变政府政策和市场交换中的不合理现象，有效推动农村经济发展，同时防止资源过度外流。

农村合作金融组织嵌入农村社会，农村的社会环境自然也会影响其发展。西方社会观念中的公民意识和市场意识建立在契约基础上的"普遍主义"信任，以及权力结构中政府与民间社会制衡关系，形成自由、自主、平等、互利的社会氛围。在这种环境下，自愿联合、互助合作、民主管理的合作经济精神比较容易被广大农民接受和执行，从而使合作经济制度减少交易成本、互助互利的比较优势能够有效发挥出来。但在中国农村，公民意识十分缺乏，社会信任更倾向于依赖特定身份关系的"特殊主义"，权力结构表现为政府对民众的单向控制，在强政府、弱社会环境中合作精神生长的养分相对缺乏，所以中国农民很难真正理解合作经济的精神实质，更谈不上自觉执行和维护。所以说，农村合作金融的发展绝不仅仅是个经济问题，同时也是社会问题和文化问题。民国时期，农村合作金融的缺陷与困境，也在一定程度上源于缺少适宜社会土壤的滋养。公民意识、市场观念、"普遍主义"的信任结构以及政府和民间社会平等制衡的权力结构，对于现代社会发展具有普遍意义，因此，推动中国农村合作金融发展还需要更为深刻的社会变革作为基础。

农村合作金融组织从根本上应该是农民自己的金融机构，农民参与者应是具有决定性的主体，在农村合作金融发达国家这一点得到了很好体现，因此，合作金融组织不仅得到了农民的有力支持，而且也能够较为充分地满足农民的需要。然而在中国，农民并没有真正融入合作组织，他们绝大多数是由政府组织起来，他们更多地将合作金融组织看作"合借"组织，把参加合作组织当成是应付运动和完成差事。在这种情况下，农民从合作组织的主体异化成了被动的客体，农村合作金融的发展走向和业务方针完全由政府和银行这些外部力量决定的，农民只能是接受者。农村合作金融的效率源泉来自农民自愿联合和民主管理所带来的激励性和约束力，因此，想要让农村合作金融具有自我发展的内在动力，就必须使农民真正获得主体地位，使他们成为金融组织的实际控制者。

从历史回到现实，合作金融在当代中国农村仍然具有不可或缺的地位。然而，目前农村合作金融发展不尽如人意，历经数次改革仍没有取得令人满意效果，政府过度干预和管理层内部人控制等问题至今没能真正解决，农民在信用社治理结构中仍然缺乏影响力。之所以出现这种结果，首先是由于历次改革都没有跳出以政府意愿单方面推动改革的思维定式；其次是已有改革注意力主要局限于合作金融本身，缺乏对经济、社会和政府行政体制的全面考虑，结果使各种制约因素削弱了改革的实效。

从历史中或许可以得到一些启示：一方面，在新制度的引进过程中，强制性制度变迁和诱导性制度变迁并非简单的相互替代关系，强制性制度变迁需要顺应诱导性制度变迁要求，并能够培育出民间主体的自我发展能力。因此，中国农村合作金融改革需要更多调动农民参与，反映农民意愿，规范和认可农民自发改革所取得的有益成果；政府应从微观领域撤出，将精力集中于宏观层面规范、监管和调控，把农村合作金融组织真正还给农民。另一方面，农村合作金融嵌入中国政治、经济和社会大环境中，其发展需要在更为广泛和深刻的改革中推进。事实证明，单兵推进的改革方案难以取得理想成效，这也从一个侧面对中国的改革提出了更深层次要求。所以说，要从根本上解决农村合作金融发展问题，至少还需要农村经济地位的提高和农民收入的增加，需要农民市场意识和公民意识的增强，需要农村产权制度和法治秩序的完善。尽管这一切都需要漫长过程，但历史的脚步不会停歇，中国农村合作金融脱胎换骨的蜕变终将展现在世人面前。

参考文献

一 未刊档案、报告和资料汇编

[1]《陈请暂缓调整合江等七库机构原由》,1944 年,重庆市档案馆藏,全宗号:0289-1-84。

[2]《关于 1940—1941 年度农贷问题卷》,重庆档案馆藏,全宗号 0292-1-292。

[3]《泸处农贷调整办法》,1943 年,重庆市档案馆藏,全宗号:0289-1-84。

[4]《南川县合作金库二十八年度业务报告书》,1938 年,重庆市档案馆藏,全宗号:0291-1-615。

[5]《农本局二十八年度下期决算报告》,1940 年,重庆市档案馆藏,全宗号:0316-1-32。

[6]《农行南充办事处呈文》,1943 年,重庆市档案馆藏,全宗号:0289-1-84。

[7]《农业金融设计委员会第九次会议议事日程》,1943 年,重庆市档案馆藏,全宗号:0116-1-52。

[8]《射洪县合作金库辅导总报告》,1942 年,重庆市档案馆藏,全宗号:0289-1-65。

[9]《四联总处四川省农贷视察团报告书》,1942 年,重庆市档案馆藏,全宗号:0292-1-208。

[10]《遂宁县合作金库辅导总报告》,1942 年,重庆市档案馆藏,全宗号:0289-1-65。

[11]《九中全会拟请切实改善合作金融发展事业以奠定抗战建国之社会经济基础案》,《中央合作金库法规汇编》,1941 年,中国第二历史档案馆藏,全宗号:399(5)-650。

[12]《修订各省县合作金库机构调整实施细则》,1944 年,中国第二历

史档案馆藏，全宗号：399（5）-2329。

[13]《一般县合库调整事项》，1944年版，中国第二历史档案馆藏，全宗号：399（5）-2329。

[14]《中央合作金库分期发展程序》，1948年，中国第二历史档案馆藏，全宗号：399（5）-650。

[15]《中中交农四行局各种农贷准则》（民国三十一年一月一日起施行），1942年，重庆市档案馆藏，全宗号：0292-1-207。

[16]《中中交农四行联合办事总处三十年度农贷报告》，1942年，重庆市档案馆藏，全宗号：0292-1-207。

二 未刊报告

[1] 何廉：《农本局业务报告》（自开办迄本任接收之日为止），农本局印1938年，南开大学图书馆藏。

[2] 江西省合作金库：《江西省合作金库概况》，江西省合作金库印，1939年，南开大学图书馆藏。

[3] 江西省农村合作委员会：《江西合作事业报告书》，江西省农村合作委员会印，1939年，南开大学图书馆藏。

[4] 农本局研究室：《农本局业务报告》（中华民国二十七年），农本局研究室印，1939年，南开大学图书馆藏。

[5] 农本局研究室：《农本局业务报告》（中华民国二十八年），农本局研究室印，1940年，南开大学图书馆藏。

[6] 农本局研究室：《农本局业务报告》（中华民国二十九年），农本局研究室印，1941年，南开大学图书馆藏。

[7] 农本局研究室：《经济部农本局概况》，农本局研究室印，1942年，南开大学图书馆藏。

[8] 实业部农本局：《县（市）合作金库的意义和推行步骤》，实业部农本局刊行，1937年，南开大学图书馆藏。

[9]《各县合作金库手稿》，1941年，南开大学图书馆藏。

[10] 四川省农村合作委员会：《四川省合作金库筹办经过及其展望》，四川省农村合作委员会印，1936年，南开大学图书馆藏。

[11] 浙江省合作金库编：《半年来之省县合作金库》，浙江省合作金库刊，1938年，南开大学图书馆藏。

[12] 梁思达等编著：《中国合作事业考察报告》，天津南开大学经济研究

所 1936 年，南开大学图书馆藏。

[13] 中国农民银行四川省农村经济调查委员会：《四川省农业金融》（四川农村经济调查报告第四号），中国文化服务社，1941 年，南开大学图书馆藏。

三 资料汇编

[1] 全国合作事业讨论会：《全国合作事业讨论会汇编》，全国合作事业讨论会刊 1935 年版。

[2] 四联总处秘书处：《四联总处重要文献汇编》，四联总处秘书处编印，1947 年。

[3] 南京金融志编纂委员会、中国人民银行南京分行编：《民国时期南京官办银行》（南京金融志资料专辑），南京金融志编辑室 1992 年版。

[4] 秦孝仪主编：《革命文献》（第 87 辑抗战前国家建设史料——合作运动四），（台北）中央文物供应社 1981 年版。

[5] 许道夫：《中国近代农业生产及贸易统计资料》，上海人民出版社 1983 年版。

[6] 严中平等编：《中国近代经济史统计资料选辑》，科学出版社 1955 年版。

[7] 章有义：《中国近代农业史资料》第三辑，生活·读书·新知三联书店 1957 年版。

[8] 中国第二历史档案馆编：《中华民国史档案资料汇编》第五辑第三编财政经济（二），江苏古籍出版社 1997 年版。

[9] 中国第二历史档案馆编：《中华民国史档案资料汇编》第五辑第三编财政经济（三），江苏古籍出版社 2000 年版。

四 著作

[1] 本位田祥男：《欧洲各国农村合作制度》，王大文等译，中国合作学社 1935 年版。

[2] 卜凯：《中国农家经济》，商务印书馆 1937 年版。

[3] 陈颖光、李锡勋：《合作金融》，正中书局 1946 年版。

[4] 陈仲明：《合作经济学》，中国合作经济研究社，1947 年。

[5] 陈翰笙等编：《解放前的中国农村（二）》，中国展望出版社 1987 年版。

[6] 陈其广：《百年工农产品比价与农村经济》，社会科学文献出版社

2003年版。

[7] 陈岩松：《中华合作事业发展史》，（台北）商务印书馆1983年版。

[8] 丁为民：《西方合作社的制度分析》，经济管理出版社1998年版。

[9] 董孟雄：《中国近代财政史·金融史》上卷，云南大学出版社2000年版。

[10] 杜恂诚：《金融制度变迁史的中外比较》，上海社会科学院出版社2004年版。

[11] 杜吟棠：《合作社：农业中的现代企业制度》，江西人民出版社2002年版。

[12] 道格拉斯·C.诺斯：《经济史中的结构与变迁》，陈郁、罗华平等译，上海人民出版社1994年版。

[13] D.W.布罗姆利：《经济利益与经济制度——公共政策的理论基础》，陈郁等译，上海人民出版社1996年版。

[14] D.盖尔·约翰逊：《经济发展中的农业农村农民问题》，林毅夫、赵耀辉译，商务印书馆2004年版。

[15] 樊亢、宋则行主编：《外国经济史》第二册，人民出版社1981年版。

[16] 费孝通：《江村经济——中国农民的生活》，江苏人民出版社1986年版。

[17] 费孝通：《乡土中国·生育制度》，北京大学出版社1998年版。

[18] 冯开文：《合作制度变迁与创新研究》，中国农业出版社2003年版。

[19] 冯匹斯克等编著：《发展中经济的农村金融》，汤世生等译，中国金融出版社1990年版。

[20] 福建省地方志编纂委员会：《福建省志·金融志》，新华出版社1996年版。

[21] 付红：《民国时期现代农村金融制度变迁研究》，中国物资出版社2009年版。

[22] 贵州省地方志编纂委员会编：《贵州省志·金融志》，方志出版社1998年版。

[23] 哈贝马斯：《公共领域的结构转型》，学林出版社1999年版。

[24] 韩毅：《历史的制度分析——西方制度经济史学的新进展》，辽宁大学出版社2002年版。

[25] 韩毅主编:《外国近现代经济史》,高等教育出版社 2010 年版。
[26] 何广文:《合作金融发展模式及运行机制研究》,中国金融出版社 2001 年版。
[27] 何廉:《何廉回忆录》,朱佑慈等译,中国文史出版社 1988 年版。
[28] 洪葭管:《中国金融通史》(第四卷国民政府时期),中国金融出版社 2008 年版。
[29] 侯厚培、侯厚吉:《农业金融论》,商务印书馆 1936 年版。
[30] 侯哲荛:《合作金融论》,中国合作学社 1936 年版。
[31] 黄立人:《抗战时期大后方经济史研究》,中国档案出版社 1998 年版。
[32] 湖南省志金融志编纂委员会:《湖南省志·金融志》,湖南出版社 1995 年版。
[33] 蒋玉珉:《合作经济思想史》,山西人民出版社 2000 年版。
[34] 焦瑾璞等:《农村金融体制和政府扶持政策国际比较》,中国财政经济出版社 2007 年版。
[35] 赖建诚:《近代中国的合作经济运动——社会经济史的分析》,正中书局 1990 年版。
[36] 李金铮:《民国乡村借贷关系研究》,人民出版社 2003 年版。
[37] 李树生:《合作金融》,中国经济出版社 2004 年版。
[38] 刘易斯:《经济增长理论》,梁小民译,上海三联书店、上海人民出版社 1994 年版。
[39] 陆仰渊、方庆秋主编:《民国社会经济史》,中国经济出版社 1991 年版。
[40] 梅因:《古代法》,商务印书馆 1997 年版。
[41] 彭莲棠:《中国农业合作化之研究》,正中书局 1948 年版。
[42] 千家驹编:《中国农村经济论文集》,中华书局 1936 年版。
[43] [日] 千石兴太郎:《日本农村合作运动》,孙镒秋译,中国合作学社 1939 年版。
[44] 清庆瑞主编:《抗战时期的经济》,北京出版社 1995 年版。
[45] 石毓符:《中国货币金融史略》,天津人民出版社 1984 年版。
[46] 四川省地方志编纂委员会编:《四川省志·金融志》,四川辞书出版社 1996 年版。

[47] 寿勉成：《陈果夫与国民党的合作运动》，《文史资料选辑》第八十辑，文史资料出版社 1982 年版。

[48] 汪熙、杜恩主编：《中国经济改革：问题与前景》，复旦大学出版社 1994 年版。

[49] 王世颖：《丹麦合作运动》，中国合作学社 1929 年版。

[50] 王志莘、吴敬敷编著：《农业金融经营论》，商务印书馆 1936 年版。

[51] 王志莘主编：《农业金融制度论》，商务印书馆 1935 年版。

[52] 王奇生：《革命与反革命：社会文化视野下的民国政治》，社会科学文献出版社 2010 年版。

[53] 吴克刚：《法国合作运动史》，商务印书馆 1933 年版。

[54] 吴承明：《中国的现代化：市场与社会》，生活·读书·新知三联书店 2001 年版。

[55] 吴冈：《旧中国通货膨胀史料》，上海人民出版社 1958 年版。

[56] 徐畅：《二十世纪二三十年代华中地区农村金融研究》，齐鲁书社 2005 年版。

[57] 徐旭初：《中国农业专业合作经济组织的制度分析》，经济科学出版社 2005 年版。

[58] 杨智：《日本合作制度论》，正中书局 1941 年版。

[59] 姚公振：《中国农业金融史》，中国文化服务社，1947 年。

[60] 叶谦吉：《合作金库制度之意义与建立》（南开大学经济研究所农业经济丛刊第一种），南开大学经济研究所印，1941 年。

[61] 叶振鹏主编：《中国农民负担史》第二卷，中国财政经济出版社 1994 年版。

[62] 易劳逸：《蒋介石与蒋经国》，中国青年出版社 1989 年版。

[63] 章元善：《合作文存》，商务印书馆 1940 年版。

[64] 张绍言：《合作金融概论》，中华书局 1947 年版。

[65] 张东刚：《消费需求的变动与近代中日经济增长》，人民出版社 2001 年版。

[66] 张杰：《中国农村金融制度：结构、变迁与政策》，中国人民大学出版社 2003 年版。

[67] 张曼茵：《中国近代合作化思想研究（1912—1949）》，上海世纪出版集团 2010 年版。

[68] 张晓山、苑鹏：《合作经济理论与中国农民合作社的实践》，首都经济贸易大学出版社 2009 年版。

[69] 赵泉民：《政府·合作社·乡村社会——国民政府农村合作运动研究》，上海社会科学院出版社 2007 年版。

[70] 郑菊秋编著：《美国之农业金融》，正中书局 1943 年版。

[71] 中国人民政治协商会议西南地区文史资料协作会议编：《抗战时期西南的金融》，西南师范大学出版社 1994 年版。

[72] 中国社会科学院世界经济与政治研究所综合统计研究室编：《苏联和主要资本主义国家经济历史统计集》，人民出版社 1989 年版。

[73] 朱斯煌：《民国经济史》，银行学会银行周报社发行 1948 年版。

[74] 周春主编：《中国抗日战争时期物价史》，四川大学出版社 1998 年版。

[75] 周天豹、凌承学：《抗日战争时期西南经济发展概述》，西南师范大学出版社 1988 年版。

五　论文

[1] 陈君鹏：《法国及其殖民地的农业合作》，《农村合作》1937 年第 7 期。

[2] 陈颖光：《合作金库业务改进刍议》，《金融知识》1942 年第 4 期。

[3] 陈兆适：《湖南的合作金库》，《中国合作》1942 年第 10—12 期合刊。

[4] 成治田：《甘肃农贷之回顾与前瞻》，《中农月刊》1945 年第 10 期。

[5] 程大森：《合作金库条例之制定与合作金融之展望》，《合作事业》1943 年第 5、6 期合刊。

[6] 川合库：《五年来之四川省合作金库》，《中国合作》1942 年第 10—12 期合刊。

[7] 丁宗智：《八年来之合作金融》，《金融知识》1945 年第 1、2 期合刊。

[8] 丁宗智：《中央合作金库之筹备经过》，《经济汇报》1944 年第 12 期。

[9] 凤纯德：《四川省合作金库及各县合作金库之概观》，《中国合作》1940 年第 5、6 期合刊。

[10] 耕漠：《研究大后方农村经济性质的钥匙》，《中国农村》1941 年第

7 期。

[11] 顾尧章：《当前我国合作金库实务问题之检讨》，《经济汇报》1942 年第 10 期。

[12] 顾尧章：《合作金库与合作主管机关之纠纷及其调整》，《中国合作》1942 年第 10—12 期合刊。

[13] 顾尧章：《新县制下合作金库规程之商榷》，《中农月刊》1941 年第 6 期。

[14] 顾尧章：《中国之合作金库》，《金融知识》1943 年第 3 期。

[15] 胡任豪：《四年来桂省农贷之检讨》，《建设研究》1941 年第 2 期。

[16] 黄肇兴：《中国合作金库发展史之鸟瞰（上）》，《新中华》1943 年第 10 期。

[17] 黄肇兴：《中国合作金库发展史之鸟瞰（下）》，《新中华》1943 年第 11 期。

[18] 黄肇兴：《中国合作金融之发展》，《新中华》1943 年第 3 期。

[19] 李敬民：《我国合作金库之纵横剖及其新任务》，《中国合作月报》1940 年第 5、6 期合刊。

[20] 李奇流：《合作金库业务论》，《四川合作金融季刊》1941 年第 3 期。

[21] 李叔明：《一年来之中国农民银行》，《中农月刊》1948 年第 4 期。

[22] 李先春：《西康合作事业概况》，《西康经济季刊》1943 年第 7 期。

[23] 李宗黄：《新县制与合作》，《中国合作》1941 年第 11、12 期合刊。

[24] 楼桐孙：《站在合作经济立场看合作金库》，《中农月刊》1941 年第 8 期。

[25] 欧华清：《广东战时农业金融之检讨与改进》，《广东省银行季刊》1941 年第 2 期。

[26] 裴保义等：《绵阳县农村经济调查初步报告》，《中农月刊》1941 年第 6 期。

[27] 任敏华：《现阶段的四川合作事业》，《四川经济季刊》1945 年第 1 期。

[28] 沈立人：《合作制度和中国经济的出路》，《合作经济》1947 年第 3 期。

[29] 寿进文：《论当前的农贷》，《新中华》1947 年第 6 期。

[30] 寿勉成：《论合作金融制度》，《合作前锋》1941 年第 8 期。

[31] 寿勉成：《我国合作金融问题批判》，《合作事业》1942 年第 2—4 期合刊。

[32] 寿勉成：《我国合作金库之沿革与将来》，《银行周报》1947 年第 1 期。

[33] 孙耀华：《我国农贷事业之检讨与改进》，《中国农村》1942 年第 7 期。

[34] 王世颖：《一年来之合作事业》，《中农月刊》1947 年第 4 期。

[35] 魏竞初：《创业的艰难——魏处长兼理事于本库成立周年纪念大会训词》，《广西合库通讯》1941 年第 15、16 期合刊。

[36] 魏竞初：《广西合作事业回顾》，《建设研究》1942 年第 6 期。

[37] 文群：《江西省合作金库业务概述》，《中国合作》1942 年第 10—12 期合刊。

[38] 伍玉璋：《金融机关辅导省县合作金库应有之三部曲》，《合作评论》1941 年第 8 期。

[39] 伍玉璋：《抗战以来四川之合作事业》，《四川经济季刊》1943 年第 1 期。

[40] 晓村：《全国合作事业讨论会的三个贡献》，《正论》1934 年第 19 期。

[41] 晓帆：《合作金库、县银行、农民信用贷款所》，《合作评论》1941 年第 2 期。

[42] 谢子城：《合作金库制度之研究》，《中农月刊》1940 年第 4 期。

[43] 熊莲初：《筹办中央合作金库之管见》，《经济汇报》1944 年第 12 期。

[44] 徐国屏：《合作金库机构调整后实务之改进》，《中农月刊》1943 年第 2 期。

[45] 薛澍薰：《合作金库本质之鸟瞰》，《中农月刊》1944 年第 9、10 期合刊。

[46] 薛澍薰：《合作金库组织系统及其理论之探讨》，《中农月刊》1944 年第 11 期。

[47] 杨学澎：《县合作金库业务经营之实际问题》，《中农月刊》1942 年第 3 期。

[48] 姚溥孙：《合作金库之本质及其隶属关系》，《合作评论》1941 年第 9 期。

[49] 叶谦吉：《我国合作金库制度的检讨》，《财政评论》1940 年第 5 期。

[50] 于永滋：《贵州之合作金库》，《中国合作》1942 年第 10—12 期合刊。

[51] 张德粹：《我国政府与农业合作》，《中农月刊》1943 年第 2 期。

[52] 张则尧：《论我国中央合作金库之创设》，《中国合作》1940 年第 8、9 期合刊。

[53] 张桢：《四川省合作金库二十九年度业务概况》，《四川合作金融季刊》1941 年第 2、3 期合刊。

[54] 章少力：《我国农贷事业之过去与现在》，《经济汇报》1943 年第 6 期。

[55] 郑厚博：《贵州省县合作金库业绩之分析》，《中农月刊》1941 年第 11 期。

[56] 郑厚博：《中国合作金融之检讨》，《合作事业》1941 年第 1—4 期合刊。

[57] 郑林庄：《统治全国合作事业刍议》，《东方杂志》1935 年第 6 期。

[58] 陈意新：《农村合作运动与中国现代农业金融的困窘——以华洋义赈会为中心的研究》，《南京大学学报》（哲学·人文科学·社会科学）2005 年第 3 期。

[59] 成功伟：《合作运动中的"不合作"——抗战时期的川省合作指导室与县合作金库之间的矛盾》，《西南民族大学学报》（人文社会科学版）2010 年第 11 期。

[60] 成功伟：《抗战时期四川农村合作金融体系初探》，《社会科学研究》2010 年第 6 期。

[61] 程霖、韩丽娟：《论民国政府时期关于农业金融制度建设的四种模式》，《中国经济史研究》2006 年第 4 期。

[62] 戴斌武、肖良武：《抗战时期的贵州农村合作事业》，《贵阳金筑大学学报》2004 年第 6 期。

[63] 傅宏：《略论抗战时期大后方的农业合作运动》，《贵州社会科学》2000 年第 4 期。

[64] 傅亮、池子华:《国民政府时期农本局与现代农业金融》,《中国农史》2010 年第 1 期。

[65] 宫玉松:《三十年代农村金融危机述论》,《中国经济史研究》1995 年第 4 期。

[66] 龚关:《合作金库辅设问题探究》,《贵州财经学院学报》2011 年第 6 期。

[67] 侯宣杰:《试论抗战时期的广西农贷》,《古今农业》2006 年第 3 期。

[68] 黄立人:《论抗战时期国统区的农贷》,《近代史研究》1997 年第 6 期。

[69] 李金铮、戴辛:《民国时期现代农村金融网络的形成考略——以长江中下游地区为中心》,《河北大学学报》(哲学社会科学版) 2005 年第 2 期。

[70] 李莉:《论南京国民政府时期的农村合作运动》,《徐州师范大学学报》(哲学社会科学版) 2004 年第 3 期。

[71] 李伟中:《南京国民政府的保甲制新探》,《社会科学研究》2002 年第 4 期。

[72] 刘纪荣、魏本权:《近代中国农村合作金融制度论略》,《聊城大学学报》(社会科学版) 2009 年第 1 期。

[73] 民革天津市委金融研究组:《旧中国的合作金库和中央合作金库在天津设置河北省分库概况》,《华北金融》1985 年第 12 期。

[74] 任荣:《民国时期合作运动发展述略》,《档案与史学》2000 年第 5 期。

[75] 王玉茹:《在近代化过程中日本和中国农业发展的比较研究》,《南开经济研究》1992 年第 2 期。

[76] 魏本权:《试论近代中国农村合作金融的制度变迁与创新——以合作金库制度为讨论中心》,《浙江社会科学》2009 年第 6 期。

[77] 吴承明:《经济史:历史观与方法论》,《中国经济史研究》2001 年第 3 期。

[78] 吴承明:《经济学理论与经济史研究》,《经济研究》1995 年第 4 期。

[79] 忻平:《论新县制》,《抗日战争研究》1991 年第 2 期。

[80] 姚顺东：《南京国民政府农本局述论》，《江汉论坛》2008 年第 8 期。
[81] 张东刚、刘俊杰：《近代日本农村收入水平和消费水平的总体考察》，《南开经济研究》2004 年第 5 期。
[82] 张杰：《二重结构与制度演进——对中国经济史的一种新的尝试性解释》，《社会科学战线》1998 年第 2 期。
[83] 张杰：《解读中国农贷制度》，《金融研究》2004 年第 2 期。
[84] 张杰：《农户、国家与中国农贷制度：一个长期视角》，《金融研究》2005 年第 2 期。
[85] 张忠民、朱婷：《抗战时期国民政府的统制经济政策与国家资本企业》，《社会科学》2007 年第 4 期。
[86] 赵泉民、井世洁：《市场化力量的缺失：对 20 世纪中国合作社经济困境的一种诠释》，《甘肃社会科学》2005 年第 6 期。
[87] 赵泉民：《集体主义文化与中国合作制经济的困境》，《人文杂志》2005 年第 4 期。
[88] 赵泉民：《对 20 世纪中国合作经济困境的比较经济社会学分析》，《学术研究》2005 年第 8 期。
[89] 赵泉民：《农民的公民意识与中国乡村合作经济组织的发展》，《社会科学》2010 年第 8 期。
[90] 郑也夫：《特殊主义与普遍主义》，《社会学研究》1993 年第 4 期。
[91] 周春英：《抗战时期西部农村金融业发展述评》，《中南财经政法大学学报》2006 年第 1 期。

后 记

本书是我的博士学位论文。从2012年博士毕业，转眼间已过三年多。现在博士论文能有机会出版，真是莫大的幸运。

本书的主题是讨论民国时期合作金库的发展，合作金库是从西方引入的一种现代金融组织形式，以调节合作经济组织的资金融通为宗旨，是在合作社基础上建立的区域性或全国性合作金融机构，类似于现在的农村信用社联合社。民国时期合作金库发展过程中的艰辛探索和种种困境，是近代中国农村金融转型的重要内容，也是近代中国经济新陈代谢的一个侧面。

在博士学位论文选题时，我发现学界对合作金库的研究十分有限，在导师的鼓励下，便定下这个方向。合作金库的史料分散，当时也没有多少相关研究可以提供线索，因此在资料收集上花费了较大力气。付出总有回报，经过几年努力，博士论文得以完成。说老实话，本书对民国时期合作金库的研究只是初步探索，尚属起步阶段，不足之处甚多。更加遗憾的，一是博士毕业后拖了几年才将本书出版，未能尽早拿出供学者批评指正，以为合作金库后续研究做一垫脚石；二是工作后研究重点有所转向，更因自己的忙乱与懒惰，现在付印的内容并未能在博士论文基础上做多少重要修改与提升，甚为惭愧。但令我感到高兴的是，近几年其他学者关于合作金库的专题研究逐渐多了起来，至少说明当时我选择这一方向是正确的。

在我求学和本书的写作过程中，得益于众多师长的关心与帮助。2003年我进入南开大学经济学系读本科，在南开一待就是九年，直到博士毕业。南开"允公允能、日新月异"的校训和南开学人孜孜以求、踏实进取的精神都成为我为人、做事的指引。在南开学习成长的这些年，最让我难忘的是师生、同学之间的深厚情谊。2007年，我在龚老师指导下读硕士研究生，是龚老师将我带入了经济史的广阔天地，老师踏实的治学态度和对学生无私的爱，至今都铭记在心。我是最让老师费心的一个学生，从硕士到博士，老师一直关心我的学习和生活，在博士论文写作中更是提供了大量帮助。此次又欣然为本书作序，关切之情实难为谢。2009年，我又跟随赵津老师攻读博士，老师治学严谨，对待学生更是全心付出，同时也要求严格，希望我的论文是以往经济史研究不多的新选题，不能"炒冷饭"，要有实在的创新。读书期间，在学习上老师一直悉心指导，倾注了大量心血；在生活上更是关怀备至。老师要求学生安下心来做学问，特别注重引导学生的兴趣，培养独立完成研究的能力，倡导生动入微的研究风格，这些教育理念使我终生受益。还要感谢王玉茹老师，我尽管不是王老师的入室弟子，但老师一直对我关心有加，无论是上课、讨论、开题、答辩，我都从王老师处所获甚多。南开经济史学科所有老师都给过我珍贵的知识，这些都潜移默化成为本书得以完成的基础。在此还要感谢博士论文评审和答辩过程中李家祥教授、李金铮教授、张东刚教授、张利民教授对论文的肯定和提出的宝贵意见。

2012年，我到贵州财经大学工作，几年来使我在教学、科研等方面得到了更多的锻炼。应该说，我的成长离不开财大提供的平台。更为幸运的是，这次得到贵州财经大学学科建设经费的资助，本书才得以面世。同时，感谢贵州财经大学经济学院院长常明明教授将本书列入出版计划以及对我工作的关心和帮助。

此外，我更要感激的是我的家人。对于每个读过博士的人，其实家人的默默付出绝不比自己少，他们始终全心全意地给予我支持和疼爱，从不要求任何回报，而我所做的却太少太少。

正是众多师长和亲人的关照使我的工作和生活平顺不少，处处充满了真诚和幸福，让我无论遇到什么困难都有信心勇往直前。

最后，诚挚希望学界同人对书中不足之处给予指正。

李顺毅

2015年10月